KB041292

중국의 패권주의와 그 뿌리

중국의 패권주의와 그 뿌리

– 중화주의와 화이분별론

김철운 지음

서광사

중국의 패권주의와 그 뿌리
– 중화주의와 화이분별론

김철운 지음

펴낸이 | 김신혁, 이숙
펴낸곳 | 도서출판 서광사
출판등록일 | 1977. 6. 30.
출판등록번호 | 제 406-2006-000010호

(10881) 경기도 파주시 회동길 77-12 (문발동)
대표전화 (031) 955-4331   팩시밀리 (031) 955-4336
E-mail : phil6161@chol.com
http://www.seokwangsa.co.kr | http://www.seokwangsa.kr

제1판 제1쇄 펴낸날 — 2016년 5월 30일

ISBN 978-89-306-2942-3   93150

1.

21세기의 현시점의 중국은 과연 패권주의 국가인가, 아닌가?

중국은 후진타오 주석 때부터 지금까지 '화해세계론'(和諧世界論)을 내세워 세계의 상호 공존·공동 평화·평등 실현·공동 발전·평화 공존을 위해 자신들의 모든 역량을 발휘하고 있으며, 자신들의 전통문화에 내재된 보편적 가치를 계승하고 실현하여 모두가 평화롭고 조화롭게 살아가는 세계를 건설해 나가고 있다고 세계에 천명하고 있다. 그러나 중국의 그러한 표방은 세계에 대한 패권 전략을 감추기 위한 대외 이미지 개선책이라는 국제 사회의 비판으로부터 자유롭지 못하다. 중국은 국제 관계에서 자신들의 실리를 얻기 위한 강력한 대외 정책을 실행하여 세계 질서를 자신들 중심으로 재편하려고 하는 움직임을 보이고 있기 때문이다. 실지로 중국은 1978년 '개혁·개방' 정책의 실시 이후에 급성장한 군사력과 경제력을 앞세운 힘의 외교로 자신들의 지배력을 확장해 나가고 있고, 거대한 자본의 논리로 무장시킨 외교 원조와 여러 문화 전파 운동을 전개하여 자신들의 외교적·문화적 영향력을 확대해 나가고 있다.

중국의 그러한 행보는 많은 사람으로부터 '신중화주의'로 규정되고 비판받고 있다. 이 '신중화주의'의 실체를 정확히 파악하기 위해서는 반드시 과거 중국의 문화패권주의인 '중화주의', 즉 '화이분별론'에 대한 비판적 작업이 선행되어야 한다. 왜냐하면 신중화주의가 중화주의의 현대적 변형이라고 한다면, 그 모습은 실질적으로 과거 중국 역사에 투영된 '화이분별론'의 이중적 모습과 큰 차이가 없기 때문이다. 그 이중적 모습이란 '제하' 문화가 겉으로는 '사이' 문화에 대해 관대한 개방성과 포용성을 보였지만, 안으로는 '사이' 문화에 대한 우월적 지위와 패권적 지배를 정당화하였다는 것이다.

필자는 그러한 '화이분별론'에 주목하고 그것의 역사적 허구성을 밝힌다는 목표 아래, 먼저 현시점에서 중국의 '화해세계론'과 관련된 대외 정책과 중국 전통문화의 구조가 '다원일체화' 구조라는 관점을 비판하고, 나아가 화이분별론이 춘추 시대에서 한나라 시대까지 정형화되어 가는 과정을 비판적으로 검토하였다. 그것은 바로 춘추 시대의 '존왕양이론', 공자의 '도덕교화론', 맹자의 '용하변이설', 한나라의 '화친론'과 '정벌론'에 대한 비판 속에서 등장한 반고의 '기미론'이다.

필자는 그러한 '화이분별론'의 정형화 과정에 대한 비판적 시도가 오늘날 두 측면에서 아주 중요한 의미가 있다고 본다. 하나는 그것이 오늘날 사회 구성원들에게 각 문화를 어떻게 이해해야 할 것이며, 어떻게 받아들여야 할 것인가에 대한 올바른 관점을 형성시켜 줄 수 있다는 것이다. 또 하나는 그것이 오늘날 '신중화주의'로 규정되고 비판받는 현 중국의 행보에 대해 어느 정도 정확한 진단을 내려 줌과 동시에 이에 대한 비판적 관점을 형성시켜 줄 수 있다는 것이다.

2.

본서의 연구 기획은 오래전으로 거슬러 올라간다. 필자가 과거 중국의 '화이분별론'에 관심을 갖게 된 것은 박사 학위 논문을 준비하는 과정에서 맹자가 제출한 '용하변이'라는 말과 관련된 내용을 검토하면서부터였다. 즉 사람의 보편적인 '선한 마음'[善心]을 말한 맹자가 '사이'에 대한 비판적 관점을 담고 있는 '용하변이'를 제출한 이유가 무엇인가 하는 것이었다. 그러나 이 문제에 대한 논의는 필자의 박사 학위 논문의 주제와 관련이 없었기 때문에 검토한 내용들을 그대로 컴퓨터에 저장해 두었다. 그러다가 박사 학위를 받은 이후에 그것에 대한 본격적인 논의를 진행하려 하였지만 여러 가지 여건상 그렇게 하지 못하였다.

그리고 오랜 시간이 흘러 2011년 어느 날 우연히 컴퓨터에 저장된 글들을 클릭하다가 저장해 놓았던 맹자의 '용하변이'에 관한 개략적인 글을 다시 보게 되었다. 그래서 이 글에 새로 뼈대를 세우고 살점을 붙이면서 논의를 새롭게 진행하던 중에 필자는 맹자 이전과 이후로 전개된 '화이분별론'의 정형화 과정이 보충되는 것이 좋겠다는 생각을 하였다. 이때부터 필자는 '화이분별론'에 대한 본격적 연구를 진행한 끝에 「중국 화이분별론의 정형화 과정과 그 비판적 고찰」(한국양명학회, 『양명학』 31호, 2012)이란 한 편의 논문을 완성할 수 있었다.

그 뒤에 다시 읽어 보니, 그 논문의 내용도 너무 간략하고 허술하며, 논의도 일관되지 않으며, 관점도 일맥상통하지 않는 등 구성 체계와 서술 체계가 전반적으로 주먹구구로 되어 있어 전체적인 이해의 폭을 넓히기에는 한없이 부족한 글임을 깨달았다. 그래서 다시 용기를 내어 보다 자세하고 심도 있는 연구를 진행해야겠다는 생각에 2013년부터 1-2쪽에 불과한 각각의 장에 대한 논의를 확장하고 확대하여 각각의 단독 논문으로 발표하였고, 이 발표된 논문들을 모아서 한 권의 책으로 만들었다. 물론 본서는 학술지에 발표된 글을 그대로 실은 것이 아니고, 아주 많은 부분에서 수정과 보완을 거듭한 뒤에 출간되었음을 밝힌다.

1장과 2장은 「중국 화이분별론의 정형화 과정과 그 비판적 고찰」을, 3장은 「춘추 패권 시대의 존왕양이론과 화이분별론」(한양대학교 동아시아 문화연구소, 『동아시아 문화연구』 62호, 2015)을, 4장은 「공자는 '사이'의 문화를 인정했는가?」(강원대학교 인문과학연구소, 『인문과학연구』 45집, 2015)를, 5장은 「맹자의 용하변이설」(중국학회, 『중국학보』 71집, 2015)을, 6장은 「반고의 '기미부절'과 화이분별론: 화친론·정벌론·기미론을 중심으로」(고려대학교 철학연구소, 『철학연구』 43집, 2015)를 수정 보완한 것이다.

끝으로 필자의 조악한 글쓰기와 일관성 없는 서술 체계, 그리고 허술한 구성 체계를 가진 논문들이 조금이나마 완성도 있고 체계를 갖춘 논문들로 거듭날 수 있었던 것은 격조 높은 질정(質正)과 고견(高見)을 보내 주신 익명의 심사자들 덕분이 아닌가 한다. 이 분들이 아니었다면 논문들은 한 권의 책으로 빛을 보지 못했을 것이고, 급기야 폐기되지 않았을까 하는 생각이 든다. 이분들께 이 자리를 빌려 감사의 말씀을 올린다. 또한 지금도 필자의 인생과 학문의 길에 많은 도움을 주시고 계시는 강원대학교의 고재욱 교수님과 출판 상황이 좋지 않은데도 흔쾌히 출판을 허락해 주신 서광사 김신혁 사장님, 교정 작업을 해 주신 편집부 직원 분들께도 감사의 말씀을 올린다.

2016년 4월 20일
국사봉이 보이는 鴨巖齋에서
김철운

1부

중국의 패권주의와
다원일체화론

1장

중국의 패권주의와
화해세계론

1. 패권주의와 대외 정책

패권주의와 중국의 부상

'패권주의'(覇權主義, hegemonism)는 구체적으로 무엇을 의미하는가? 중국의 검색 엔진 "백도"(百度, baidu)의 『백도백과』에 따르면 '패권'은 "다른 국가의 지위를 조종하고 제어하는 것을 가리키고", 패권주의는 "강대국이 군사력과 경제력에 의거해 약소국의 내정(內政)을 간섭하고 지배하는 외교를 강행하여 전 세계 또는 각 지역에서 패권을 잡으려는 정책과 행위를 가리킨다." 구체적으로 말해, '패권주의'는 "국제 관계에서 강대국이 군사력과 경제력에 의거해 국제법과 국제 정치의 구조 현상을 뛰어넘어 자신들의 세력 범위를 확장하고, 국제 업무를 조종하며, 다른 나라의 내정을 간섭하고, 심지어 무장 침략과 점령을 진행하여 세계를 제패하거나 지배하려는 강권 정치와 강권 정책을 가리킨다. 냉전 시대에서 패권주의는 대체로 미국과 소련 양국이 군비 경쟁에서 절대 우세를 차지하려고 했던 것과 같은 초강대국의 대외 정책을 가리킨다."[1]

그러한 패권주의는 20세기 후반에 발생한 국제 정세의 급속한 변화로 인하여 한 차례의 큰 전환을 맞았다. 이는 2차 세계 대전 이후에 미국과 소련을 중심으로 자본주의와 공산주의가 첨예하게 대립하여 전개된 냉전 시대(冷戰, Cold War Era)의 대결 체제에서, 1991년 12월 25일 소련의 붕괴와 동유럽 사회주의권의 몰락으로 냉전 체제가 종식된 이후에 미국을 중심으로 새롭게 전개된 신냉전 시대(新冷戰, New Cold War Era)의 대결 체제로의 전환이었다. 이러한 전환 뒤에 중국은 국제 사회의 신흥 강대국으로 새롭게 부상하였는데, 이 부상은 냉전 체제에서부터 쭉 유지 되어 오던 미국 중심의 확고한 패권 구도를 흔들어 놓기에 충분하였다. 왜냐하면 중국은 1978년 '개혁·개방' 정책의 실시 이후부터 강대해진 군사력과 고도성장한 경제력에 기반을 둔 '힘'[力]의 외교로 국제 무대의 중심에 "높이 우뚝 솟기"[崛起] 위한 만반의 준비를 해 왔기 때문이다. 결과적으로 중국의 부상은 세계에 중국 패권주의의 본격적 출발을 알리는 동시에 국제 질서(정치·경제·외교·군사·문화 등 제반 분야)의 지각 변동을 알리는 신호탄이 되었다고 할 수 있다.

그렇다면 우리는 한 가지 중요한 문제를 제출하지 않을 수가 없다. 그것은 중국과 패권주의의 유착 관계를 고려할 때, 중국은 패권주의에 대해 자신들이 처음에 주장한 것을 스스로 부인하는 자가당착(自家撞着)의 우(愚)를 범하고 있다는 것이다. 왜냐하면 현대적 의미에서 패권이란 말은 20세기 중반(1968년 8월)에 강력한 군사력으로 세계를 지배

---

1 『百度百科』, http://www.baidu.com (검색어: 覇權主義).

하려는 미국과 소련 등 강대국의 팽창주의적 대외 정책을 비판하기 위해 중국이 만든 용어였지만[2], 지금 국제 사회에서 터져 나오는 '강대국의 패권주의'를 향한 비판의 목소리가 많은 부분 중국의 행보에 집중되고 있기 때문이다.

하지만 21세기의 현시점에서 중국은 여러 경로를 통해 여지없이 그러한 패권주의와의 유착 관계를 끊임없이 부인하고 있다. 즉 '중국은 일관되게 패권주의를 반대하고'[3], 오히려 국가의 상호 공존·평등 실현·공동 발전·평화 공존이라는 다소 온화하면서도 포용력 있는 대외 정책 기조를 확립하며, 궁극적으로 이것의 실현을 위해 중국의 모든 역량을 다 발휘하고 있다는 것이다.[4] 중국의 그러한 노력은 국제 사회로부터 그들이 세계에 대한 패권 전략을 감추기 위한 대외 이미지 개선책이라는 비판을 피하기 힘들 것으로 보인다. 왜냐하면 지금 중국은 실지로 국제 관계에서 실리(實利)를 얻기 위한 이원화(二元化) 정책을 실행하여 세계 패권 구도를 자신들 중심으로 새롭게 재편하려고 하는 움직임을 보이고 있기 때문이다.

---

2   패권(覇權)이란 용어를 국제적으로 처음 사용한 것은 소련군의 체코슬로바키아 침공을 비난한 1968년 8월 중국의 신화사(新華社) 통신의 보도였다. 이 말이 공식적으로 사용된 것은 1970년 4월 22일자 『인민일보』(人民日報)에 실린 소련 비판 논문이 최초이고, 그 후 1972년 2월 28일의 미국·중국 공동 성명(상하이(上海) 공동 성명)에서 사용되었는데, 중국 신문은 '헤게모니'(hegemony)를 '패권주의'로 표기하였다. 그 해 9월 28일의 중국과 일본의 공동 성명에도 "중국과 일본 두 나라는 아시아 태평양지역에서 패권을 추구하지 않으며, 패권을 확립하려는 여하한 국가의 시도에도 반대한다"고 하였다.(『두산백과』, 『위키백과』, '패권주의' 참조)

3   『中文百科在線』, http://www.zwbk.org/indextrade.aspx (검색어: 覇權主義)

4   후야오방(胡耀邦)은 「全面開創社會主義現代化建設的新局面」(北京: 人民出版社, 1982)에서 "패권주의를 반대하고 세계 평화를 유지하는 것은 지금 세계 인민들에게 가장 중요한 임무이다"라고 하였다.(『百度辭典』, http://www.baidu.com (검색어: 覇權主義))

제국적 패권주의의 정책과 문화적 패권주의의 정책

그렇다면 중국이 시행하는 이원화 정책은 구체적으로 무엇을 가리키는가? 하나는 국제 관계에서 패권주의 국가가 자신들의 강력한 군사·경제적 영향력을 확장하여 세계 패권 구도를 자신들 중심으로 재편하려고 하는 '제국적 패권주의 정책'이다. 또 하나는 국제 관계에서 패권주의 국가가 자국의 강력한 경제력을 기반으로 하는 문화적 영향력을 확대하여 자국 문화의 타국 문화에 대한 우월적 지위와 패권적 지배를 정당화하려고 하는 '문화적 패권주의(cultural hegemony)[5] 정책'이다.

물론 중국은 그러한 이원화 정책이 자신들이 추구하는 대외 정책과 전혀 관계가 없다고 거듭 강조하지만, 그 안을 들여다보면 그 실상은 그렇지 않은 것으로 보인다. 그 이유는 크게 두 가지로 압축된다.

첫째는 중국이 대외적으로 세계의 평화 공존과 공동 발전을 위해 항상 노력한다고 거듭 강조하지만, 실지로 중국은 국제 관계에서 1978년 '개혁·개방' 정책의 실시 이후로 급성장한 군사력과 경제력을 앞세운 힘의 외교를 구사하여 세계에서 자신들의 지배력을 확장해 나가고 있다는 것이다. 이러한 확장의 과정에서 여러 국제적 문제가 발생하였는

---

5   문화 패권(hegemony)이란 용어는 안토니오 그람시(Antonio Gramsci, 1891~1937)가 제출한 것이다. 자본가와 같은 지배 계급이 문화 패권을 관철시키기 위해서는 대중의 동의가 필수적이며, 그렇기 때문에 지배 계급은 대중의 동의를 구하는 일을 반복적으로 행해야 하고, 이를 바탕으로 도덕적이고 지적인 지도력을 행사해야 한다.(원용진, 『새로 쓴 대중문화의 패러다임』(서울: 한나래, 2010), 529-534쪽 참조) 결국 문화 패권은 지배 집단의 문화를 피지배 집단이 수용하도록 조작된 이념이라는 점에서 지배 집단의 이데올로기가 일상생활과 사회에 깊이 스며들어 사회를 통제한다고 보는 이론이다. 한편 중국의 『互動百科』에서는 '문화패권주의를 서양 문화 중심주의의 변종'으로 보기도 한다.(『互動百科』, http://www.baike.com (검색어: 文化覇權主義))

데, 바로 미국과의 외교 및 무역 마찰[6]·일본과의 영토 분쟁[7]·독립을
둘러싼 티베트와의 분쟁[8]·필리핀이나 베트남과의 해양 영유권 분쟁[9]
등이 대표적이다.

　그러나 중국의 그러한 확장은 미국과 유럽 강대국들의 실리를 얻기

6　2014년 시진핑 주석은 베이징 인민대회당에서 열린 '평화공존 5개항 원칙' 제창
60주년 기념식에서 미국의 패권주의를 강경한 어조로 비판하였다.(『서울경제신문』,
「시진핑 미국 패권주의 연일 맹공」(2014. 6. 29.)을 참조할 것)

7　동중국해(東中國海, East China Sea)의 남서쪽에 위치하고 있는 5개의 무인도와 3
개의 암초로 구성되어 있는 군도인 센카쿠(尖閣, 중국명: 釣魚島다오위다오) 열도를
둘러싼 중국과 일본의 영토 분쟁이다. 1895년 청일 전쟁 당시 일본이 독자적으로 그들
의 영토로 편입해 버린 데에서 시작한다.

8　1949년에 중화인민공화국(中華人民共和國)이 건국되면서 중국은 티베트(Tibet)와
타이완(臺灣)을 포함한 중국의 옛 영토에 대한 회복을 발표하였다. 1950년 10월 중국
인민해방군은 티베트를 침공하여 점령하였지만, 중국은 티베트의 평화적인 해방이라는
모양새를 갖추기 위해서 1951년 5월 23일 티베트와 십칠조협의를 체결하여 강제 합병
하였다. 이로써 티베트는 최초로 중국의 지배를 받게 되었다. 이후 많은 티베트인이 정
치적인 이유 또는 탄압을 피해 인도로 망명하였다. 1959년 3월 티베트 자치구의 수도
라싸(拉薩)에서 대규모의 민족 운동이 발생하였고, 이어 달라이 라마 14세는 인도에 망
명하였는데, 지금까지 중국 정부와 대립 상태에 있다. 현재의 티베트 독립 운동은 중화
인민공화국의 통치하에 있는 티베트 혹은 티베트 자치구에 하나의 독립된 국가인 티베
트를 세우려는 운동이다. 중국은 이 독립 운동을 철저하게 무력으로 제압해 왔기 때문
에 지금도 여전히 국제 사회의 비판으로부터 결코 자유로울 수 없다. 예컨대, 2008년 3
월 10일에 1959년의 티베트 독립운동 49주년을 기념하는 의미로 티베트 승려(수도승)
600여 명이 중국 정부에 대해 항의 시위를 시작하였는데, 2008년 3월 14일 티베트 독
립운동 시위대가 중국 경찰과 충돌하면서 유혈 사태로 번졌으며, 중국 정부의 무력 진
압으로 사태가 격화되었다. 하지만 중국은 여전히 티베트의 독립을 인정하지 않고 서장
자치구(西藏 自治區)로 명명하면서 "서장은 중국의 신성한 영토로서 분할할 수 없는
한 부분이고, 중앙 정권은 시종일관 서장(西藏)에 대하여 유효한 관할을 행사하였다.
장족(藏族) 인민은 중화민족의 중요한 일원이다"(『百度辭典』, http://www.baidu.com
(검색어: 西藏))라고 규정하고 있다.

9　남중국해(南中國海, South China Sea)는 중국·베트남·필리핀·말레이시아 등으
로 둘러싸인 바다이다. 이 지역을 둘러싼 영토 분쟁이 끊이지 않고 일어나는 이유는 바로
이 바다에 석유와 천연가스 등 천연자원의 양이 아주 많이 매장되어 있기 때문이다.

위한 발 빠른 대응과 인접 국가들의 생존을 위한 강력한 반발에 부딪치
면서 국제 사회로부터 많은 비판도 받고 있고, 그 문제의 심각성도 계
속 부각되고 있다. 그러한 견제와 대응은 중국의 그러한 확장을 저지하
는 일시적 해결책으로 유용할지 몰라도 근본적 해결책이 될 수 없다.
오직 중국이 먼저 그 문제의 해결을 위한 총체적이고 실질적인 핵심 주
체로 나설 때에만 그러한 견제와 대응은 그에 상응하는 실질적 효과를
가져올 수 있다. 만약 중국이 적극적인 자세로 과감한 결단력과 추진력
을 발휘하여 그 정책에 대한 실질적이고 근본적인 해결책을 내놓지 않
는다면 현재도 여전히 국제적 논란의 중심에 있는 여러 외교 문제는 분
쟁의 소용돌이 속에서 빠져 나오기가 쉽지 않을 것이다.

둘째는 중국이 세계인에게 자국의 전통문화에 내재된 보편적 가치를
계승하여 평화롭고 조화롭게 살아가는 세계를 실현한다고 강조하지만,
실지로 중국은 거대한 자본의 논리로 무장시킨 문화 전파 운동들[10]을
전개하여 자신들의 안과 밖으로 중국 문화적 영향력을 확대해 나가고
있다는 것이다. 이러한 확대의 과정에서 여러 국제적 문제가 발생하였
는데, 바로 소프트 파워 강화에 따른 하드 파워 강화의 문제[11]·4개의
공정(工程)에 따른 아시아 국가들과의 역사 분쟁[12] 등이 대표적이다.

그러나 중국의 그러한 행보는 인접 국가들의 비판으로부터 상당 부
분 빗겨나 있고, 국제 사회에서도 이 문제의 심각성이 첫 번째(제국적
패권주의 정책)의 문제에 비해 훨씬 덜 부각되고 있다. 과연 그 이유는
무엇인가? 이는 과거 중국의 문화 체계와 가치 체계가 오랫동안 인접
국가들의 문화 체계와 가치 체계를 형성하는 데에 아주 중요한 역할을

---

10   讀經運動·孔子學院·『儒藏』 편찬 사업 등이 그것이다.(1장 2절을 참조할 것)
11   1장의 주 29를 참조할 것.
12   1장의 주 51을 참조할 것.

담당해 왔기 때문이 아닌가 한다. 예컨대, 그 인접 국가들은 오랫동안 자의건 타의건 간에 과거 중국 전통문화의 영향력 아래에서 중국의 정치 제도(周禮)를 수용해 왔고·중국의 문자(漢字)를 사용해 왔으며·중국의 문헌들(『四書五經』 등)을 읊조려 왔고·중국의 사상가들(孔子·孟子·朱子 등)을 흠모해 왔으며·중국의 사상들(儒家·道家·性理學·陸王學 등)을 연구해 왔다는 것이다. 이러한 배경에 놓였던 국가들에서는 중국의 문화적 패권주의 정책이 단순히 문화를 전파하는 것으로 인식될 수밖에 없었을 것이다.

현재 중국은 국제 관계에서 자신들의 강력한 군사·경제·문화적 영향력을 더욱더 확장하고 확대해 나가고 있으며, 이런 속에서 그들 자신들의 패권적 지배 의지를 더욱더 부각해 나가고 있다. 중국의 이러한 행보는 바로 '제하'(諸夏=中國)가 세계의 중심국으로서 우월한 선진 문화를 가진 문명국이고, 그 밖의 국가[四夷: 蠻夷戎狄]는 세계의 주변국으로서 열등한 후진 문화를 가진 야만국이라고 천시(賤視)하였던 과거의 유령이자 잔재(殘滓)인 중화주의(中華主義, Sinocentrism)[13]의 부활과 직결된다고 할 수 있다. 이 부활의 목적은 안으로는 1990년 이후 사회주의 이념의 퇴조 속에서 중국의 정치적 결집력과 사회 질서의 안정을 위한 통치 이념의 강화와 밖으로는 급변하는 국제 정세 속에서 자신들의 실리를 위한 패권적 지배력의 확장과 확대에 있다고 할 수 있다. 바로 많은 사람이 이러한 중화주의의 부활을 신중화주의(新中華主義: Neo-Sinocentrism)로 규정하고 비판하는 이유는 여기에 있다.

---

13 과거 중국의 역사에서 제하(諸夏) 문화의 사이(四夷) 문화에 대한 우월 의식을 고취했던 중화주의(中華主義)는 화이론(華夷論)·화이분별론(華夷分別論)으로 불리기도 한다.

소프트 파워 강화와 하드 파워 강화

그런데 중국은 1990년 초반 서구에서 중국에 대한 패권 담론으로 제출한 '중국위협론'을 불식하고, 동시에 자신들의 대외 이미지를 개선하여 세계에 자신들의 입지를 굳건히 하기 위한 전략적 차원에서 하드 파워의 강화와 더불어 소프트 파워의 강화에 자신들의 모든 역량을 집중시켰다. 이 강화는 2007년 후진타오(胡錦濤, 1942~) 주석 때에 시작되어 2013년 시진핑(習近平, 1953~) 주석의 취임으로 본격화되었다.

소프트 파워(soft power)[14]란 용어는 미국의 국제 정치학자 조지프 나이(Joseph Samuel Nye, 1937~)가 1990년에 처음으로 제출한 것이다. 그에 따르면 힘(power)이란 특정한 목적을 달성하기 위해 상대에게 영향력을 행사하는 것을 의미하며, 이를 행사하는 데 3가지 방식이 있다. 첫째는 채찍을 통한 강제이고, 둘째는 당근을 통한 유인이며, 셋째는 상대로 하여금 내가 원하게 만들도록 끌어들이는 것이다. 여기서 첫째와 둘째는 군사력으로 상대를 강제로 순응시키는 강압이나 경제력으로 상대에게 보상하는 물리적 힘을 통해 상대방이 원하지 않는 것을 내가 원하는 대로 강제하고 구속하는 하드 파워(hard power)를 의미한다. 셋째는 매력(attraction)이나 정치적 의제(agenda)를 통해서 타

---

14   조지프 나이는 1980년대 후반 독일과 일본의 부상 속에서 미국 쇠퇴론이 대두되는 시기 소프트 파워의 개념을 연구하기 시작했고, 미국의 패권은 오히려 지속될 것이라는 주장과 함께(이종철, 「중국의 소프트 파워 강화 전략에 대한 一考察: 원조외교와 공자학원을 중심으로」(국제지역연구학회, 『국제지역학논총』 제4권 제2호, 2011), 123쪽) 1990년에 출간한 *Bound to Lead: The Changing Nature of American Power*(New York: Basic Books)에서 '소프트 파워' 용어를 처음 사용하였고, 2004년에 출간한 *Soft Power: The means to Success in World Politics* (New York: Public Affairs)에서 이 용어를 발전시켰다.

국의 선호에 영향을 미쳐 자발적 동의를 이끌어 내는 소프트 파워를 의미한다.[15]

　조지프 나이는 그러한 하드 파워와 소프트 파워를 상호 대립적인 개념이 아니라 오히려 상호 보완적인 개념으로 규정한다. 군사력과 같은 무력 제재로 협박하거나 경제력에 의한 거래와 회유를 통해 타국의 굴복을 유도하는 '하드 파워'는 타국으로 하여금 매우 일시적인 굴복으로 이어지게 할 가능성이 높지만, 반면에 '소프트 파워'는 타국을 자국의 입장으로 동화시켜 자발적 동의를 장기적으로 가져온다는 것이다. 그래서 만약 국가가 국제 공간에서 진정한 영향력을 행사할 수 있으려면 소프트 파워를 반드시 갖추어야 한다는 것이다. 왜냐하면 소프트 파워의 영향력은 강력한 군사력이나 경제력 등 하드 파워가 반영되어 있는 것일수록 배가 되기 때문이다.[16]

　그런데 조지프 나이에 따르면 한 국가의 소프트 파워는 주로 세 가지 자원으로 구성된다. 즉 첫째는 사람의 마음을 끄는 문화적 능력이고, 둘째는 국내외에서 따르고 실행되는 그 나라의 정치적 가치관이며, 셋째는 적법하고 도덕적 권위를 지니는 것으로 인식되는 그 나라의 대외 정책이다.[17] 이와 달리 중국의 학자들은 소프트 파워가 두 요소로 구성되어 있다고 한다. 즉 하나는 무형적인 힘, 즉 문화 및 정신적인 힘이며, 다른 하나는 한 나라의 경제 외교의 대외적 영향력이다.[18] 여기서

15　　조지프 나이, 『소프트 파워』(홍수원 역, 서울: 세종연구원, 2004), 5쪽.

16　　이홍규, 「중국의 소프트 파워 평가에 대한 시론적 연구」(중국학연구회, 『중국학 연구』 제57집, 2011), 271-272쪽 참조.

17　　조지프 나이, 같은 책, 39쪽.

18　　김애경, 「중국의 부상과 소프트파워 전략: 대 아프리카 정책을 사례로」(세종연구소, 『국가전략』 제14권 제2호, 2008), 152쪽. 중국의 소프트 파워에 관한 연구는 다음의 저서들과 논문들을 참조할 것. 김동하, 『차이나 소프트 파워』(서울: 무한, 2011). 김

전자로 대표되는 것은 중국이 세계에 중국어를 널리 보급하고 중국 문화와 학술의 교육을 전파하기 위해 설립한 문화 교류 기관인 공자학원이다. 후자로 대표되는 것은 중국이 베이징 컨센서스(Beijing Consensus)[19]를 바탕으로 동티모르, 필리핀, 캄보디아 등 동남아시아와 수단, 짐바브웨, 앙골라, 나이지리아, 탄자니아 등 아프리카, 중남미 등의 개발 도상국에 집중적으로 경제적 지원을 하는 원조 외교이다.[20]

그러나 최근 한 보도에 의하면, 중국 정부가 수년간 소프트 파워의 강화를 위해 해외에 천문학적 돈(1조 4100억 달러)을 쏟아부었거나 약속하였음에도, 세계인들에게 중국의 이미지가 거의 개선되지 않았다는 것이다. 그 주요 원인은 바로 자유로운 인간의 발전을 허용하지 않고 국가가 통제하는 중국의 정치 시스템에 있다고 할 수 있다.[21] 이렇듯 중

영수, 『중국: 소프트파워 전략으로 부활하는 큰 나라』(서울: 한국출판마케팅연구소, 2011). 박광희, 「중국의 소프트 파워 증대 논의에 대한 연구」(한국외국어대학교 국제지역연구센터, 『국제지역연구』 제13권 제3호, 2009). 이영학, 「중국의 소프트 파워에 대한 평가 및 함의: 국제 여론 조사 결과를 중심으로」(경희대학교 아태지역연구소, 『아태연구』 제17권 제2호, 2010). 전가림, 「중국의 소프트 파워 발전 전략과 그 영향력: 공자학원과 방송미디어 매체를 중심으로」(한국외국어대학교 중국연구소, 『중국연구』 제50권, 2010).

19   베이징 컨센서스는 권위주의 체제의 정부가 시장 경제를 주도하는 '중국식 사회주의 모델'이다. 이는 민주주의 정부에 시장 경제가 결합된 국가 모델인 워싱턴 컨센서스(Washington Consensus)와 대립되는 개념으로, 2004년 중국 칭화(淸華)대 겸임 교수인 조슈아 쿠퍼 라모(Joshua Cooper Ramo)가 처음으로 제시했다. 자세한 것은 조슈아 쿠퍼 라모, 김진공 역 「베이징 컨센서스」(고려대학교 아세아문제연구소, 『아세아연구』 제52권 제3호, 2009, 14-77쪽)와 윤상우, 「베이징 컨센서스 비판: 라모와 아리기의 논의를 중심으로」(아시아·유럽미래학회, 『유라시아연구』 제11권 제4호 통권 제35호, 2014, 167-187쪽)를 참조할 것.

20   이종철, 「중국의 소프트파워 강화 전략에 대한 一考察」(국제지역연구학회, 『국제지역학논총』 제4권 제2호, 2011), 126-131쪽을 참조할 것.

21   『국민일보』, 「시진핑 소프트파워 강화에 1조 4100억 달러 쏟아부어」(2015. 8. 6.)와 데이비드 샴보(David Shambaugh), 『중국, 세계로 가다』(박영준·홍순현 역, 서

국의 소프트 파워 강화가 그러한 중국의 정치 시스템을 벗어나지 않는 다는 것은 바로 중국의 소프트 파워 강화가 실지로 하드 파워의 강화와 긴밀한 관계에 있음을 시사한다고 할 수 있다.[22] 즉 중국은 소프트 파워 의 강화를 통해 하드 파워의 강화를 더욱 도모하고 소프트 파워가 가지 는 무형의 가치를 새롭게 인식하여 21세기 명실상부한 강대국이 되겠 다는 열망을 표출하고 있는 것이다.[23]

결국 중국의 대외 정책의 그 궁극적인 목적은 국제 관계에서 자신들 의 군사력과 경제력을 확장하고, 동시에 자신들의 경제력에 기반을 둔 원조 외교와 문화적 영향력을 확대하는 속에서 상대방이 원하지 않는 데도 자신들이 원하는 것을 반드시 얻어 내고 국제 무대의 중심에 "높이 우뚝 솟아"[崛起] 자신들의 목소리를 최대한 높이 멀리 내보내는 데에 있 다고 할 수 있다. 이런 점에서 중국의 대외 정책은 실지로 많은 국가의 비판 대상이 되고 있는 패권주의의 범주를 쉽게 벗어나지 못할 것이다.

2. 문화패권주의와 문화 전파 운동

먼저 여기서는 한 가지 문제를 제시하려고 한다. 만약 누군가가 현시대

울: 아산정책연구원, 2014)를 참조할 것.

22　이런 점에서 보면 중국이 소프트 파워를 강화하여 다른 국가의 '자발적 동의'를 얻어 낸다고 할 때에 '자발적 동의'라는 말은 바로 자기의 의지대로 나아가 스스로 행 한다는 의미의 '자율적 동의'라기보다도 다른 사람의 의지에 의해서 어쩔 수 없이 나아 가 행한다는 의미의 '타율적 동의'에 가깝다고 할 수 있다. 한편 철저하게 실리를 우선 으로 하는 국제 관계에서 '자발적 동의'라는 말은 바로 각 국가의 전략적 목표를 달성 하기 위해 협력한다는 '전략적 제휴'(strategic alliance)를 의미한다고 볼 수도 있다.

23　이종철, 같은 글, 124쪽.

를 다원화 시대로 규정하여, 중국의 문화적 영향력이 과거만큼 그리 크지 않을 것이며 그로 인해 발생하는 문제들도 그리 심각하지 않을 것이라고 말한다면, 이는 큰 오산이라는 것이다. 왜냐하면 뒤에서 보겠지만 지금 중국이 안과 밖에서 행하는 문화 전파 운동들에는 겉으로 쉽게 드러나지 않는 그들만의 문화적 우월(패권) 의식이 뿌리 깊게 자리 잡고 있기 때문이다. 이러한 점을 상기하면서 여기서는 중국이 안과 밖에서 진행하고 있는 문화 전파 운동들의 내용과 의의, 그리고 그 궁극적인 목적을 살펴보고, 이에 대한 비판적 관점을 제출할 것이다.

현재 진행되고 있는 중국의 문화 전파 운동들은 크게 두 측면에서 나누어 볼 수 있다. 하나는 중국 안에서 중국인들에게 적극적으로 권장되는 문화 전파 운동들이다. 즉 국학열(國學熱)과 독경운동(讀經運動)이 대표적이다. 또 하나는 중국 밖에서 세계인들에게 적극적으로 권장되는 문화 전파 운동들이다. 즉 공자학원(孔子學院) 및 공자학당(孔子學堂)과 『유장』(儒藏) 편찬 사업이 대표적이다.

국학열

국학열(中國傳統文化學習的熱潮)은 중국의 전통문화를 학습하여 국학(中國傳統思想文化學術)을 재조명하자는 취지에서 전개된 문화 전파 운동이다. 이 운동은 '개혁·개방' 정책의 실시 이후에 발생한 중국 내부의 여러 정치·경제·사회적 문제를 해결하기 위해 '국학의 부흥'에 주목하였고, 나아가 서구의 자본주의 문화의 유입에 따른 위기에 대응하기 위해 중국학의 현대화와 세계화에 주목하였다. 특히 그것은 과거 중국이 외래문화를 흡수하여 자신들의 전통문화를 풍부하게 발전시켰듯이, 오늘날 중국 문화가 서양 문화를 흡수하여 중국이 세계 문화의 중

심지로서 인류와 인류 평화를 위한 새로운 문화를 만들고 실현하는 것
에까지 주목하였다. 그 대표적인 인물은 지센린(季羨林, 1911~2009)
이었다.

지센린은 국학열의 과열화를 우려하여 2008년 3월에 "국학(國學)은
대국학(大國學)의 범위이고 좁은 의미의 국학이 아니다"라는 관점에서
'국학' 대신 '대국학'이라는 새로운 개념을 제출하였다. 그래서 그는
중국 각 지역의 문화와 56개 민족 문화는 모두 국학의 범주에 들어오
며, 지역 문화와 민족 문화에는 각종의 상이한 표현 양식이 있지만 공
동으로 중국 문화라는 하나의 문화 공동체를 구성한다고 주장한다. 즉
현재의 국학은 중국 56개 민족이 공동으로 창조한 것이기 때문에 단일
한 한학(漢學)도 아니고, 단일한 유학 혹은 도가 문화도 아니라는 것이
다. 따라서 돈황학(敦煌學, Tunhuang)도 국학 안에 포함되고, 후대에
중국 문화에 흡수된 외래문화도 모두 국학의 범위에 들어오듯이 국학
은 문화 교류의 산물인데, 대내적으로는 각 민족 간의 교류를 통해서,
대외적으로는 끊임없이 외래문화를 흡수함으로써 전통문화가 풍부하
게 발전하였다는 것이다.[24]

결국 이 운동은 그 출발부터 중국의 전통문화가 모든 문화를 흡수하
여 새로운 문화를 만들어 내는 주동적(主動的) 위치에 있음을 전제한다
는 점에서 뒤에서 논의할 중국 문화가 중심이고 그 밖의 모든 문화는
중국 문화 안에 응집되어야 한다는 다원일체화론(多元一體化論)과 그
맥을 같이 한다고 할 수 있다.[25]

---

24   『百度百科』, http://www.baidu.com (검색어: 大國學).
25   '다원일체화'의 문제는 2장 2절을 참조할 것.

독경운동

독경운동(讀經運動)은 사서오경(四書五經)과 같은 유가 경전 읽기 운동
이다. 이 운동은 2004년도부터 중국 전역에 확대되기 시작하였고,
2005년 9월 28일 공자 탄신 2556년 기념일에 중국 전역에서 열린 『논
어』 낭송 경연 대회'(『論語』朗誦競演大會)를 기점으로 더욱 가속화되
었다.[26] 그리고 이 운동은 2008년 북경올림픽 개막식에서 공자의 3000
제자들이 죽간(竹簡)을 들고 나와 『논어』의 유명한 구절을 독송(讀誦)
하는 장면을 연출함으로써 그 절정에 다다랐다. 이것은 바로 전 세계에
공자의 부활을 알리는 신호탄이었다.

그런데 독경운동은 그 목적이 인성(人性)을 개발하는 데에 있다고
하지만[27], 실제 그 주목적은 다름 아닌 국가와 민족에 충성하고 가정에
충실한 인민을 육성하는 데에 있다. 그래서 이것은 실질적으로 중국 민
족의 우월성과 단결을 강조하는, 즉 "중국이 개혁·개방 정책을 실시하
면서 사회주의 이념을 대체하기 위해 진행한 국민 교육이자 중국인 사
이에 고양된 국민 이데올로기인 애국주의"[28] 운동으로 귀결된다. 하지
만 지나친 애국주의의 강조가 편협하고 기형적인 민족주의의 강조로
이어질 수 있다는 점에서 독경운동은 2000년 초반에 중화민족의 부흥
을 외치면서 전면적으로 등장하기 시작한 유가민족주의와 그 맥을 같
이한다고 할 수 있다.

---

26   『서울신문』, 「유가 민족주의 통치이념 부상」(2005. 9. 30.)을 참조할 것.
27   『百度百科』, http://www.baidu.com (검색어: 讀經運動).
28   김희교, 「중국 애국주의의 실체: 신중화주의, 중화패권주의, 민족주의」(역사비평
사, 『역사비평』 여름호 통권 75호, 2006), 305쪽.

공자학원

공자학원(孔子學院, Confucius Institute)은 중국 교육부(교육부 직속
인 中國國家漢語國際推廣領導小組辦公室＝國家漢辦에서 주관함)가 세계
각 국가에 있는 대학교들과 교류해 대학생들에게 중국어를 널리 보급
하고 중국 문화와 학술의 교육을 전파하기 위해 설립한 문화 교류 기관
이다. 물론 교재·교사·교사들의 월급 등은 모두 공자학원에서 제공하
고, 다만 해외 대학들은 건물만 빌려줄 뿐이다. 세계 최초의 공자학원
은 2004년 대한민국 서울에서 '공자아카데미'라는 이름으로 설립되었
다. 이후부터 2014년 12월 7일까지 공자학원은 전 세계 126국가의 475
곳에 설립되었고, 초·중등학교에서 방과 후 교실 형태로 운용되는 공
자학당(65국가의 851곳)까지 포함하면 1300곳이 넘는다고 한다.[29]
　그런데 중국은 그 목적이 중국 전통문화의 중국적 특성 소개와 문화
체험 교육에 있다고 거듭 밝히고 있지만, 이것은 표면적인 이유에 지나
지 않는다. 그 이면에는 '해외 유학 중인 자국 학생들을 감시하거나 중
국 공산당의 정치 수단으로 활용하고 있으며'[30], 나아가 국제 사회에

29　『百度百科』, http://www.baidu.com (검색어: 孔子學院). 공자학원은 아시아 32
국가에 103곳, 아프리카 29국가의 42곳, 유럽 39국가의 159곳, 아메리카 17국가의 154
곳, 오세아니아 3국가의 17곳에 설립되어 있고, 공자학당은 아시아 17국가의 79곳, 아
프리카 13국가의 18곳, 유럽 25국가의 211곳, 아메리카 7국가의 478곳, 오세아니아 3
국가의 65곳에 설립되어 있다고 한다.

30　이러한 이유로 '공자학원'은 몇몇 국가에서 이미 퇴출되었고, 재검토를 요구했다
는 것이다. 『뉴스투데이』의 2015년 7월 16일자의 기사 「중국 소프트파워의 힘 '공자학
원', 전 세계 490여 개 달해」(강병구 인턴기자)에 의하면, "… 2015년 현재 전 세계 70
여 개국, 200여 대학이 새롭게 공자학원을 신청한 상태이다 … 스웨덴 스톡홀름대학이
교내에 설치된 유럽의 첫 공자학원을 올해 6월 30일 폐쇄하기로 했다 … 대학 측은 '중
국과 인문 교류가 늘어나면서 공자학원과의 제휴가 불필요해졌다'고 설명했지만, 일부
관계자들은 '공자학원이 순수한 중국 문화 전파보다는 자국 정부나 공산당 선전 도구

중국 문화의 우수성(우월성)을 알리거나 중국이 세계 문명의 중심지임을 내세우는 등 중국 문화의 영향력을 확대하면서 궁극적으로 세계에 대한 패권 전략을 강화하려는 정치적 의도가 있는 것으로 보인다. 예컨대, 공자학원이 미국에서 소프트 파워가 아닌 하드 파워를 과시하였다는 보도가 있었는데[31], 이는 바로 공자학원(공자학당)이 국제 사회에서 중국의 패권 전략을 강화하기 위한 전초 기지 역할을 하고 있음을 어느 정도 시사해 준다고 할 수 있다.[32]

로 활용돼 대학 측의 불만을 샀다'고 전했다. 앞서 캐나다 맥매스터대학 또한 2013년 7월 '중국 정부가 자국을 비판하는 인사나 단체 회원의 공자학원 채용을 금지하고 있는 것은 캐나다 인권 규정에 어긋난다'며 공자학원을 폐쇄했고, 미국 시카고대와 펜실베이니아대도 지난해(2014년) 9월과 10월 '공자학원이 정치적이며 순수한 학문 발전을 저해한다'는 등의 이유로 각각 공자학원을 퇴출했다. 미국 대학 교수 연합회는 지난해 6월 발표한 성명에서 '공자학원'과 관계를 맺고 있는 100여 개 미국 대학에 관계 재검토를 요구했다. 이처럼 중화 문화 전파는 물론 중국 정부나 공산당 홍보에도 주력하면서 현지에서 반감이 확산되고 있다"는 것이다.

31   『시사중국』의 2011년 11월 4일자의 기사 「中공자학원 진면모? … 美서 하드파워 과시」(김영민 기자)에 의하면, "중국어 언어학원인 '공자학원'이 미국에서 중국의 소프트 파워(軟實力)가 아닌 하드 파워(硬實力)를 과시하고 있다 … 미국 대학들에서 공자학원이 학술 자유를 침해하는 행위가 매우 보편적으로 발생하고 있다. 예를 들면 중국은 지난 2009년 스탠퍼드대에 공자학원을 설립하면서, 이 학원에서 티베트 등 '민감한 문제'에 대한 논의를 금지할 것을 대학 측에 요구했다. 하지만 스탠퍼드대가 단호하게 거절, 중국 관리들은 결국 이 같은 조건을 포기했다. 미국의 사우스캐롤라이나 주립 … 대학은 지난 2009년 달라이라마 초청 강연을 준비했지만 공자학원 관계자의 협박으로 행사를 취소했다 … 캘리포니아대 버클리 분교에서 중국 문화를 연구하는 다이메이커(戴梅可, Michael Nylan) 교수가 올해 공자학원을 유치한 15개 미국 대학을 상대로 조사한 결과, '민감한 신분'을 가진 인사의 강연을 막기 위해 공자학원이 대학 측에 압력을 가한 사례가 2건 있었다. 이 같은 공공연한 학술 간섭 행위는 미국 교수들로부터 큰 반발을 사고 있다. 미국의 아시아 학회(Association for Asian Studies)는 지난 3월부터 중국 공자학원총부의 자금 지원을 받지 않기로 했다. 자금 지원에 따른 중국 정부 영향력 행사를 차단할 수 있는 장치가 없다는 이유에서다"라는 것이다.

32   공자학원에 관한 연구는 박운식·이승우, 「공자학원의 문화 전파 이론과 모델」

『유장』 편찬 사업

『유장』(儒藏) 편찬 사업은 '유교 문화권의 범연대화 및 범일체화'를 목표로 하는 운동이다. 2002년 12월 1일에 중국 인민대학(人民大學) 공자연구원(孔子硏究院, 원장 張立文 교수) 개원 기념 국제 학술 대회에서 『유장』 편찬 사업 계획이 발표되었다. 이 사업은 중국뿐 아니라 한국과 일본 그리고 베트남 등 동남아까지 포괄하는 동아시아 사상계의 국제적 프로젝트로서[33] 정화(精華)편(2억 자 분량, 2012년까지)과 대전(大典)편(15억 자 분량, 2020년까지)의 두 단계로 나뉜다. 이러한 『유장』 편찬 사업의 목적은 「『유장』 편찬사업 계획서」에 잘 드러난다. 그 핵심 내용은 다음과 같다.

> 2000여 년 동안 유학은 중국의 고대 철학·정치·경제·문화·교육·과학·기술의 발전에 대해 아주 중요하고도 깊은 영향을 미쳐 중화민족의 독특한 세계관과 가치관 및 사유 방식을 형성하게 하였다. 유학이 중국의 전통문화에 미친 영향은 중국 역사상 다른 어떤 학파나 다른 어떤 외래 사상과도 비교할 바가 아니다 … (그래서) 중국이란 단지 하나의 정치적 개념인 것만이 아니라 지리적 개념이자 문화적 개념이기도 하다. 중국의 전통문화는 일찍이 주변 국가들에게 아주 중대한 영향을 미쳤으며, 오늘날에

(동아인문학회, 『동아인문학』 제25호, 2013)과 김일수·최형룡, 「중국의 소프트파워 정책과 공자학원의 역할」(한국동북아학회, 『한국동북아논총』 73권, 2014)을 참조할 것.

33　"인민대학 공자연구원은 일본의 몇 대학 및 기관과 협약을 맺었고, 베트남 사회과학원과도 협약을 맺어 일본 『유장』과 월남 『유장』 편찬 사업을 진행하였으며, 2009년 4월 22일에 베이징대학은 성균관대학교의 대동문화연구원 및 고전번역원 등과 협약을 맺어 한국 『유장』 편찬 사업을 진행 중에 있다."(홍원식, 「『儒藏』 편찬사업과 중국문화패권주의」(철학문화연구소, 『철학과현실』 봄호 통권 제84호, 2010), 191쪽)

도 그 영향은 가벼이 볼 수 없으며, …『유장』을 편찬하는 것은 중화민족
의 문화적 동일성을 제고시키고, 중화민족의 응집력을 제고시키는 데 도
움이 된다.[34]

이에 대한 홍원식의 비판을 들어 보자. "한마디로 말해 중국이 『유
장』 편찬을 통해 중화민족을 응집시키고, 이를 바탕으로 이른바 유교
문화권을 지나간 역사가 아닌 현재, 나아가 미래에 하나로 묶겠다는 것
이다. 왜냐하면 중국 정부는 공자와 유학, 그리고 이 『유장』 편찬 사업
을 통해 동아시아의 문화적 맹주 자리를 굳히고자 하기 때문이다. 그렇
다면 이것은 지금에 이르기까지 중국 역사에서 수천 년 동안 뿌리 깊고
주도면밀하게 추진해 온 중화주의, 곧 문화적 패권주의 정책의 일환이
라고 할 수 있다."[35] 물론 이러한 비판이 단순히 학술적 교류라는 순수
한 의도를 너무 자의적으로 해석하는 것이 아닌가라고 반문하는 사람
이 있을지도 모른다. 그러나 우리는 중국이 『유장』 편찬 사업을 한국·
일본·베트남으로 확대해 나가는 그 이면에 주변 국가들의 전통문화가
중국의 전통문화에서 파생되었다는 문화적 우월 의식과 주변 국가들의
모든 전통문화는 결국 중국의 전통문화 안에 응집된다는 문화적 패권
의식이 뿌리 깊이 새겨져 있음을 결코 간과해서는 안 될 것이다.

이상으로 본다면 중국은 문화 전파 운동들의 확대를 통해 안으로는
'개혁·개방' 정책의 실시 이후로 대두된 여러 사회적 불안 요소를 일
소하고, 밖으로는 세계 각국에 자국의 전통문화를 널리 소개하고 보급
한다고 강조하지만, 여기에는 과거 중국의 '중화주의 부활'과 깊은 관

---

34 중국인민대학 공자연구원, 홍원식 역, 「『儒藏』 편찬사업 계획서」(예문동양사상연
구원, 『오늘의 동양사상』 제8호, 2003), 317-320쪽.
35 홍원식, 「『儒藏』 편찬사업과 중국 문화패권주의」, 191쪽, 195쪽.

련이 있다는 것을 알 수 있다. 만약 부활된 중화주의가 우리 사회 곳곳에 깊숙이 침투된다면 그것이 우리의 정치·경제·사회·문화 등 사회 전반에 미치는 파장은 클 것이고, 나아가 과거 소중화주의(小中華主義)를 천명하였던 우리의 과거 역사에서 보았듯이, 우리의 정체성은 많은 부분 사라질지도 모르기 때문이다. 바로 우리가 문화 전파 운동들을 반드시 경계의 대상으로 삼고, 그 운동들에 대한 비판적 관점을 제출하려는 이유는 여기에 있다.

결국 국가 간의 경계가 무너지고 있고, 민족 간의 구별이 사라지고 있는 21세기의 국제화 시대에서 그것의 유입을 완벽하게 차단한다는 것은 거의 불가능한 일일 것이다. 그럼에도 우리는 적어도 그것들이 우리 사회에 가져올 불안과 혼란의 파장을 최소화시킬 필요가 있으며, 이를 위해 반드시 중화주의의 부활에 대한 무비판적 수용을 지양하고 그것의 실체를 정확히 파악하는 동시에 그것에 대한 실질적인 대응책을 다각적으로 강구해 나갈 필요가 있다.

3. 화해세계론의 실체

화해세계론의 등장

후진타오 주석은 2005년 4월 '자카르타 아시아-아프리카 총회'에 참가하여 강연 중에 아시아-아프리카 국가들은 반드시 "서로 다른 문명 간의 우호 공존·평등 대화·공동 발전을 추진하여 공동으로 화해세계(和諧世界)를 건설해야 한다"고 말하였다. 그는 같은 해 7월에 러시아를 방문하였을 때에 '화해세계'를 「중국과 러시아의 21세기 국제 질서

에 관한 연합 성명」에 명기하였다. 그 핵심 내용은 정치·경제·문화·
안보·환경 등 각 방면에서 '화해세계'를 실현하자는 것이었다. 그리고
2005년 9월 15일 유엔 창립 60주년 기념식에서 그는 전면적으로 "중국
은 화해세계를 건설하는 데 주도적으로 나선다"는 '화해세계론'을 주
창하였다. 이후부터 지금까지 중국은 '화해세계론'을 대외 정책의 최
고 원칙으로 삼고, 그것을 국제 사회에 실현하기 위해 적극적으로 노력
한다고 거듭 강조해 오고 있다.

  중국이 강조하는 '화해세계'는 구체적으로 무엇을 의미하는가? 중
국의 검색 엔진 "百度"의 『백도백과』에 따르면 '화해세계의 건설은 국
가 간의 화해 공존과 국제 관계의 민주화 실현에 달려 있고, 아래의 다
섯 가지 내용을 포괄한다는 것이다.'[36]

  '화해세계'는 중국 문화 전통의 계통관과 정체관에 기초하여 제출된 전 세
  계의 정치·윤리·법률과 국제 관계 건설의 위대한 이념이고, 중국의 '화
  해세계론'은 중국의 발전 노선 문제를 해결할 뿐만 아니라 전 세계의 국제
  정치 윤리와 국제 질서의 지도 원칙을 건설하는 것이다. 그래서 서로 다른
  국가 간의 화해 공존과 국제 관계의 민주화를 실현하는 것만이 '화해세계'
  를 건설하고 인류의 영구 평화와 공동 번영을 촉진하는 관건과 전제이다.

  첫째는 평화적이고 공평적이며 효과적인 민주(民主)의 다변주의(多邊主
  義)이다. 중국이 이해하는 다변주의는 공허한 것이 아니라 내용이 충실한
  것이다. 중국은 '공동 안전'의 개념을 강화하고, 국제 연합을 전 세계의
  안전을 담당하는 기구의 핵심으로 견지한다. 둘째는 개방적이고 공정하며

---

36   『百度百科』, http://www.baidu.com (검색어: 和諧世界).

차별 대우하지 않는 다변적인 무역 체제를 통하여 '공동 발전'을 촉진한다. 셋째는 문명·문화·제도의 상호 존중·상호 포용·상호 이해이다. 넷째는 개혁을 통하여 국제 연합을 강화한다. 국제 연합은 다른 것으로 대체할 수 없고, 전 세계의 문제에 대처하는 주체이다. 개혁 후의 국제 연합은 반드시 강력하면서도 효과 있게 전 세계의 위협에 대처할 수 있다. 다섯째는 적극적으로 인권(人權)을 촉진하고 보장하며, 사람들로 하여금 평등하게 전면적으로 발전을 추구하는 기회와 권리를 향유하게끔 한다.

위 글의 핵심 내용은 중국이 국제 연합의 중요한 일원으로서 '화해세계'를 건설하기 위해 "국가 간의 화해 공존과 국제 관계의 민주화를 실현한다"는 것이다. 다시 말해 중국은 일관되게 패권주의를 반대하는 국가, 즉 전면적으로 다른 나라에 대한 강제적인 내정 간섭도 반대하고, 임의적인 무력 사용도 반대하며, 오직 인류의 평화와 공동 번영을 위해 온 힘을 쏟는 국가라는 것이다. 하지만 이것은 철저하게 중국의 입장만이 반영된 것일 뿐이다.

중국위협론의 등장

그렇다면 중국이 '화해세계론'을 등장시킨 배경은 무엇인가? 이것은 1990년 초반에 미국 정치학자와 전략가들이 중국에 대한 패권 담론으로 제출한 '중국위협론'(中國威脅論, China Threat = 中國覇權論)[37]의

---

37 '중국위협론'은 19세기 말에 형성된 극단적 민족주의 이론이자 황색 인종에 대한 억압론인 황화론(黃禍論, yellow peril)의 연장선에 있다. 이 '황화론'을 처음 제기한 사람은 러시아의 무정부주의자 바쿠닌(Mikhail Aleksandrovich Bakunin, 1814~1876)이었다. 그는 1873년에 출판한 Statism and Anarchy 중에서 중국을 "동방에서 오는 거

등장과 밀접한 관계가 있는 것으로 보인다. 왜냐하면 중국의 입장에서 '중국이 언젠가는 반드시 강대해진 군사력과 고도성장한 경제력으로 세계 평화를 위협하는 국가가 될 것이다'라는 '중국위협론'을 불식하기 위해서는, 우선적으로 중국이 국제 사회에 세계 평화를 위협하는 국가가 아닌 세계 평화를 사랑하는 국가임을 널리 알려야 했기 때문이다.

'중국위협론'이 비록 중국의 패권에 대한 미국 중심의 비판적 논리를 담고 있기는 하지만, 엄밀하게 말해 그 논리는 미국의 국제 정치·경제적 실리와 깊은 관계가 있다. 즉 미국의 관점에서 '중국위협론'의 핵심 내용은 중국의 군사력과 경제력이 미국과 대등한 수준으로 성장하였거나 적어도 동아시아 지역(한국, 일본, 베트남, 몽골 등)의 패권주의 국가로 성장하였을 때에 언제든지 미국이 구축해 놓은 패권 질서에 도전할 수 있고, 또한 언제든지 그 질서는 중국 중심의 패권 질서로의 재편이 가능하다는 것이다. 그래서 미국 중심의 국제 사회는 어떤 식으로든지 간에 중국의 패권주의가 확장되지 못하도록 경계하고 저지

대한 위험"이라고 인식하고, 그 위험이 중국의 인구와 이민에서 온다고 주장하였다. 즉 "땅이 넓고 인구가 많은 중국이 개혁 중인 일본과 연합한다면 황색의 야만종이 홍수처럼 밀려와 유럽 전체의 군사력으로도 막지 못할 것이다"가 그것이다. 그런데 '황화론'을 유럽 국가들에 널리 고취시킨 인물은 바로 독일 황제 빌헬름 2세였다. 그는 1895년 어느 날 궁중 화가 크라크푸수(Herman knackfuss)에게 꿈속에서 본 "황화"(Die Gelbe Gefahr)의 모습에 근거하여 한 폭의 그림으로 그리게 하고 이를 인쇄한 후 그의 친한 대신들과 유럽의 중요한 국가 통치자들에게 보냈다. 그 핵심 내용은 "황화가 이미 다가오고 있다. 유럽 국가들은 연합해라! 자신의 신앙과 자신이 국가를 지켜라!"라는 것이었다. 즉 '황색 인종이 융성하고 번성하는 것은 백색 인종에게 위협이 되기 때문에 백색 인종은 마땅히 연합하여 황색 인종에 대처해야 한다는 것이었다.' 그러나 이것은 어디까지나 장래에 황색 인종이 백색 인종에게 해를 입힐 것이라고 보는 유럽의 배타적 논리로서 동양인, 특히 중국인의 값싸고 풍부한 노동력에 대한 공포와 경계에서 비롯되었다는 것이다.(『百度百科』, http://www.baidu.com (검색어: 黃禍論)) 결국 '황화론'은 중국에 대한 막연한 공포심을 이용하여 중국 침략을 정당화하기 위해 날조된 말이었다고 할 수 있다.

하려는 움직임을 보이고 있다.

　과연 그러한 주장은 어느 정도 타당한 근거를 가지는가? 여기서 중요한 것은 '중국위협론'의 타당성 문제에 대한 논의와 별도로 지금도 여전히 '중국위협론'이 미국과 여러 유럽 국가들, 그리고 여러 아시아 국가들의 적극적인 수용과 더불어 국제 사회에서 중국의 대외 정책을 비판하는 유효한 이론으로 널리 인식되고 있다는 것이다.

　중국은 그러한 인식의 확산을 막기 위해서 '중국위협론'이 등장한 시점부터 지금까지 이 이론의 허구성을 거듭 지적하고 비판하였다. 즉 '중국위협론'이 탈냉전과 함께 대두되었다는 점에서 그것은 미국의 '적대국 결핍증'에서 나온 것이며, 아울러 미국이 중국을 잠재적 패권 경쟁자로 규정하고 전 세계적 지지를 이끌어 내기 위해 '위협'을 과장한다는 것이다.[38] 이에 따라 중국은 '중국위협론'을 정면 돌파하기 위해 대외적으로 다양한 평화 공세를 벌여 왔는데, 그 핵심 내용은 바로 '중국은 결코 세계 평화를 위협하는 국가가 아니라 세계 평화를 수호하는 국가라는 것이다.'[39]

　그렇다면 '중국위협론'에 대한 중국의 대항 담론은 구체적으로 무엇

38　'중국위협론'의 자세한 논의는 금희연의 「중국위협론의 실체: 중국의 세계전략과 전방위 외교정책」(한양대학교 아태지역 연구센터, 『중소연구』 제27권 제4호, 2004, 79-108쪽)과 고성빈의 「중국위협론에 대한 비판적 사유: 허위의식의 그물」(진보평론, 『진보평론』 여름 44호, 2010, 183-216쪽)을 참조할 것. 그런데 중국의 검색엔진 "百度"의 『百度百科』(http://www.baidu.com (검색어: 中國威脅論))에 따르면 지금까지 제기된 중국위협론은 크게 6가지로 분류된다. 첫째는 군사위협론(軍事威脅論), 둘째는 양식위협론(中國粮食威脅論), 셋째는 경제위협론(中國經濟威脅論), 넷째는 인터넷위협론(中國网絡威脅論), 다섯째는 환경위협론(中國環境威脅論), 여섯째는 지연정치위협론(地緣政治威脅論)이다.

39　2015년 9월 22일 미국 시애틀에서 국빈 방문 일정을 시작한 시진핑 주석의 첫 만찬 연설은 대체로 '중국위협론'을 불식하는 데에 집중되었다.(『연합뉴스』, 「"색안경 끼고 보면 안 된다" 시진핑, 첫날부터 美에 강공모드」(2015. 9. 23.)를 참조할 것)

인가? 이는 중국이 '개혁 · 개방' 정책의 실시 이후에 제출한 세 가지 외교 정책의 변천 과정을 통해 충분히 파악된다.

도광양회론

첫째는 "빛(재능)을 감추고 어둠 속에서 힘(실력)을 기른다"는 '도광양회'(韜光養晦)이다. 이는 덩샤오핑(鄧小平, 1904~1997) 주석이 1989년 9월 4일 외교 전략과 관련하여 지도부에 전달한 「20자(字) 방침」에 등장한다. '20자 방침'이란 "냉정하게 관찰하고"[冷靜觀察], "서두르지 말며"[穩住刻步], "침착하게 대응하고"[沈着應付], "빛(재능)을 감추고 어둠 속에서 힘(실력)을 기르며"[韜光養晦], "꼭 해야 할 일이 있는 경우에만 나서서 하라"[有所作爲]는 지시이다. 이 중에서 '도광양회'는 중국이 '개혁 · 개방' 정책의 실시 이후에 내놓은 첫 외교 정책이었고, 이후 20여 년 이상 중국의 외교 정책을 담당하였다.

중국이 '도광양회'를 대외 정책의 핵심으로 삼은 이유는 무엇인가? 그것은 1948년 중화인민공화국(中華人民共和國)이 건국된 이후로 중국이 미국의 그늘에 가려 국제적으로 그들의 강력한 영향력을 제대로 행사할 수 없었던 시대 상황에서 찾을 수 있다. 이러한 시대 상황에서 중국은 이전부터 일관되게 유지해 오던 주변국에 대한 대외 정책(주변국을 중국의 세력 범위 안에 묶어 두고 통제하는 대외 정책)을 실현하는 데에서 많은 어려움을 겪었던 것으로 보인다. 이러한 문제를 해결하기 위해 중국은 그들의 군사력과 경제력이 국제적으로 강력한 영향력을 행사할 수 있을 정도로 신장될 때까지 "침묵을 지키고 어둠 속에서 실력을 기르겠다"는 '도광양회'를 외교 정책의 핵심으로 삼았다고 할 수 있다.

그런 점에서 '도광양회'는 중국의 발전과 국제적 지위를 확보하려는

전략적 단계에서 내세운 외교 정책이었다고 할 수 있다.[40] 그러나 문제
는 중국이 겉으로 일체의 것을 드러내지 않고 있었기 때문에 미국과 유
럽 강대국들은 중국이 기르는 힘의 내용이 무엇인지, 힘의 규모가 어느
정도인지, 그리고 힘의 사용처가 어디인지에 대한 명확한 해답을 찾기
어려웠다는 것이다. 이런 속에서 미국과 유럽 강대국들은 중국이 언젠가
강대해진 군사력과 고도성장한 경제력으로 국제 사회에 강력한 영향력
을 행사하여 미국 중심의 지배 구도에 큰 변화를 가져올지도 모른다는
막연한 불안 심리를 드러낼 수밖에 없었을 것이다. 이러한 불안 심리가
실질적으로 '중국위협론'을 등장시킨 요인 중의 하나였다.

화평굴기론[41]

둘째는 "평화롭게 높이 우뚝 솟는다"는 '화평굴기'(和平崛起)[42]이다.

40　노병렬과 천병돈은 "도광양회의 본질은 중국을 어떻게 발전시킬 것이냐는 중국
내부 문제임을 알 수 있다. 도광양회의 의미가 '재능을 감추고 때를 기다린다'는 전략
적 의미 이외에 도덕적 의미의 '겸손'[謙]을 가리키고, 이 '겸손'은 이후에 이어지는
중국 외교 정책인 화평굴기와도 연관된다"(노병렬·천병돈, 「중국 외교정책의 사상적
근원: 韜光養晦와 和平崛起를 중심으로」, 한국양명학회, 『양명학』 제27호, 2010, 282-
283쪽)고 본다. 그러나 '도광양회'의 핵심이 세계로 나아가기 위한 힘(실력)을 기르는
데에 있다고 한다면 '도광양회'를 '겸손'으로 보는 것은 중국의 외교 정책을 너무 낙관
적으로 보는 것이 아닌가 한다.

41　중국화평굴기론(中國和平崛起論)을 철학적 관점에서 연구한 것은 노병렬과 천병
돈의 「중국 외교정책의 사상적 근원: 韜光養晦와 和平崛起를 중심으로」가 있고, 정치
적 관점에서 연구한 것은 김애경의 「중국의 '화평굴기'론 연구: 논쟁과 함의를 중심으
로」(한국국제정치학회, 『국제정치논총』 제45집 제4호, 2005, 215-234쪽)와 박병석의
「中國和平崛起論: 그 전개와 변형에 대한 담론 분석」(현대중국학회, 『현대중국연구』
제10권 제2호, 2009), 그리고 「中國和平崛起論의 이론적 한계와 문제점」(한국정치사
상학회, 『정치사상연구』 제15집 제2호, 7-39쪽, 2009) 등이 있다.

42　『漢語大詞典』에 따르면 '굴기'(崛起)는 '고용'(高聳, 높이 솟음)·'용기'(聳起,

이것은 당시 공산당 중앙당교 상무부 교장을 역임하던 정비젠(鄭必堅, 1932~) 교수가 2003년 11월 3일 하이난 섬(海南島)의 '보아오 아시아 포럼'(博鰲亞洲論壇, Boao Forum for Asia)에서 "중국 화평굴기의 새로운 길과 아시아의 미래"라는 제목의 기조연설을 통하여 처음으로 제안하였다. 이후에 원자바오(溫家寶, 1942~) 총리는 같은 해 12월 10일 미국의 하버드대학교의 강연에서, 후진타오 주석은 같은 해 12월 26일 마오쩌둥(毛澤東, 1893~1976) 탄생 110주년 기념 대회에서, 리자오싱(李肇星, 1940~) 외교부장은 2004년 3월 7일 제10기 전국 인민 대표회의 제2차 회의 기간의 기자 회견에서 각각 '화평굴기' 개념을 제출하였다.[43] 이로써 '화평굴기'는 후진타오 주석 시대의 상징어가 되었다.

'화평굴기'는 본격적인 '중국위협론'의 대항 담론으로 등장한 외교 정책이다. 이 정책을 대외적으로 내세운 목적은 중국이 평화적인 수단과 방법으로 개방된 체제하에서 세계 각국과 상호 협력하여 평화 우호와 평화 공존을 위한 책임 있는 역할을 담당한다는 데에 있었다. 다시 말해 중국은 대내적으로 '개혁·개방' 정책의 실시 이후로 국력이 급신장되고 경제력이 고도성장되는 과정에서 사회에 파생된 여러 위험 요소를 제거해 나가고, 동시에 대외적으로 국가 간의 우호 협력을 증진하

솟아 일어남)와 같은 의미로서, 본래 '산이 높이 우뚝 솟는 모양'을 가리킨다. 한국에서는 '굴기'를 번역하지 않고 '굴기'로 그대로 쓰기도 하며, '굴기'를 '물 위로 떠오르는 모양'을 가리키는 '부상'(浮上)으로 번역하기도 한다.(노병렬과 천병돈은 같은 논문의 285쪽에서 '화평굴기'를 '평화적 부상'으로 번역한다) 물론 어느 쪽을 따르든 아무런 문제가 없다. 다만 필자는 '굴기'가 '부상'보다 모든 것의 중심에 서고자 하는 의미를 더 많이 함축한다고 보기 때문에, 여기서는 '굴기'를 해석 그대로 "(중심에) 높이 우뚝 솟는다"로 번역한다. 따라서 '화평굴기'는 "평화를 내세워 세계 중심에 높이 우뚝 솟는다"로 해석될 수 있다.

43   『百度百科』, http://www.baidu.com (검색어: 和平崛起).

고 공동 발전을 촉진해 나간다는 것이었다. 이러한 과정에서 중국은 주
변국과의 관계를 돈독하게 한다는 의지를 담은 삼린(三隣) 정책을 힘주
어 강조하였다. '삼린'이란 '주변국과 화목하게 지낸다'는 의미의 목
린(睦隣)·'주변국을 안심시킨다'는 의미의 안린(安隣)·'주변국을 풍
요롭게 해 준다'는 의미의 부린(富隣)을 뜻한다.[44]

한편 후진타오 주석은 2004년 4월의 '보아오 아시아 포럼'에서 기존
의 '화평굴기' 대신 '화평발전'(和平發展)이라는 용어를 반복하여 사용
하기도 하였다. 이것은 어디까지나 '대외적 이미지 형성에 부드럽고
평화 애호적 인상을 줄 수 있다는, 즉 중국의 새로운 이미지 형성과 확
산을 통해 중국의 발전이 세계의 모든 국가에게도 위협이 아니라 상호
협력과 발전의 기회가 됨을 홍보하고자 하는 의도를 가진 것으로 보인
다.'[45] 따라서 '화평굴기'와 '화평발전'은 형식상 차이가 있을지언정,
내용상 차이가 없다고 할 수 있다.

그런데 후진타오 주석은 2004년부터 '화평굴기' 대신 새로운 외교
전략을 채택하는데, 이는 바로 "적극적으로 참여해서 뜻을 이룬다"는
'유소작위'(有所作爲)이다. 이것은 덩샤오핑의 「20자 방침」 중의 하나
로서, "중국이 국력에 맞게 할 일을 주도적으로 하되, 때가 되면 중국
의 역할을 제대로 한다"는 의미이다. 그래서 이것은 국제 관계에서 '관

44　덩샤오핑 주석은 오직 목린(睦隣)만을 주장하였고, 2003년 원자바오 총리가 인
도네시아를 방문하여 ASEAN(동남아시아 국가 연합)과 ASEAN+3(기존 아세안 국가
와 한국·중국·일본) 회의에서 주창한 것이 안린(安隣)과 부린(富隣)이다. 여기서 '목
린'은 가능하나 '안린'과 '부린'은 해당 국가가 스스로 부유해지고 안보를 추구해야 할
문제이지 중국의 도와줄 문제가 아니라는 비판이 있다.(문정인, 『중국의 내일을 묻다』
(서울: 삼성경제연구소, 2010), 173쪽 참조)

45　문정인 외, 『동아시아의 전쟁과 평화』(서울: 연세대학교 출판부, 2006), 352쪽
참조.

여'와 '개입'을 통해 중국의 실질적 역할을 강조하고, 중국의 실리를 확대하려는 다소 적극적이고 공세적인 대외 정책을 가리킨다.[46] 이렇게 본다면 '도광양회'는 다소 소극적 측면에서 중국이 아직 힘을 기르지 않았기 때문에 힘을 기를 때까지 중국의 실질적 모습을 국제 사회에 드러내지 않고 기다린다는 강한 의지를 밝힌 것이라고 할 수 있다. 반면에 '화평굴기'와 '유소작위'는 적극적 측면에서 중국이 이미 힘을 길렀기 때문에 이제는 중국의 실질적 모습을 국제 사회에 드러내어 자신들의 목소리를 제대로 크게 낸다는 강한 의지를 밝힌 것이라고 할 수 있다.

그렇게 본다면 '화평굴기'와 '유소작위'는 '중국위협론'을 '화평'으로 무마시키고, 동시에 중국이 국제 무대의 중심에 "높이 우뚝 솟아"[崛起] 국제 사회의 핵심 일원으로서 해야 할 일을 반드시 하겠다는 강한 의지를 반영한 외교 정책인 것이다. 이렇듯이 '화평굴기'가 중국의 국제 사회에 대한 책임을 강화하고 영향력을 넓힌다는 의미를 함축한다는 점에서 본다면, 그 목적은 '화평'보다도 중국이 세계 무대의 중심에 "높이 우뚝 솟는다"는 '굴기'에 있다고 할 수 있다. 마찬가지로 "유소작위"도 중국이 국제적 문제들에 적극적으로 개입하여 자신들의 입장을 분명하게 밝히고 힘의 외교로 실리를 챙기겠다는 의미를 함축한다는 점에서 본다면, 그 목적은 그러한 '굴기'에 있다고 할 수 있다. 그렇다면 그 둘의 궁극적인 목적은 중국이 세계의 일원으로서 평화 우호와 평화 공존에 대한 책임 있는 역할을 담당한다는 것보다는 세계 패권 구도를 중국 중심의 패권 구도로 새롭게 재편하여 자신들의 지위를 더욱 강화한다는 데에 있다고 할 수 있다.

---

46 이정선, 「韜光養晦, 有所作爲」(『미래교육신문』, 2011. 10. 26.)를 참조할 것.

결국 '도광양회'에서 '화평굴기'로의 전환, 그리고 '화평굴기'에서 '유소작위'로의 전환은 중국이 날카로운 발톱을 감추고 오직 기회만을 노리는 국가, 즉 패권주의 국가로서 세계 평화를 위협하는 국가가 아니라, 중국의 주장처럼 세계 평화를 수호하는 국가 내지 그것의 실현을 위해서 끊임없이 노력하는 국가임을 밝힌 것이라 하더라도, 문제는 많은 국가가 지금도 여전히 중국의 그러한 노력을 있는 그대로 받아들지 않고 있다는 것이다.

주동작위론

셋째는 "국력에 걸맞게 해야 할 일을 주도적으로 한다"는 '주동작위' (主動作爲)[47]이다. 이것은 2013년 초반에 중국 외교부가 만드는 주간지 『세계지식』에서 제시한 개념으로 시진핑 체제의 외교 정책을 가리킨다. 이 정책은 기본적으로 중국이 세계 무대의 중심에 "높이 우뚝 솟는다"는 '굴기'의 기본 뼈대를 그대로 유지하면서 여러 국제적 문제에 적극적으로 개입한다는 것이다. 이는 중국이 강해진 힘을 더 이상 감추지 않고 외부 도전에 적극적으로 대응하고 국제 관계의 중심으로 들어가 자신들의 이익을 최대한 반영하겠다는 의지의 표명이다. 즉 중국의 외교는 국제 관계의 기존 규약을 따라갈 것이 아니라 스스로 규약을 만들어 가되, 그 규약에 중국의 실리를 적극적으로 반영한다는 것이다.

그런데 2014년 3월 27일 시진핑 주석은 유럽 방문 중에 프랑스에서 국제적으로 불거지고 있는 중국위협론의 경계심을 불식하려는 의도에

---

47   『채널A』, 「중국, '和平崛起' 원칙 바꿨다 ··· '韜光養晦'에서 '主動作爲'로」(2013. 12. 2.)를 참조할 것.

서 그것의 허구성을 강한 어조로 지적하고 비판하였다.

··· 시진핑 중국 국가 주석은 (3월) 27일 ··· 파리에서 열린 중-불 수교 50
돌 기념대회 연설에서 "나폴레옹은 일찍이 '중국은 깊은 잠에 빠진 한 마
리 사자다. 이 사자가 잠에서 깨어나면 세계 모든 나라가 떨게 될 것이다'
라고 말했다"며 "이미 중국이라는 사자는 깨어났다" ··· "하지만 이 사자는
평화적이고, 친근하며, 문명적인 사자"라고 강조했다 ··· 유네스코 본부에
서 ··· 그는 '바다는 어떤 강물도 마다하지 않고, 갖가지 꽃이 어울려 피어
야 아름다운 정원을 이룬다' 는 속담을 인용하며 "다양성과 상호 교류가
인류 문명을 더욱 풍부하게 만든다"고 강조했다.[48]

여기서 대비되는 말은 "이미 중국이라는 사자는 깨어났다"와 "바다
는 어떤 강물도 마다하지 않고, 갖가지 꽃이 어울려 피어야 아름다운
정원을 이룬다"이다. 이 두 말은 이율배반적이다. 전자는 사자가 잠에
서 깨어 허기지고 굶주린 배를 채우기 위해 넓은 지역으로 사냥을 나가
듯이, 중국도 이제부터 관망만 하지 않고 적극적으로 나아가 자신들의
실리를 위한 노력을 결코 게을리하지 않겠다는 강한 의지의 표명이라
고 할 수 있다. 반면에 후자는 모든 강물을 받아들인 바다와 형형색색
의 꽃들로 아름답게 피어 있는 정원이 전체의 균형과 조화를 이루듯이,
중국도 이제부터 국제 사회의 핵심 일원으로서 세계의 평화 공존을 위
한 노력을 아끼지 않겠다는 강한 의지의 표명이라고 할 수 있다.

그리고 2014년 6월 28일 시진핑 주석은 베이징 인민대회당에서 열
린 "평화 공존 5개항 원칙" 제창 60주년 기념식에서도 '중국위협론' 의

---

48   『한겨레신문』, 「시진핑 "중국이라는 사자 깨어났다"」(성연철 특파원), 2014. 3. 28.

허구성을 강한 어조로 지적하고 비판하였다.

… (6월 28일) 시 주석은 … "누구도 자신의 절대적 안전을 위해 다른 국
가의 안보를 희생할 수 없다"며 "국제 문제를 독점하려는 시도는 성공하
지 못할 것"이라고 말했다 … 또 그는 "중국인들은 '자기가 하기 싫은 일
을 남에게 강요하지 말라'(己所不欲, 勿施於人)는 (공자의 명언을) 숭상
한다"면서 "중국인의 DNA에는 패권을 추구하고 마음대로 전쟁을 일으키
는 유전자가 없다"고 강조했다 … 앞서 27일에도 … "근대에 중국이 지극
히 가난하고 허약해 아무에게나 유린당한 굴욕의 역사를 영원히 잊지 말
아야 한다"고 강조했다.[49]

여기서 대비되는 말은 "중국인의 DNA에는 패권을 추구하고 마음대
로 전쟁을 일으키는 유전자가 없다"와 "근대에 중국이 지극히 가난하
고 허약해 아무에게나 유린당한 굴욕의 역사를 영원히 잊지 말아야 한
다"이다. 이 두 말은 위의 경우와 마찬가지로 이율배반적이다. 전자는
중국 민족이 본성상 호전적이거나 침략적이지 않고 평화를 사랑하는
민족이기 때문에 결코 세계 질서를 위협하고 파괴하는 어떠한 행동도
하지 않겠다는 강한 의지의 표명이라고 할 수 있다. 후자는 서구 제국
주의와 일본 제국주의에 의해 유린당했던 뼈아픈 과거의 역사를 깊이
깊이 되새기고, 현재 중국의 이익에 반하는 타국의 행위들에 대해서는
물리적 힘을 동원해서라도 그 행위의 책임을 과감히 묻겠다는 강한 의
지의 표명이라고 할 수 있다.

결국 그러한 '도광양회'에서 '화평굴기'로의 전환, 그리고 '화평굴

기'에서 '주동작위'로의 전환은 중국이 국제 관계에서 '평화 우호와 평화 공존'을 전면에 내세우고 그 중심에 "높이 우뚝 솟아"[崛起] 여러 국제적 문제에 대한 적극적 개입과 동시에 철저하게 자국의 실리를 챙겨 미국에 필적하는 강대국으로 가는 길만이 '중국위협론'을 불식할 수 있다는 판단의 결과로 보인다. 이러한 전환의 과정에서 '화해세계론'은 중국의 외교 정책들을 아우르는 거대 정치 원리이자 이론 체계로서 아주 중요한 의의를 드러냈으며, 지금도 여전히 드러내고 있다고 할 수 있다.

중화민족주의의 확대

앞서 보았듯이 중국은 화해세계론을 내세워 세계 평화를 위한 대외 정책의 기조를 확립한다는 명분하에서 실지로 세계 패권 구도를 중국 중심의 패권 구도로 새롭게 재편하기 위한 움직임을 수시로 보이고 있고, 여러 국제적 문제에 적극적으로 개입하여 자신들의 실리를 얻어 내기 위한 노력을 멈추지 않고 있다. 또한 중국은 내부 통합과 역사의식을 고취한다는 명분하에서 실지로 중국 내의 여러 민족(한족과 55개의 소수 민족)을 하나의 민족(중화민족)으로 대단결하고 있고, 하나의 역사를 만드는 작업을 단행하고 있다. 예컨대, '중화민족주의'(中華民族主義)를 확대해서 한족과 55개의 소수 민족이 혈연으로 연결된 하나의 중화민족임을 강조하는 다민족일체론(多民族一體論)과 과거 중국의 국경 안에 있었거나 국경을 마주했던 국가들의 역사를 모두 중국의 역사로 만들려고 하는 4개의 공정(工程)[50]이 그것이다. 이러한 정책들은 궁

---

50   서남공정(西南工程)은 현재 중국의 소수 민족인 티베트를 중국의 역사로 만들려

극적으로 화해세계의 '화해'가 가진 철학적 의미와 상당한 거리가 있고, 나아가 과거 중국이 '사이'(四夷: 蠻夷戎狄, 남만南蠻 · 동이東夷 · 서융西戎 · 북적北狄)에 대한 우월적 지위와 패권적 지배를 정당화하였던 중화주의의 그늘에서 쉽게 벗어나지 못하고 있다고 할 수 있다.

중국은 1978년 '개혁 · 개방' 정책의 실시 이후로 발생한 국내외의 여러 문제를 해결하기 위하여 신민주주의 혁명(1919~1949)과 사회주의 건설 시기를 거치면서 비판받았던 과거의 중화주의를 새롭게 탈바꿈해 왔다.[51] 물론 그 목적은 대내적으로 중국의 정치적 결집력과 사회질서의 안정을 위한 통치 이념의 강화와 대외적으로 중국 중심의 세계질서를 세우기 위한 패권적 지배력의 강화에 있다고 할 수 있다. 중국의 이러한 강화는 오로지 겉모습에서 과거의 중화주의와 달리할 뿐이지 속 내용에서 여전히 과거 중국의 소수 민족에 대한 억압 통치를 정당화했던 화이분별론(華夷分別論: '제하'와 '사이'를 철저하게 구별함)의 범주를 크게 벗어나지 않는 것으로 보인다. 많은 사람이 중국의 그러한 강화를 '신중화주의'로 규정하고 비판하는 근거도 바로 여기에 있다.

고 하는 공정 연구이다. 서북공정(西北工程)은 현재 중국의 소수 민족인 위구르족을 중국의 역사로 만들려고 하는 공정 연구이다. 하상주단대공정(夏商周斷代工程)은 현재의 중국 영토 안에서 일어난 과거의 모든 문명을 중국의 것으로 만들려고 하는 공정 연구이다. 동북공정(東北工程)은 2002년부터 동북 지역 3개 성(省)과 연합하여 동북 지역의 역사를 중국의 역사로 만들려고 하는 공정 연구이다. 원래 명칭은 "東北邊疆歷史與現象系列硏究工程"(동북 변강 지역의 역사와 현상에 관한 체계적인 연구 과제)이다. 한국 학자들의 '동북공정'에 대한 연구는 다음의 논문을 참조할 것. 윤휘탁,「'포스트(Post) 동북공정': 중국 東北邊疆戰略의 새로운 패러다임」(역사학회,『역사학보』제197권, 2008). 이개석,「현대 중국 역사학 연구의 추이와 동북공정의 역사학」(이개석 외,『중국의 동북공정과 중화주의』, 서울: 고구려연구재단, 2005). 이희옥,「중국의 '동북공정' 추진 현황과 참여 기관 실태」(이개석 외,『중국의 동북공정과 중화주의』).
51   윤휘탁,『신중화주의』(서울: 푸른역사, 2006), 28쪽 참조.

지금 중국의 행보는 과거 중국 역사에 투영된 '화이분별론'의 이중적 모습과 큰 차이가 없다. 그 이중적 모습이란 '제하'일지라도 '제하'의 문화를 버리면 '사이'이고 '사이'일지라도 '제하'의 문화를 받아들이면 '제하'라는 점을 강조하면서 '사이' 문화에 대한 '제하' 문화의 개방성과 관용성을 보였다는 것과, 반면에 '제하' 문화가 '사이' 문화와 근본적으로 다르고 오직 '제하' 문화만이 유일한 문화라는 점을 강조하면서 '사이' 문화에 대한 '제하' 문화의 우월적 지위와 패권적 지배를 정당화하였다는 것이다. 이 둘은 하나의 내용을 다르게 말하는 것에 지나지 않는데, 그것은 오직 '제하' 문화만이 '문화의 주체'이고 '사이' 문화는 '제하' 문화를 벗어나면 그 존재의 이유와 가치가 없다는 것이다. 따라서 '신중화주의'의 실체를 정확히 파악하기 위해서는 반드시 과거에 '사이' 민족을 적시(敵視)하고 '사이' 문화를 천시(賤視)하던 중화주의, 즉 '화이분별론'에 대한 총체적이고 입체적인 비판적 작업이 선행되어야 한다.

이제 우리는 과거 중국이 제출했던 '화이분별론'의 역사적 허구성을 밝힌다는 목표하에서 먼저 중국 전통문화의 구조가 다원일체화 구조라는 관점을 비판하고, 나아가 각 시대에 등장한 화이분별론에 대한 비판적 관점을 제출할 것이다. 세부적으로 보면, 그것은 춘추(春秋) 시대의 존왕양이론(尊王洋夷論), 공자의 도덕교화론(道德敎化論), 맹자의 용하변이설(用夏變夷說), 한(漢)나라 시대의 화친론(和親論)과 정벌론(征伐論)에 대한 비판 속에서 등장한 반고의 기미론(羈縻論) 등이다. 따라서 우리는 그 전개 과정에서 정형화되었던 '화이분별론'에 대한 비판적 논의를 통하여 중국이 오랫동안 '중화주의'의 통치 이념하에서 '제하'와 '사이'의 구별에 집착한 이유가 무엇이며, 그 구별을 통해서 도달하려고 하였던 궁극 목표가 무엇인가를 보다 심도 있게 살펴볼 것이다.

나아가 우리는 과연 그것과 오늘날 중국이 전통문화를 이용하여 인접 국가들에 대한 문화적 영향력을 넓혀 나가는 것(문화패권주의)이 어떠한 밀접한 관계에 있는가도 함께 살펴볼 것이다.

다원일체화론과
문화 패권 의식

1. 다원일체화론의 실체

앞의 1장 2절에서 보았듯이, 현재 중국은 안으로는 자신들의 전통문화를 부흥하고 밖으로는 세계 각국에 자신들의 전통문화를 소개한다는 일념하에서 문화 전파 운동들을 전개하여 그것의 급속한 저변 확대와 공고화에 온 힘을 쏟고 있다. 이러한 행보는 그 출발부터 의도가 불순하다고 보는 중국 내외의 많은 사람으로부터 '신중화주의'·'유가민족주의'·'중화패권주의'로 규정되고 비판받고 있다. 그러나 중국은 그러한 비판에도 아랑곳하지 않고 자신들의 전통문화에 대한 현대화와 세계화의 작업을 진행하면서 '중국 문화가 세계 문명의 주류이자 세계 보편 윤리'로서 충분한 가치와 의의를 가지고 있음을 거듭 강조하고 있다.

중국이 그렇게 강조하는 이유는 무엇인가? 이것은 중국의 전통문화가 오랫동안 중국 내의 다양한 민족 문화들이 지극히 정상적이면서도 평화적인 방법에 의해 상호 교류·상호 흡수·상호 융합의 역사 발전 과정을 거치면서 형성되었다고 보기 때문으로 보인다. 과연 그런가?
이 문제를 이해하기 위해서는 먼저 중국의 전통문화가 어떠한 문화적
구조에 기초하는가를 먼저 논의해야 한다. 여기에는 크게 세 가지 주장
이 있다.

일원화 구조의 단일한 유가 문화

첫째는 중국의 전통문화가 '일원화(一元化) 구조의 단일한 유가(儒家)
문화' 라는 주장이다. 그 구체적인 내용은 다음과 같다.

> 설령 많은 농민이 공자의 책을 읽지 않았고, 심지어 공자를 알지 못하였다
> 고 하더라도 그들의 행위 규범 · 관념 모식(模式: 표준이 되는 형식) · 사유
> 방법 · 감정 태도 ⋯ 등등이 의식과 무의식 밑바닥에 깊이 잠기고 쌓여 있
> 는 것은 대부분 공자와 유가의 것이다.[1]

> 한나라에서 명나라와 청나라까지 유학이 비록 융성기와 쇠락기가 있었다
> 고 하더라도 처음부터 끝까지 통치 지위에 머물렀다.[2]

> 공자는 중국 문화의 중심이고, 공자가 없으면 중국 문화도 없다. 공자 이
> 전 수천 년 문화가 공자로부터 전해졌고, 공자 이후 수천 년 문화가 공자
> 로부터 열렸다.[3]

---

1   李澤厚, 「關于儒家與現代新儒家」(『走我自己的路』, 北京: 三聯書店, 1986), 223쪽.
2   張代年, 『中國文化與中國哲學』(北京: 東方出版社, 1986), 2쪽.
3   柳詒征, 『中國文化史』(南京: 南京中山書局, 1932)(呂文旭, 「儒學與中國的多元文
化」(『孔子與儒學硏究』, 吉林: 吉林教育出版社, 1993, 299쪽 재인용))

공자 자신은 중국 정교(政敎)의 근원이다. 중국 역사는 공자 한 사람의 역
사일 뿐이다.[4]

정리하면 다음과 같다. 공자 이전의 문화도 공자로부터 전해졌고, 공
자 이후의 역사도 공자로부터 시작되었기 때문에 중국의 전통문화는
오로지 그가 창시한 단일한 유가 문화일 뿐이다. 또한 유학은 중국 역
사에서 언제나 통치 지위에 머물렀기 때문에 유학 이외에 어떠한 문화
도 결코 중국 역사에서 주류가 될 수가 없었다. 결국 유가 문화만이 중
국의 주류 전통문화이다.

그러나 문제는 그러한 주장이 중국의 전통문화를 너무 단순화한다는
것이다. 과연 "공자가 없으면 중국 역사도 없고, 중국 문화도 없는가?"
굳이 중국의 역사를 거론하지 않더라도 그러한 주장은 많은 문제를 내
포한다. 비록 혹자의 주장처럼 "유학은 중국 이천 년간 한 계통으로 계
승된 전통문화이고, 중국 역사에 대해 대단히 유익한 영향을 드러냈다
고 하더라도"[5] 중요한 사실은 중국의 전통문화가 결단코 유가 문화에
의해 단일적(單一的)·단선적(單線的)으로 발전되지 않았고, 서로 다른
문화들이 상호 교류·상호 흡수·상호 융합의 역사 발전 과정을 거치
면서 형성되었다는 것이다.

예컨대, 공자 자신의 '술이부작'(述而不作)이라는 말처럼, 그의 사상
은 그 혼자만의 노력과 경험이 아니라 "하(夏)·은(殷)·주(周) 3대의
화하족(華夏族)이 장대하게 발전시킨 역사 경험을 성찰하고 총결한"[6]
문화적 토대 위에서 나왔다. 만약 공자의 사상이 그 이전 사상들이나

4　夏曾佑, 『中國古代史』(上海: 商務印書館, 1933)(呂文旭, 같은 책, 299쪽 재인용)
5　李湘 外, 『儒教中國』(北京: 中國社會出版社, 2004), 13쪽.
6　周自强, 『中國古代史上思-先秦卷』(廣西: 廣西人民出版社, 2006), 240쪽.

그 당시 사상들과의 상호 교류·상호 흡수·상호 융합의 역사 발전 과
정을 거치지 않았다면, 그의 사상은 결코 세상에 나오지 못했을 것이
고, 그 이후의 유가 사상도 공자의 경우와 마찬가지로 그러한 역사 발
전 과정을 거치지 않았다면 세상에 나오지 못했을 것이다.

　　결국 중국의 전통문화가 '일원화 구조의 유가 문화'라는 주장은 그
근거가 부족할 뿐만 아니라 논리의 전개상 그 안에 여러 문제를 안고
있기 때문에 받아들여지기가 쉽지 않다고 할 수 있다.

다원화 구조의 복합체 문화

둘째는 중국의 전통문화가 '다원화(多元化) 구조의 복합체 문화'라는
주장이다. 그 구체적인 내용은 다음과 같다.

　　중국의 전통문화는 '다원 문화'이지 결코 '단일한 유가 문화'가 아니다.
　　유학은 중국 '다원 문화' 중의 하나의 문화이고, 유교 문화로 중국 전통문
　　화를 모두 개술(概述)할 수 없다 … 유가 사상은 중국의 봉건 사회 안에서
　　주도적 지위에 있었던 사상이었지만, 중국의 봉건 사회는 상이한 발전 단
　　계를 거쳤고 각 역사 시기에서 유학의 지위와 작용은 달랐다. 중국 이천여
　　년의 봉건 사회 안에서 유학은 결코 시종일관 통치 지위에 머물지 않았
　　다.[7]

　　정리하면 다음과 같다. 유학은 "의심할 것 없이 중국 민족의 정신·
기질·윤리 도덕·가치 개념·행위 취향 등에 대해 모두 심원하고 거대

7　呂文旭, 같은 책, 299-301쪽.

2장. 다원일체화론과 문화 패권 의식   53

한 영향을 미쳤지만"[8] 중국의 전통문화는 '일원화 구조의 단일한 유가 문화'가 아니라 많은 계통·많은 층면·많은 조직으로부터 조성된 '다원화 구조의 복합체 문화'이다. 즉 그것은 소수 민족의 문화·특색을 갖춘 각 지역의 문화·서로 다른 도시 문화·다양한 학술 문화 등이 서로 흡수하고 융합하는 역사 발전 과정을 거치면서 형성되었기 때문에 유학은 중국 다원 문화 중의 하나일 뿐이다. 또한 그것은 각 시대마다 통치 지위에 있었던 문화들과 그 밖의 문화들이 상호 교류·상호 흡수·상호 융합의 역사 발전 과정을 거치면서 형성되었기 때문에 유학은 시종일관 통치 지위에 머물지도 않았다.

이렇듯이 중국의 전통문화는 여러 문화가 어떤 하나의 문화에 의해서 일방적으로 주도되지 않고, 각각의 문화가 지속적인 상호 교류·상호 흡수·상호 융합의 역사 발전 과정을 거치면서 형성되었다는 것이다. 즉 중국의 전통문화 안에서 어떠한 문화도 비주류가 아닌 주류로서 그 고유한 문화적 특성을 유지한다는 것이다. 따라서 중국의 전통문화는 여러 문화를 횡(橫)으로만 나열하거나 종(從)으로만 쌓은 것도 아니고, 그렇다고 해서 하나의 문화가 다른 문화에 비해 우월적 지위를 가진 것도 아니라는 것이다. 이렇게 본다면 중국의 전통문화를 다원화 구조로 보는 것은 사회를 구성하는 개인이나 집단의 독자적인 가치관·이념·목표 등을 인정하고 각각의 독립성과 자율성을 보장하는 문화다원주의의 범주를 크게 벗어나지 않는다고 할 수 있다.

그러나 그러한 주장은 중국 내의 서로 다른 문화들이 어떻게 다원화 구조의 복합체 문화를 형성할 수 있었는가라는 물음에 답하기 어렵다는 문제가 있다. 즉 복합체 문화의 형성을 위한 주도적인 문화가 없는

---

8   呂文旭, 같은 책, 299쪽

데도 어떻게 서로 다른 문화들이 상호 교류 · 상호 흡수 · 상호 융합의 역사 발전 과정을 거치면서 하나의 중국 전통문화를 형성할 수 있었는 가 하는 것이다. 물론 이것은 다원화 구조의 복합체 문화가 가지고 있는 한계일 것이다.

다만 여기서 한 가지 제출할 수 있는 것은 중국 내의 다양한 문화가 다원화 구조의 복합체 문화 속에서 각각 자율성과 독립성을 보장받는 다고 하더라도 그 보장은 어디까지나 '중국'이라는 거대한 울타리 내 에서만 가능하다는 것이다. 만약 그 문화들이 '중국'이라는 거대한 울 타리를 벗어나거나 울타리 안에 들어오지 못한다면 결코 중국의 전통 문화를 구성하는 한 축이 될 수 없다는 것이다. 이렇게 본다면 '중국의 전통문화가 다원화 구조의 복합체 문화'라는 주장은 그 이면에 '중국' 이 중국 내의 모든 문화에 대한 주도적 지위를 갖는 속에서 '중국'이라 는 울타리를 벗어나지 않은 서로 다른 문화들이 상호 교류 · 상호 흡 수 · 상호 융합의 역사 발전 과정을 거치면서 형성된 것이 중국의 전통 문화임을 함축한다고 할 수 있다.

다원일체화 구조의 유가 중심 문화

셋째는 중국의 전통문화가 '다원일체화 구조의 유가 중심 문화'라는 주장이다. 이것은 페이샤오퉁(費孝通, 1910~2005)이 1988년 홍콩 중 문대학(中文大學)의 강연회 중에 발표한 「중화민족의 다원일체 격국」 (中華民族多元一體格局)[9]이라는 글에 근거한다. 이 '중화민족다원일체

---

9   『北京大學學報』(哲學社會科學版) 第4期, 1989. 이 글은 이후에 같은 제목의 단행 본(北京: 中央民族大學出版社, 1989)에 실려 출판되었다.

론'은 바로 한족(漢族)과 55개 소수 민족의 관계가 그의 말처럼 "내 속에 네가 있고 네 속에 내가 있는"[我中有你, 你中有我] 관계로서, 한족을 중심으로 55개의 소수 민족이 서로 융합해야 하고 일체화해야 한다는 '중화민족대화합이론'을 가리킨다. 즉 중국 사회는 전통적으로 다양한 민족적 특색이 있는데, 이러한 다원성의 토대 위에서 55개 소수 민족이 한족을 중심으로 하나의 '중화민족'으로 응집해야 한다는 것이다.

그런데 리샹(李湘)은 그의 『유교중국』(儒教中國)에서 그러한 다원일체화론에 근거하여 유가·도가·불교의 관계를 다음과 같이 말한다.

중국의 전통문화는 하나의 다원일체화 구조이다 … 만약 우리가 중국의 전통문화를 하나의 큰 나무에 비교한다면 이 큰 나무의 뿌리는 도가이고, 그 중심 줄기는 유가이며, 불교는 이러한 문화라는 큰 나무에 의지하는 가지와 잎이다. 유가·도가·불교는 상호 구별되고, 또 상호 의존·상호 보충·상호 융합하여 삼위일체(三位一體)의 다원·상보 구조를 형성한다.[10]

위의 글에서 우리가 주의할 것은 바로 '삼위일체'라는 말이다. 주비언 피터 랑의 『전례사전』에서는 이 개념을 다음과 같이 정의한다.

기독교의 한 분이신 하느님 안에 성부(聖父)·성자(聖子)·성령(聖靈)의 세 위격(位格)이 계신다는 그리스도교 교의이다. 하느님께는 한 가지 본성만 있지만 그 본성 안에는 명확히 구분되는 세 위격, 곧 하느님과 아버지께 태어난 아들과 아버지와 아들로부터 나온 성령이 계신다. 세 위격은 함께 동일하시고 함께 영원하시며 본질적으로 같으시다. 그러므로 삼위는

10　李湘 外, 같은 책, 152쪽.

동일한 영광과 흠숭(欽崇)을 받으셔야 한다. 모든 삶은 삼위일체 안에서 시작되고 삼위일체로부터 나오며 삼위일체 안에 그 목적을 둔다.[11]

간단하게 말해, '삼위일체'는 '성부·성자·성령이 하나의 목적(하나님)을 위하여 연관되고 통합되는 것이고', 또한 '성부·성자·성령의 하나님은 각각 다른 인격을 지닌 주체로서의 하나님이지만 궁극적으로 성부·성자·성령은 다 똑같은 하나님이라는 것이다.' 이것에 근거하면 『유교중국』에서의 "삼위일체의 다원·상보 구조를 형성한다"는 말은 다음과 같이 해석할 수도 있다. 즉 줄기로서의 유가와 뿌리로서의 도가, 그리고 가지와 잎으로서의 불교는 각각 상이한 사상 체계를 가진 주체로서의 중국 전통문화지만, 궁극적으로 유가·도가·불교는 다 똑같이 '큰 나무'인 중국의 전통문화라는 하나의 목적을 위해서 연관되고 통합된다는 것이다. 이렇게 본다면 '다원일체화 구조'는 바로 중국의 전통문화를 이해하는 하나의 아주 중요한 근거이자 그 특색을 규정 짓는 핵심 근거라고 할 수도 있다.

비판적 고찰

그러나 여기서 우리는 한 가지 의문을 떨쳐 버릴 수가 없다. 과연 처음부터 서로 다른 문화적 토대 위에서 각각의 사상 체계를 갖추고 등장한 유가·도가·불교가 어떻게 "삼위일체의 다원·상보 구조를 형성하는가?" 하는 것이다. 분명히 기독교의 '삼위일체'는 근본적으로 '하나의

---

11   주비언 피터 랑, 『전례사전』, 「三位一體」條(박요한 영식 옮김, 서울: 가톨릭출판사, 2005) 인용. 더 자세한 것은 한국가톨릭대사전 편찬위원회, 『가톨릭대사전』, 「三位一體」條, 「三位一體論爭」條(서울: 한국교회사연구소, 2006)을 참조할 것.

하나님'을 하나의 실체로 전제하고 출발한다는 점에서, 그것을 비록 3 위격으로 나누어 놓았다고 하더라도 그 3위격은 처음부터 하나의 목적 (하나님)을 위해서 연관되고 통합되는 구조 체계를 형성한다는 것을 알 수 있다.

반면에 『유교중국』에서의 '삼위일체'는 그것과는 전혀 다른 모습을 보여 준다. 먼저 여기서의 '큰 나무'는 본래 실체가 없었는데, 문화적 토대가 서로 다른 유가·도가·불교가 '큰 나무'의 일부분으로 투영됨 으로 해서 '큰 나무'에 하나의 실체가 있게 되었다는 것이다. 이는 바로 그러한 유가·도가·불교가 각각 별도로 출발하였지만 후에 그것들 이 서로 연관되고 통합되는 역사 발전 과정을 거치면서 중국의 전통문 화가 형성되었음을 의미한다. 따라서 유가·도가·불교는 처음부터 중 국의 전통문화라는 궁극적 목적을 위해 서로 연관되고 통합된 것이 아 니었다고 할 수 있다.

그래서 『유교중국』에서의 주장은 서로 다른 문화적 토대 위에서 각 각의 사상 체계를 갖춘 유가·도가·불교가 서로 연관되고 통합되는 역사 발전 과정에서 어떻게 중국의 전통문화로 형성되었는가에 대한 이해를 높여 줄지는 몰라도 세 가지 사상이 어떻게 처음부터 하나의 중 국의 전통문화를 위해서 서로 연관되고 통합되었는가에 대한 설명을 이끌어 내기 어렵다는 것이다. 그렇기 때문에 그것의 설명이 가능하려 면 반드시 세 가지 사상 중에서 그것을 통합하는, 즉 주동적(主動的) 위 치에 있는 핵심 주체가 전제되어야 한다. 여기서 우리는 『유교중국』이 라는 책 제목에 주목할 필요가 있다. 이것에 근거하면 그 하나의 목적 은 줄기로서의 유가를 전제한다고 할 수 있으며(이때의 줄기는 중심이 자 뼈대로 이해할 수 있다), 이로써 '다원일체화 구조'란 바로 유가를 중심으로 하여 도가와 불교를 일체화하려고 하는 문화 구조라고 규정지을 수 있을 것이다.

그렇게 본다면 '다원일체화 구조의 중국의 전통문화'는 바로 문화의 다원성을 인정하는 속에서 중국 내의 모든 문화가 각각 그 자체의 고유한 문화 체계와 가치 체계를 가지면서, 동시에 유가 문화를 중심으로 그것들이 서로 연관되고 통합되는 구조 체계를 의미한다고 할 수 있다. 구체적으로 말해, 그것은 중국 내부의 유가·도가·묵가·명가·법가 등등의 모든 문화와 외래의 인도 불교 문화·서양 문화 등이 공자로부터 현대 신유가에 이르는 기간에 형성된 유가 문화 안에서 융회(融會)·융합(融合)·응집(凝集)된 하나의 중국의 전통문화를 가리킨다고 할 수 있다. 이러한 '다원일체화 구조의 중국의 전통문화'는 바로 '다원화 구조의 복합체 문화' 위에 '일원화 구조의 단일한 유가 문화'를 올려놓은 문화 구조라 할 수 있다. 구체적으로 말해, 한족(漢族)과 55개의 소수 민족이 각각의 고유한 문화를 가지고 있다는 점은 바로 '다원화 구조의 복합체 문화'를 가리키고, 한족과 55개의 소수 민족이 가지고 있는 역사상 하나의 중심(주체) 문화가 '유가 문화'라는 점은 바로 '일원화 구조의 단일한 유가 문화'를 가리킨다고 할 수 있다.

결국 '중화민족다원일체론'은 오로지 한족과 55개의 소수 민족의 고유한 문화에 기반을 둔 공생 공존의 관계를 지향하기보다는 유가 문화를 중심으로 하여 일방적인 편입과 획일적인 일체화에 의한 소수 민족의 동화와 융합을 그 현실적 목표로 삼을 뿐이다. 이것이 바로 2000년 초반에 후진타오 체제가 중화민족 부흥을 외치면서 전면 등장하기 시작한 '유가민족주의'(儒家民族主義)의 실체라고 할 수 있다.

2. 문화 패권 의식의 등장

'유가민족주의'의 등장은 1990년 후반부터 나타난 사회주의 이념의 퇴조로 인한 통치 이념의 빈곤과 긴밀한 관계가 있었다. 즉 중국은 공자에서 시작된 유가 문화가 그러한 문제를 해결해 줄 수 있다고 보고, 유가 문화를 사회 전면에 등장시켜 새로운 통치 이념의 지표로 삼고자 하였다. 그 공식적인 첫 출발은 바로 2005년 9월 28일에 열린 중국 공자 탄신 2556주년 기념 행사였다.[12] 이 행사 이후부터 유가 문화는 중국 전통문화의 중심이고 근원이자 인류 공동생활의 보편 준칙으로써 화평하고 화해한 세계를 실현하는 데에서 아주 중요한 근거가 되지만, 이것은 표면적인 이유에 지나지 않는다. 실지로 유가 문화는 하나의 '중화민족'을 위한 민족족의 의식의 고취와 문화적 패권 의식을 강화하는 데에 적극 활용되고 있다.

유학이 중시되는 이유

그렇다면 유학이 중국 전통문화의 중심이자 근원으로 중시되는 이유는 무엇인가? 물론 여러 가지 이유가 있지만 여기서는 크게 두 가지 만을 제출한다.

첫째는 공자로부터 시작된 유학이 시종일관 학문의 방향을 사람의 삶 자체에 두고, 그 어떠한 상황에서든지 사회의 대립과 반목을 외부의 강제적이고 물리적인 힘이 아니라 사람의 심성(心性)에 호소하는 도덕적 교화에 의해서 해결해 왔다는 것이다.[13] 즉 유학은 현실의 문제를 반

---

12   『서울신문』, 「유가 민족주의 통치이념 부상」(2005. 9. 30.)을 참조할 것.

드시 현실 안에서 찾아야 한다는 입장을 견지하면서 사람의 생명 내원
에 대한 깊은 자각과 성찰을 통하여 현실적 삶을 직시하고 그 안에서
발생하는 다양한 문제를 해결하려고 노력하였고, 마땅히 해결할 수 있
다는 강한 의지를 드러냈다는 것이다.

분명히 유학은 결코 현실적 삶과 동떨어진 형이상학적 문제에 관심
을 두지 않고, 사회 안에서 '사람이 사람 되는 도리'[人道]의 참된 의미
를 깨달아 살아가고 인류의 도덕 질서를 견고하게 세워 나가는 데에 관
심을 두었다. 그래서 리샹은 그의 『유교중국』에서 유학이 중국 민족의
민족 생명과 민족정신의 대표로서 "중국 사회의 안정과 화해를 유지하
고 보호하였고, 중국인들의 화평과 예양을 좋아하는 미덕을 양성하였
으며", "인류 전통을 존중하고 인류 문화의 적극적인 작용을 긍정하
고", 지금도 "생명력을 가지고 있으며, 여전히 발양하고 확대시킬 필요
가 있다"고 강조한다. 그 구체적인 내용은 다음과 같다.

유학은 중국 이천 년간 한 계통으로 계승된 전통문화이고, 중국 역사에 대
해 대단히 유익한 영향을 드러냈다. 유학은 중화민족의 민족 생명을 안전
하게 세웠고, 중화민족의 정신을 표현하였으며, 중국 사회의 안정과 화해
를 유지하고 보호하였고, 중국인들의 화평(和平)과 예양(禮讓)을 좋아하
는 미덕(美德)을 양성하였다. 유학은 중국 문화의 전통 안에 뿌리 깊이 심

---

13   머우쫑산(牟宗三, 1909~1995)은 "중국 문화의 핵심인 '심성지학'(心性之學)이
라는 측면에서 말하자면, 심(心)과 성(性)의 용량이 무한하기 때문에 사람의 심성(心
性)이 용납할 수 있는 모든 문화와 학술은 우리의 심성이 포용하고 섭취할 수 있는 것
으로 배척할 필요가 없다"(牟宗三, 『중국철학 강의』(김병채 외 역, 서울: 예문서원,
2011), 259쪽)라고 말한다. 이 말은 심(心)과 성(性)의 보편적 가치를 강조한 것이지
만, 문화적 측면에서 보면 중국 문화가 모든 문화와 학술을 포용할 수 있는 문화, 즉 중
국 문화의 타 문화에 대한 우수성을 강조한 말로도 이해될 수 있을 것이다.

어졌고, 또 중국 문화에 대해서 유익한 영향을 미쳤다. 유학은 인류 전통
을 존중하고 인류 문화의 적극적인 작용을 긍정한다 … 유학은 이미 인생
을 안전하게 세웠고, 또 사회를 견고하게 하였다. 유학은 중화민족의 민족
생명과 민족정신의 대표이기 때문이다.[14]

유가의 윤리 학설과 도덕규범은 중화민족에게 백성과 사물들을 사랑하고
아끼며, 노인과 현명한 사람을 존중하고 공경하며, 신의를 중시하고 의리
를 지키며, 올바르고도 넓은 도덕적 품성과 자강불식(自强不息)하고 적극
적이고도 진취적인 정신적 풍모를 길러 주었다. 유가의 우수한 전통은 오
늘날에도 여전히 생명력을 가지고 있으며, 여전히 발양하고 확대시킬 필
요가 있다.[15]

둘째는 유학이 중국의 모든 전통문화를 응집하는 하나의 보편적 가
치인 '화이부동'(和而不同)[16]의 정신을 함유한다는 것이다. 여기서
'동'(同)은 '이질'(異質)적 사물이 들어오는 것을 철저하게 배제하고
오직 '동질'(同質)적 사물만을 겹겹이 쌓는 것을 말한다. 여기서는 오
로지 하나의 관점과 견해만이 통용될 뿐이다. '화'(和)는 '이질'적 사
물이 서로 충돌 없이 균형과 조화를 이루는 것을 말한다. 여기서는 다
양한 관점과 견해가 통용된다. 그래서 우리가 '화'를 이루려면 '크
고'·'작고'·'무겁고'··'가벼운' '이질'적 사물 간의 충돌을 해결하면
서 그것들을 각각의 위치에 점유하게 하고 그 고유한 특색을 골고루 드

---

14   李湘 外, 같은 책, 13-14쪽.
15   중국인민대학 공자연구원, 「『儒藏』 편찬사업 계획서」, 홍원식 역(예문동양사상연
     구원, 『오늘의 동양사상』 제8호, 2003), 319쪽.
16   『論語』, 「子路」, "子曰, 君子和而不同, 小人同而不和."

러낼 수 있게 해야 한다. 그렇기 때문에 '화'는 '이질'적 사물 간의 모순을 해결하지 않은 채 그대로 두고 하나로 모아 합하는 '절충주의'가 아니라 그 모순을 해결하면서 '이질'적 사물들을 융합하고 결합하는 '통합주의'를 지향한다고 할 수 있다.

그러한 '화이부동'의 정신은 다음과 같은 정신들을 함축한다. '모든 사람이 지역의 경계나 제한 없이 자유롭게 서로 교류하고 교감하는 개방(開放) 정신'·'모든 사람이 민족의 차별이나 배척 없이 아량 있고 너그럽게 서로 감싸 받아들이는 관용(寬容) 정신'·'모든 사람이 개인 간과 국가 간의 다툼이나 전쟁 없이 서로 평화롭고 조화롭게 살아가는 화해(和諧) 정신'·'모든 사람이 너와 나의 구별 없이 공평하고 평등하게 큰 하나를 이루는 대동(大同) 정신' 등이 그것이다. 바로 이러한 정신의 실현을 통해서 중국은 현재 대내외적으로 산적해 있는 많은 문제를 해결할 수 있고, 동시에 모두가 조화로운 세계를 건설할 수 있다는 것이다. 따라서 페이샤오퉁은 그의 「다원일체 화이부동」이란 글에서 '화이부동'의 정신이 인류의 공동 생존의 기본 조건이기 때문에 이것과 현재 중국의 민족 정책은 세계 각 민족의 평화 공존과 공동 발전을 촉진하는 방면에서 중요한 계발 의의를 가진다고 강조한다.[17]

용광로 이론과 샐러드 볼 이론

여기서 우리는 다음의 한 가지 문제를 제출하지 않을 수가 없다.

17　費孝通, 「多元一體 和而不同」(『人民日報』 海外版, 2005. 7. 8.) 2015년 9월 시진핑 주석은 방미 기간 중에 '和而不同'을 수차례 강조했다고 한다.(『연합뉴스』, 「시진핑 국빈 방미 마무리 … 더 뜨거운 패권경쟁시대 예고」(2015. 9. 29.)를 참조할 것)

과연 한족(漢族)과 55개 소수 민족들의 문화들이 유학을 중심으로 하는 하나의 중국 문화로 응집된 다음에도 소수 민족들의 고유한 문화는 계속해서 존속될 수 있는가?

이 문제는 '이주민의 문화'와 '주류 사회의 문화'의 관계를 이해하는 데에 중요한 이론인 '용광로 이론'(theory of melting-pot)과 '샐러드 볼 이론'(theory of salad bowl)을 통해 살펴볼 필요가 있다. 전자는 마치 광석이 높은 온도의 용광로에서 녹아 전혀 다른 성질로 변하듯이, 이주민이 주류 사회에 동화되어 그 본연의 민족적 정체성을 상실한다는 이론이다. 반면에 후자는 샐러드 볼 안에서 서로 다른 맛·향·색을 지닌 각각의 채소가 섞여 각각의 고유한 특성을 잃지 않고 드레싱(dressing)에 의해 하나의 맛을 내듯이, 이주민이 자신들의 고유한 문화와 전통을 유지하면서 새로운 문화를 만들어 낸다는 이론이다. 그런데 뒤에서 언급할 한나라 때의 "사이 민족과 문화를 천시하는 이념으로 사용된 대한족주의(大漢族主義)"와 앞서 언급한 "중화민족주의를 확대해서 한족과 55개의 소수 민족이 혈연으로 연결된 하나의 중화민족임을 강조하는 다민족일체론"에 근거하면 중국의 민족 정책은 과거나 지금이나 대체로 '샐러드 볼 이론'이 아닌 '용광로 이론'에 가깝다고 할 수 있다.

그렇다면 '유가민족주의'의 이론적 틀을 형성하는 '다원일체화 구조의 중국 전통문화'는 다수의 문화와 전통(소수 민족들)이 하나의 문화와 전통(유가)에 흡수(편입)되고 동화(일체화)되는 문화동화주의(文化同化主義)의 범주를 크게 벗어나지 않는다고 할 수 있다. 만약 다수의 문화가 우월적 지위에 있는 유가 문화 안에서 일체화된다면 그 문화들의 고유한 특색뿐만 아니라 그 본연의 문화적 정체성도 상실될 수밖에 없을 것이다. 따라서 그 유일한 해결책은 오로지 '용광로'라는 유가 문화를 정점으로 하는 문화 구조 체계 자체를 해체하는 작업뿐이다. 만약 그 '용광로'를 해체하지 않는다면 '다원일체화'의 '다원'이라는 말은 일방적 편입과 획일적 일체화를 감추기 위한 하나의 미봉책에 지나지 않을 것이다.

다원일체화 개념에 대한 비판

앞서 보았듯이 지금 중국이 내세우는 주류 전통문화는 '일원화 구조의 단일한 유가 문화'도 아니고, '다원화 구조의 복합체 문화'도 아니며, 그 둘을 복합적으로 연결시킨 '다원일체화 구조의 유가 중심 문화'이다. 중국은 이 문화가 중국을 넘어서 세계의 중심 문화이자 보편 윤리로서 그 가치와 의의를 충분히 가진다고 본다. 그렇기 때문에 이것을 중국뿐만 아니라 세계에 널리 전파하고 소개하여 그것의 참된 정신을 실현할 수 있다면 모두가 화평하고 화해한 세계를 건설할 수 있다는 것이다. 그러나 우리는 다음과 같이 반문해 본다.

오늘날 중국은 유가 문화를 중심으로 하는 주류 전통문화에 대한 현대화와 세계화 작업을 통해서 화이부동에 입각한 화해세계론을 적극적으로 주장하고 있다. 그렇다면 과연 중국은 '다원일체화 구조의 유가 중심 문화'로 국제 사회의 중국을 향한 비판들('중화패권주의'·'신중화주의'·'유가민족주의')을 극복할 수 있는가?

단적으로 말해, 그것의 극복은 어렵다고 본다. 왜냐하면 앞서 보았듯이 아무리 중국 내의 모든 문화가 각각의 고유한 특색을 존속시킨다고 하더라도(다원성) 그 존속은 어디까지나 오직 하나의 유가 문화와 동일성·동질성·일체성을 이룰 경우에만 가능하기 때문이다. 이렇게 본다면 현재 중국 내에서 강조되는 '다원일체화' 라는 용어를 다음과 같이 분석할 수 있다. 즉 '다원성' 은 중국 내의 많은 이질적 문화를 보다 엄밀하게 하나하나 분류하고 정리하기 위해서 단순히 그것들을 횡(橫)으로 펼쳐 놓거나 종(縱)으로 쌓아 둔 것이고, '일체성' 은 그러한 이질적 문화들과 본래 상관없음에도 과거 역사에서 시종일관 통치 이념이었다는 이유만으로 그 문화들을 유가 문화 안에 끌어모아서 강제로 서로 연관 짓고 통합하는 것이다.

결국 '다원일체화 구조의 유가 중심 문화' 는 기본적으로 과거 중국에서 '제하' 문화의 '사이' 문화에 대한 우월적 지위와 패권적 지배를 정당화하였던 '화이분별론' 의 연장선에 있다고 할 수 있다. 이러한 '화이분별론' 에 대한 비판적 시도는 오늘날 아주 중요한 의미가 있다. 문화 패권이 두드러지게 나타나고 있는 현시점에서 문화의 다양성(특수성)이 아닌 문화의 절대성(보편성)만을 강조할 때에 더 큰 문제가 발생한다는 점은 여전히 우리에게 시사해 주는 바가 아주 크기 때문이다. 따라서 과거 중국에서 '제하' 와 '사이' 의 근본적 차이가 있음을 강조하면서 '사이' 민족을 적시(敵視)하고 '사이' 문화를 천시(賤視)하였던 중화주의, 즉 '화이분별론' 에 대한 비판적 시도는 오늘날 사회 구성원들에게 문화를 어떻게 이해해야 할 것이며, 또한 어떻게 자신의 삶과 관련지어 수용해야 할 것인가에 대한 올바른 관점을 형성시켜 줄 것이다.

이제 우리는 그러한 점을 상기하면서 왜 과거 중국이 오랜 세월 동안 중화주의, 즉 배타적인 '화이분별론' 을 제출해 왔는가에 대한 비판적인 논의를 통해 오늘날 중국이 그들의 전통문화를 이용하여 주변 국

가에 대한 문화적 영향력을 극대화하려는 의도가 무엇인가를 구체적
으로 파악해야 할 것이고, 그것에 대한 하나의 대안도 마련해야 할 것
이다.

화이분별론의
정형화 과정

춘추 시대: 존왕양이론

1. 문제 제기

중국 역사에서 '중화주의'(中華主義), 즉 '화이분별론'(華夷分別論)은 '제하'(諸夏)와 '사이'(四夷)의 엄격한 구별을 통해 '제하' 문화의 '사이' 문화에 대한 우월적 지위와 패권적 지배를 정당화하였던 논리였다. 그런데 이것은 과거 중국이 정치적 결집력과 사회 질서의 안정을 위한다는 명분하에서 '사이'의 침략과 같은 외부적 문제로 인하여 정치적 지도력에 위기가 닥쳤을 경우나 종법 제도의 붕괴와 같은 내부적 문제로 인하여 사회의 제반 분야에 큰 혼란이 발생하였을 경우에 거의 예외 없이 등장하였다.

그래서 과거 중국은 '제하'를 하늘의 명령을 받은 천자(天子)에 의해 다스려지는 문명국이자 중심국으로 규정하였고, 반면에 '사이'를 천자에 의해 지배되고 복속되는 야만국이자 주변국으로 규정하였다. 이러한 규정 속에서 그들은 '제하' 문화와 '사이' 문화에 근본적인 차이가 있음을 강조하였고, 또한 오직 '제하' 문화만이 유일한 문화라는 관점을 형성하여 '사이'에 대한 억압 통치(지배)를 정당화하였다. 즉 '사이' 문화는 어떠한 경우에도 그 자체로 '제하'의 문화 공간에 들어올 수도 없는 것이었고 들어와서도 안 되는 것이었다. 만약 '사이' 문화가 '제하'의 문화 공간에 들어온다면 '사이' 문화는 반드시 '제하' 문화에 흡수·동화·융합되어야만 하고, '제하' 문화를 벗어나서는 결코 그 존재의 이유와 가치가 없는 것이었다.

오늘날의 관점에서 그러한 '화이분별론'은 두 가지의 중요한 관점을 결여하고 있는 것으로 보인다. 첫째는 '제하'와 '사이' 간의 민족적 상이함으로 나타나는 '사이' 민족의 특수성과 차이성에 대한 인정의 결여이다. 즉 '사이'의 민족의식은 그들의 언어·종교·세계관·경제생활·생활양식 등에 의해서 생겨나는 것임에도, '제하'는 이러한 '사이' 민족이 지닌 고유한 특성을 이해하지도 인정하지도 않았다는 것이다. 그리하여 '제하'와 '사이' 간의 민족적 갈등은 더욱더 거세졌으며, 이로써 그들 간의 수평적 교류나 공동의 발전은 철저하게 봉쇄될 수밖에 없었다. 그 결과 그것은 오로지 사람들을 편협한 민족주의적 사고에 길들여지게 한 동시에 그러한 이념을 공고화하는 수단으로 전락시켰을 뿐이다.

둘째는 '제하' 문화와 '사이' 문화 간의 상이함으로 나타나는 '사이' 문화의 특수성과 차이성에 대한 인정의 결여이다. 즉 '사이'의 문화 의식은 그들의 민족의식 위에서 형성된 것임에도, '제하'는 이러한 '사이' 문화가 지닌 고유한 가치(고유한 문화 체계와 가치 체계)를 이해하지도 인정하지도 않았다는 것이다. 그리하여 시간이 흘러가면서 '제하'의 '사이' 문화에 대한 배타적 관점은 더욱더 강화되어 갔다. 그 결과 그것은 오로지 '제하' 문화를 하나의 표준으로 삼아 '사이' 문화를 천시하는, 즉 '제하' 문화의 '사이' 문화에 대한 우월적 지위를 강조하는 자문화중심주의(自文化中心主義)의 기류를 형성시켰을 뿐이다.

　그러한 '제하'와 '사이'의 구별에서 민족의 고유한 특성과 가치가 전혀 고려되지 않고 오직 문화의 선진성과 후진성만이 고려되었기 때문에 '제하' 문화의 '사이' 문화에 대한 지배와 종속은 시간이 흘러갈수록 더욱더 강화될 수밖에 없었다. 이것이 바로 중국의 역사 이면에 면면히 흐르고 있는 '화이분별론'의 실체이다.

　중국 역사의 무대에서 '화이분별론'의 본격적인 등장을 알렸던 것은 바로 춘추 패권 시대의 회맹(會盟: 연합 동맹) 질서에 기반을 둔 "주(周)나라 왕실을 높이고 사이를 배척한다"는 존왕양이론(尊王攘夷論)이었다. 이 시기에 제후국들은 주나라를 중심으로 통일성을 유지하던 종법적(宗法的) 봉건 질서의 붕괴와 수시로 '제하'의 국경을 넘나드는 '사이'의 침략으로 인하여 천하의 안정에 신경 쓸 겨를도 없이 자신들의 국가가 언젠가 멸망할지도 모른다는 극도의 불안감에 휩싸였다.

　그러한 시대의 혼란한 상황에서 강력한 군사력과 경제력을 가진 제(齊)나라의 환공(桓公)은 천자국(天子國)인 주나라를 대신하여 '사이'의 침략을 막고 '제하'의 문화를 보호한다는 명목하에서 중원(中原)에 '존왕양이'의 정치 이념을 내걸고 제후들을 소집하여 '회맹'을 맺고 그 분산된 힘을 하나로 결집해 나갔다. 그리하여 그들은 '제하'와 '사이'를 '생활 방식의 차이'(농경 생활을 기초로 하는 도시 국가와 유목 생활을 기초로 하는 야만 국가)와 '정치 방식의 차이'(연합 동맹의 참여 여부), 즉 '예악 문화의 수용 여부'에 근거하여 '안'과 '밖'으로 엄격하게 구별하였다. 그 결과 그들은 어느 정도 '사이'의 침략도 막아 낼 수 있었고, '사이'로부터 '제하'의 강토와 문화도 지켜 낼 수 있었다.

　그러나 '존왕양이론'은 그 안에 내포된 배타적 성격으로 인하여 '제

하'와 '사이'의 평화적 교류와 공동 발전을 철저하게 봉쇄시키는 요인
으로 작용하였다. 또한 그것은 '사이' 문화의 고유한 가치를 인정하지
않는 태도로 인하여 '사이' 문화를 '제하' 문화로부터 철저하게 격리
시키거나 '제하' 문화에 동화·융합시키는 요인으로 작용하였다. 그
결과 시간이 흘러가면서 '제하' 문화의 '사이' 문화에 대한 우월적 지
위와 패권적 지배는 더욱 견고해졌으며, '존왕양이론'은 중국 현실 정
치의 문제들을 해결하는 하나의 중요한 키워드가 되었다.

　이제 우리는 '존왕양이론'이 등장한 시대 배경과 그 안에 담긴 '제
하'의 '사이' 문화에 대한 문화적 규정을 검토하면서 그 당시에 '제하'
와 '사이'의 구별을 결정짓는 표준이 무엇이었으며, 궁극적으로 그것
을 통해서 도달하려고 한 궁극 목표가 무엇이었는가를 비판적 관점에
서 심도 있게 논의할 것이다. 이러한 논의는 오늘날 많은 사람에 의해
서 '신중화주의'로 규정되는 현 중국의 행보에 대한 명확한 진단을 내
려 줌과 동시에, 그것에 대한 비판적 관점을 형성하는 데에 아주 중요
한 의미를 부여해 줄 것이다.

2. 보편적 천하관에서 협소한 천하관으로의 역행

'천하' 개념의 두 의미: '중국'과 '세계'

춘추 패권 시대에서 '천하'(天下) 개념은 어떻게 인식되었는가? 그런
데 중국의 역사 발전 단계에서 보면 '천하' 개념은 주로 '중국'(中國)
개념에서 '세계'(世界) 개념으로의 확장과 확대였는데, 이는 바로 '협
소한 천하관'에서 '보편적 천하관'으로의 확장과 확대였다. 그러나 춘

추 패권 시대의 '천하' 개념은 그러한 확장과 확대였다기보다도, 오히려 역행과 퇴보였다고 할 수 있다. 과연 그 이유는 무엇인가? 이 문제의 논의를 이끌어 내기 위해서는 먼저 '천하' 개념의 두 가지 의미를 간략하게 살펴볼 필요가 있다. 즉 '중국이라는 협의적 천하'와 '그 당시 사람들의 의식이 미치는 전 인류 혹은 전 세계라는 광의적 천하'[1]가 그것이다.

'중국이라는 협의적 천하'는 고대 중국인들의 삶이 실제로 형성되던 지리적 공간 영역을 뛰어넘지 못한 단순 개념이었다. 왜냐하면 지리학과 교통이 발달되지 않아 멀리까지 갈 수 없었던 상황에서 그들의 천하에 대한 인식은 중국이라는 현실 공간 영역에 머물 수밖에 없었기 때문이다.[2] 그래서 그들은 그 영역의 사방이 모두 바다로 둘러싸여 있다고 생각하고서 "천하는 밖으로 사해에 미친다"[天下外及四海]라고 하였고, 또 중국을 '사해의 안'[海內]이라고 하였다.[3] 결국 정치적 측면에서 본다면 여기서의 천하는 현실적으로 중국의 통치력이 미치는 전 지역을 포괄하는 당위(當爲)의 장소였다고 할 수 있다.

'전 인류 혹은 전 세계라는 광의적 천하'는 고대 중국인들의 삶이 실

---

1   김충열 교수는 중국 역사에서 '세계'라는 말은 불교가 중국에 유입된 후부터 쓰이기 시작하였기 때문에, '우주'라는 말보다 더 늦게 출현한 것 같다고 보았다.(金忠烈, 「中國〈天下思想〉의 哲學的 基調와 歷史傳統의 形成」(尹乃鉉 外, 『中國의 天下思想』, 서울: 民音社, 1988), 106쪽을 참조할 것)

2   『辭源』(北京: 商務印書館, 1997), 「天下條」, 376쪽, "天下, 爲世界也, 舊說謂地在天之下, 故稱世界爲天下. 又, 古來交通不便, 不能及遠, 故恒稱中國爲天下, 如言統一天下, 卽統一中國也."

3   『辭海』(上海: 上海辭書, 2003), 「天下條」, 774쪽, 「曲禮」, "君天下曰天子." 注, "天下, 謂外及四海也."(鄭玄注)『呂氏春秋』, 「不苟篇」, "天下有不勝千乘者." 注, "天下, 海內也, 千乘一國也."(高誘注) 按, 故謂中國卽世界, 四境皆環以海, 故謂天下外及四海, 又謂中國爲海內.

제로 형성되던 지리적 공간 영역을 뛰어넘어 그들의 의식이 미치는 전지역과 전 인류를 포괄하는 보편 개념이었다. 왜냐하면 지리학과 교통의 점진적인 발달이 교역의 확대와 문화의 진일보한 전파를 가져옴으로 해서 그들의 의식이 확장되고 확대될 수 있었기 때문이다. 즉 그것은 그들의 의식이 중국이라는 지리적 공간 영역을 뛰어넘어 '하늘 아래에 존재하는 모든 공간 영역'을 가리키는 전 세계에까지 나아갔다는 것을 의미한다. 결국 정치적 측면에서 본다면 여기서의 천하는 그들의 의식이 미치는 모든 사람의 생활 공간 영역과 그 안에 사는 모든 사람이 반드시 중국의 통치 아래에 들어와야 하는 당위의 장소였다고 할 수 있다.

보편적 천하관에서 협소한 천하관으로

중국의 역사에서 하늘 아래 존재하는 모든 공간 영역을 의미하는 '천하' 개념의 실질적 출현은 서주(西周) 시대였다. 이때에 '천하'는 주나라 민족의 수호신이자 당시의 최고신인 하늘의 섭리(주재) 아래에 있는 모든 지역과 그 안에 있는 모든 것을 뜻하는 것으로서, 원칙적으로 지상의 모든 자연 및 인간을 포함하고 우주 공간에 존재하는 모든 것을 포괄하는 보편 개념이었다.[4] 바로 『시경』의 '부천지하'(敷天之下)와 '보천지하'(普天之下)가 그것이다.

빛나도다. 오, 우리 주나라여! 그 높은 산에 올라 낮은 산과 높은 멧부리와 하해(河海)에 모두 제사 드리시고 온 하늘 아래[敷天之下]를 함께 대하여

---

4   尹乃鉉, 「天下思想의 始原」(尹乃鉉 外, 『中國의 天下思想』), 47쪽.

찬양하시니, 이것이 바로 주나라의 명(命)이시다.[5]

온 하늘 아래[普天之下]에 임금의 땅이 아닌 것이 없고, 육지가 연속해 있는 한(限)의 바닷가에 왕의 신하가 아닌 자가 없도다.[6]

　그래서 그 당시에는 서주의 통치력이 미치는 지역과 그렇지 못한 지역을 구별하지 않았다. 왜냐하면 서주 사람들의 의식 속에는 천하의 모든 땅과 사람이 반드시 서주의 천자에 의하여 통치되어야 한다는 믿음이 깔려 있었기 때문이다. 따라서 이때에는 실질적으로 서주 천자의 통치력이 미치지 않는 지역도 반드시 통치 영역 안에 들어와야 하는 당위의 세계로 인식되었다.[7]

　그러나 서주가 견융(犬戎)의 침략(기원전 770년)으로 수도를 동쪽의 낙양(洛陽)으로 옮긴 이후[8] 주나라를 중심으로 통일성을 유지하던 종법적 봉건 질서가 붕괴되었다. 이로 인하여 서주의 그러한 보편적 천하관은 그 의미가 퇴색되었고 현실 정치 영역에서 이해되는 다소 협소한 천하관으로 바뀌었다. 이때에는 각지의 작은 제후국들이 성장하며 천하를 분점했다가 다시 통합되는 시기였고, 또한 '사이'의 매우 잦은 침략으로 인하여 '제하'의 강토가 유린되던 시기였다. 이러한 현실 상황에서 여러 제후국은 서서히 유명무실(有名無實)해져 가던 주나라 중심

5　『詩經』, 「周頌」, 「閔子小子之什」, 「般」, "於皇時周, 陟其高山, 墮山喬嶽, 允猶翕河, 敷天之下, 裒時之對, 時周之命."

6　『詩經』, 「小雅」, 「谷風之什」, 「北山」, "普天之下, 莫非王土, 率土之濱, 莫非王臣."

7　尹乃鉉, 같은 글, 49쪽.

8　『史記』(北京: 中華書局, 1994 2版 13刷本), 「周本紀」, 149쪽, "平王立, 東遷于雒邑, 辟戎寇. 平王之時, 周室衰微, 諸侯彊幷弱, 齊·楚·秦·晉始大, 政由方伯." 170쪽, "太史公曰 … 至犬戎敗幽王, 周乃東徙于洛邑 …"

의 봉건 질서를 통해 더 이상 혼란한 상황을 타개하여 천하의 안정을
도모할 수 없었다고 판단하였다.

그래서 여러 제후국은 그들의 생존에 유리한 보다 효과적이고 안정
적인 방법을 개발해서 천하 질서를 안정시키려고 노력하였다. 그들의
관심은 자연히 어느 제후국이 주나라를 대신해서 천하 패권을 차지하
고 천하 질서를 안정시킬 것인가에 모아졌다. 이때에 등장한 것은 바로
회맹 질서에 기반을 둔 패주(霸主)의 패권 정치[霸政]였다. 이러한 패권
정치의 목적은 겉으로는 당시 '제하'의 제후국들을 하나로 단결시켜
서주 왕실이 규정한 봉건 질서와 봉건 예절을 준수하게 함으로써 제후
국들이 서로 침범하지 못하게 하거나 모든 정권의 불법적 쟁탈을 금지
시키는 것이었다.[9] 안으로는 패권 정치가 강력한 군사력과 경제력을 가
진 제후국에 의해 달성되었기 때문에 강제적 힘을 통해 제후국들을 하
나로 규합하여 천하 질서를 바로잡고, 융적(戎狄)의 침략으로부터 패권
정치의 붕괴를 막는, 결국 천하에 패주의 패권적 지배력을 드높이는 것
이었다.

그런 속에서 천하는 이합집산(離合集散)하는 제후국들을 하나로 모
아 서로 간의 겸병(兼幷)을 막고 공존하는 장소, 즉 제후국들의 연합 동
맹의 약속이 반드시 이행되고 제후국들의 생존이 반드시 보장되는 장
소로 변모되었다. 이러한 천하 안에서는 오직 '사이'가 철저하게 배제
된 중원 제후국들만의 결속이 있었다. 이것은 실질적으로 중화주의에
기반을 둔 천하관의 등장이었다.

---

9   錢穆, 『中國文化史導論』(車柱環 역, 서울: 乙酉文化社, 1984), 50쪽 참조.

3. 존왕양이와 회맹 질서

사이의 침략과 회맹의 등장

주나라의 종법적 봉건 질서는 서주가 수도를 동쪽의 낙양으로 옮긴 틈을 타서 진(晉)나라와 초(楚)나라 등의 강력한 제후국들이 그들 근처의 작은 제후국들을 병합하면서부터 서서히 붕괴되기 시작하였다. 이때부터 주나라의 왕명(王命)은 대부분 제후국들에게 받아들여지지 않았다. 이것은 중원에 두 가지의 큰 변화를 발생시켰다. 하나는 여러 국가 자체에서 내부적 분열이 있었다는 것이고, 또 하나는 제후들의 겸병이 있었다는 것이다. 그래서 주나라 초기에 약 130개가 되던 국가는 서로 병탄(倂呑)하여 12제후국이 되었다.[10] 이것은 그만큼 큰 규모의 국가가 생겨났다는 것을 의미하며, 또 동시에 주나라 왕실의 권위가 그만큼 몰락해 갔다는 것을 의미한다. 즉 주나라를 중심으로 통일성을 유지하던 천하 질서가 여러 제후국에게 하향적으로 이양되었고 분산되었다는 것이다.[11] 그 결과 주나라는 오직 유명무실한 천자국의 지위만을 유지할 수 있었고, 천하 질서를 바로 세울 만한 어떠한 힘도 소유할 수 없었다.

　그러한 현실의 혼란한 상황은 중원에 두 가지의 큰 문제점을 발생시켰다. 첫째는 춘추 시대의 '사이'가 중원에 섞여 살기도 하였고 주변 지역에 머물기도 하였는데, 그중에는 원시생활을 벗어나지 못한 부족도 있었지만 이미 국가를 건립한 부족이 있었다는 것이다. 예컨대, 노(魯)나라의 경계 안에는 노나라에 종속된 동이(東夷)의 작은 나라 전유

10　『史記』卷14,「十二諸侯年表」, "魯, 衛, 齊, 晉, 楚, 宋, 鄭, 秦, 陳, 蔡, 曹, 吳."
11　김충열, 『중국철학사』(서울: 예문서원, 1994), 197쪽 참조.

(顓臾)가 있었고, 노나라의 경계 밖에는 담(郯)나라가 있었다.'[12] 둘째
는 '제하'의 국경을 넘는 '사이'의 침략이 자주 발생하였다는 것이다.
예컨대, 산속에 사는 융적들은 '제하'의 국경을 넘어 오늘날의 산서(山
西)로부터 하북(河北)·하남(河南)·산동(山東) 등의 여러 성에 이르는
넓은 지역에 출몰하면서 온(溫)을 멸망시키고[13], 제(齊)·노(魯)·정
(鄭)·진(晉) 등을 공격하며[14], 나아가 주나라 왕실까지 유린하였다.[15]
특히 남방(南方)에 있던 초(楚, 荊蠻)나라는 무려 42개국이나 겸병하는
등 제국주의적 기세로 북상하여 중원을 위협하였다.[16]

    그러한 시기에 '제하'의 제후국들은 그러한 혼란한 정치적 상황을
단순히 '사이'와 국경을 마주한 일부 제후국들만의 존폐가 아니라 그
들 전체의 존폐가 걸린 심각한 절체절명(絶體絶命)의 위급 상황으로 인
식하였다. 이러한 위급 상황을 타개하기 위해 '제하'의 제후국들은 각
각 '사이' 사람들의 유입을 막거나 '사이'의 침략에 대항할 수 있는 효
과적이고 실질적인 방법을 강구하였다. 그러나 '제하'의 제후국들이

---

12   周自强, 『中國古代思想史-先秦卷』(廣西: 廣西人民出版社, 2006), 243쪽.

13   『春秋左傳』(1) 「僖公10年」, 333쪽, "狄滅溫."(쪽수는 楊伯峻 編著, 『春秋左傳注』
(1-4)(北京: 中華書局, 1993)를 따름)

14   『春秋左傳』(1), 「隱公9年」, 65쪽, "北戎侵鄭.", 「桓公6年」, 113쪽, "北戎伐齊."
「僖公8年」, 322쪽, "狄伐晉."「僖公18年」, 378쪽, "冬, 邢人·狄人伐衛, 圍菟圃."「僖公
24年」, 425쪽, "夏, 狄伐鄭."「僖公30年」, 478쪽, "夏, 狄侵齊."「僖公31年」, 487쪽,
"狄圍衛, 衛遷于帝丘."「僖公33年」, 501쪽, "狄侵齊."「僖公33年」, 501쪽, "狄伐晉."
『春秋左傳』(2), 「宣公6年」, 688쪽, "赤狄伐晉."「成公9年」, 846쪽, "秦人, 白狄伐晉.
「襄公30年」, 1171쪽, "狄伐魯."

15   錢穆, 『國史大綱(全二冊)』(臺北: 臺灣商務印書館, 1992 修訂 18刷本), 40쪽 참
조. 『春秋左傳』(1), 「僖公24年」, 426쪽, "王遂出, 及坎欿, 國人納之. 秋, 頹叔, 桃子奉
大叔以狄師伐周, 大敗周師, 獲周公忌父, 原伯, 毛伯, 富辰. 王出適鄭, 處于氾. 大叔以隗
氏居于溫."

16   錢穆, 『國史大綱』, 38쪽, 41쪽.

3장. 춘추 시대: 존왕양이론 79

독자적으로 군대를 동원하여 세력이 매우 왕성한 '사이'의 침략에 일일이 대항하는 데에는 한계가 있을 수밖에 없었다. 왜냐하면 그것은 막대한 군사 비용으로 인한 경제적 손실의 부담과 그러한 손실로 인한 국력의 급격한 쇠락, 나아가 그러한 부담과 쇠락으로 인한 봉건 질서 안에서의 정치적 입지의 약화 때문이었다.

그러한 총체적 문제를 해결하기 위해서 '제하'의 제후국들은 각각의 군사 비용을 최소화하면서 '사이'의 침략에 대비하여 '제하'의 강토(疆土)를 지켜 내는 동시에 유명무실한 주나라의 봉건 질서 안에서 자신들의 실리를 챙기거나 정치적 패권 지배를 강화하고 정당화하기 위한 보다 효과적이고 실질적인 방법을 모색해 나갔다. 이것은 바로 회맹 질서에 기반을 둔 패주의 패권 정치였다.

제나라의 환공과 규구의 회맹

춘추 패권 시대에는 주나라의 천자를 대신하여 여러 제후를 통솔하였던 강력한 제후들이 차례대로 등장하였다. 그들은 바로 춘추오패(春秋五覇)로 일컬어지던 제나라의 환공·진나라의 문공·초나라의 장왕·오나라의 왕 합려·월나라의 왕 구천[17] 등이었다. 이 중에서 제나라의 환공(桓公, ?~기원전 643, 재위: 기원전 685~기원전 643)은 35개국을 겸병하여 제나라를 제후국들 중에서 가장 강력한 제후국으로 만들었다.[18] 이것은 바로 환공이 포숙아(鮑叔牙, 기원전 723? 716?~기원전 644)의 간청으로 관중(管仲, 기원전 719~기원전 645)을 죽이지 않

---

17 『荀子』, 「王覇」, "齊桓公·晉文公·楚莊王·吳王闔閭·越王句踐."
18 김충열, 『중국철학사』, 197쪽 참조.

고 재상으로 등용(기원전 685년)하고, 그의 개혁 정책을 받아들여 실시하였기에 가능한 일이었다.[19]

환공은 토지 등급에 따라 세금을 걷는 방법으로 농업을 발전시켰고, 또한 어업·양잠업·제염업·제철업 등을 장려함으로써 국가 경제를 발전시켰다. 그는 여기서 나오는 막대한 부(富)로 국가를 안정시키고 군대를 정비하여 강력한 군사력과 경제력을 갖게 되었다. 이를 발판으로 그는 여러 제후국 간의 화합을 유도하고 그들의 분쟁을 조정해 나간다는 명분을 앞세워 송(宋)나라의 '규구'(葵丘)에서 여러 제후국과의 회맹을 이끌어 내어(기원전 651년) 춘추 시대의 최초 패주가 되었다. 이로부터 춘추 패권 시대가 열렸다.

환공은 43년의 재위 기간 동안 크고 작은 '회맹'을 22차례(119국)나 소집하고 주도하였다.[20] 그 회맹의 구체적인 내용은 제(齊)·노(魯)·송(宋)·위(衛)·정(鄭)·허(許)·조(曹) 8개국의 제후들이(주周나라 양왕 襄王은 사자를 보냄) '규구의 회맹'(기원전 651년)[21]에서 체결한 공동

---

19   管仲의 思想에 대한 자세한 내용은 김충열, 『중국철학사』, 199-237쪽을 참조할 것.

20   자세한 내용은 晁福林, 『覇權迭興』(北京: 中華文庫, 1992), 103-104쪽을 참조할 것.

21   제환공이 규구에서 제후들과 회맹한 사건의 경과는 다음과 같다. 주나라 혜왕(惠王)은 태자 정(鄭)을 폐위하고, 자기의 애첩이 낳은 왕자 대(帶)를 태자로 세우려고 하였다. 제나라 환공은 태자의 지위를 보전하기 위해 제후로서 태자의 알현을 구실 삼아 기원전 655년 5월 8개국의 제후들과 연합하여 수지(首止)에서 회합을 가졌다. 태자 정은 수지에서 제후들과 대면했고, 모두 몇 개월을 머물렀다. 주나라 혜왕은 태자 정이 말을 듣지 않음을 깨달았지만 제나라 환공과 항쟁할 힘이 없어서 곧 남몰래 사람을 보내 정나라에게 결맹(結盟)에 참가하지 말라고 권고하였다. 정나라는 주나라 왕의 말을 듣고 수지를 떠났으며, 남은 7개국 제후들이 공동으로 태자를 함께 돕는다는 맹약(盟約)을 체결하였다. 후에 제나라는 정나라를 공격하였고, 정나라 또한 맹약에 참가하였다. 오래지 않아 주나라 혜왕이 죽자, 태자 정이 즉위하여 주나라 양왕(襄王)이 되었다.

조약을 통해 어느 정도 통해 알 수 있다. 즉 "불효하는 자는 죽이고", "세자를 세웠으면 마음대로 바꾸지 말고", "첩을 정실로 삼지 말고", "어질고 덕이 있는 사람을 널리 알려 칭찬하고", "노인과 어린아이를 보호하고", "빈객과 여행자를 잘 살피고", "관직을 세습하지 말고", "겸직시키지 말고", "적임자를 등용하고", "대부가 죄가 있으면 반드시 천자에게 명령을 청한 뒤에 죽이고", "다른 나라에 해가 되는 수리 공사를 하지 말고", "흉년이 들었을 때 곡물 파는 것을 금하지 말고", "국읍(國邑)을 봉하고는 천자에서 아뢰어야 한다"가 그것이다. 『맹자』에 기록된 그 내용은 다음과 같다.

다섯 패자 중에 환공이 가장 융성하였는데, '규구의 회맹'에 제후들이 산 제물을 묶어 놓고 (그 위에) (천자 명령의) 문서를 올려놓고는 피를 마시지 않았다. 첫 번째 명령하기를 '(부모에게) 불효하는 자는 죽이며 세워 놓은 아들[世子]을 바꾸지 말며 첩을 아내로 삼지 말라' 하고, 두 번째 명령하기를 '어진 사람을 높이고 인재를 길러서 덕이 있는 이를 표창하라' 하고, 세 번째 명령하기를 '노인을 공경하고 어린아이를 사랑하며 손님과 나그네를 잊지 말라' 하고, 네 번째 명령하기를 '선비는 대대로 관직을 주지 말고 관청의 일을 겸직시키지 말며 선비를 취함에 반드시 적임자를 얻으며 마음대로 대부를 죽이지 말라' 하고, 다섯 번째 명령하기를 '제방을 굽게 쌓지 말며 쌀을 수입해 가는 것을 막지 말며 대부들을 봉해 주고는 고하지 않는 일이 없도록 하라' 하고, (환공이) 말하기를 '무릇 우리

주나라 양왕은 제나라 환공에 대해 대단히 감격하고, 사람을 보내 그에게 제육(祭肉)과 진귀한 활과 화살, 그리고 마차를 보냈다. 제나라 환공은 이 기회를 이용하여 기원전 651년 규구(지금의 하남성(河南省) 난고현(蘭考縣))에서 제후들과 회합하고, 주나라 양왕의 사자를 초대하였다. 양왕은 사자를 통해 환공을 아주 높이 칭송하였다.

동맹을 맺은 사람들은 이미 맹약 뒤에 좋은 데로 돌아가도록 하자'고 하였다.[22]

여기서 보듯이 '규구의 회맹'의 요지는 회맹한 제후국들 내부의 안정과 제후국들 간의 단결을 유지하고 보호하자는 것이었다. 이 '회맹'은 제후들 중에서 가장 강력한 군사력과 경제력을 가진 패주가 여러 제후를 한곳에 모이게 하고, 제후국들의 운명을 좌우할 만한 중대한 일과 관련하여 맹약(盟約)을 하는 장엄하고도 신중한 정치 외교 활동이었다. 이런 회맹을 맺은 후 맹약을 한 제후국들은 적어도 회맹의 효력이 지속될 동안은 군사·정치·경제 등 모든 방면에서 서로 적극적으로 도왔다.

그러나 만약 맹약을 위반하는 제후국이 있으면 패주에게는 그 제후국을 정벌할 권한이 있었다. 그래서 『춘추좌전』(春秋左傳)에서는 "맹약을 파기하고 큰 나라를 속이면 이것은 반드시 패한다. 맹약을 파기하는 것은 상서롭지 못한 것이다"[23]라고 하였다. 바로 진(秦)나라가 회맹을 파기한 것에 대한 제후국들의 공격이 그것이다.

24년, 진(晉)나라의 여공(厲公)이 즉위하여 진(秦)나라의 환공(桓公)과 함께 황하를 경계로 삼아서 맹약(盟約)을 하였다. 환공은 진(秦)나라에 돌아가 이후에 맹약을 배반하고 적합(翟合)과 함께 진(晉)나라에 대한 공

22   『孟子』,「告子下」, "五霸, 桓公爲盛. 葵丘之會, 諸侯束牲載書而不歃血. 初命曰, '誅不孝, 無易樹子, 無以妾爲妻.' 再命曰, '尊賢育才, 以彰有德.' 三命曰, '敬老慈幼, 無忘賓旅.' 四命曰, '士無世官, 官事無攝, 取士必得, 無專殺大夫.' 五命曰, '無曲防, 無遏糴, 無有封而不告.' 曰, '凡我同盟之人, 旣盟之後, 言歸于好.'"
23   『春秋左傳』(2),「成公1年」, 782쪽, "背盟而欺大國, 此必敗. 背盟, 不祥."

격을 도모하였다. 26년, 진(晉)나라는 제후들을 이끌고 진(秦)나라를 정벌
하였는데, 진(秦)나라의 군대가 패하여 도주하자 제후의 군대는 (그들을)
경하[涇河: 섬서성(陝西省) 위하(渭河)의 지류] 유역까지 추격하고 돌아
왔다.[24]

결국 회맹의 과정에서 패주는 여러 제후에게 자신의 패권적 지배력
을 드러냈기 때문에, 즉 회맹 질서 안에 자신의 정치적 지배력을 위한
정당성을 부여했기 때문에 그 과정은 중원의 정치 질서를 규정하는 하
나의 중요한 관건이었다.[25] 그러한 회맹 질서의 유지를 위해서 회맹한
제후국들은 두 가지의 중요한 원칙을 제출하였다. 하나는 "주나라 왕
실의 권위를 높이고 사이를 물리친다"는 '존왕양이'(尊王攘夷)였고, 또
하나는 "끊어진 것을 이어 주고, 멸망한 것을 존재하게 한다"는 '계절
존망'(繼絕存亡)[26]이었다.

---

24   『史記』卷5,「秦本記」, 196쪽, "二十四年, 晉厲公初立, 與秦桓公夾河而盟. 歸而秦
倍盟, 與翟合謀擊晉. 二十六年, 晉率諸侯伐秦, 秦軍敗走, 追至涇而還."
25   김충열 교수에 따르면 "패정(覇政)이 약해지거나 패권(覇權)이 진문공(晉文公)
에게 넘어가 B.C.670~560년까지 약 100년 동안 지탱된 뒤 다시 쇠퇴기로 접어들었
다. 이때부터 제후(諸侯) 집정 시기가 끝나고 대부(大夫) 집정 시기가 시작됨으로써 천
하의 혼란은 더욱 가중되었다"는 것이다.(김충열, 『중국철학사』, 199쪽)
26   白本松 譯註, 『春秋穀梁傳全釋』, 貴州: 貴州人民出版社, 1998),「僖公 17年」, 209
쪽, "桓公嘗有存亡繼絕之功, 故君子爲之諱也." 『論語』,「堯曰」, "興滅國, 繼絕世, 擧逸
民, 天下之民歸心焉." 『荀子』,「王制篇」, "存亡繼絕." 『史記』卷67,「仲尼弟子列傳」,
2198쪽, "且王方以存亡繼絕爲名, 夫伐小越而畏彊齊, 非勇也." 『史記』卷89, 2573쪽,
「張耳陳餘列傳」, "陳中豪傑父老乃說陳涉曰, 將軍身被堅執銳, 率士卒以誅暴秦, 復立楚
社稷, 存亡繼絕, 功德宜爲王." 『史記』卷106,「吳王濞列傳」, 2828쪽, "今諸王苟能存亡
繼絕, 振弱伐暴, 以安劉氏, 社稷之所願也."

존왕양이

'존왕양이'는 회맹한 제후국들 중 가장 강력한 제후국의 패권 아래에서 일단 천하의 질서를 바로잡고 힘을 모아 함께 이적(夷狄)을 치자는 방책이었다. 명분상으로는 회맹한 제후국들이 모두 주나라 왕실을 함께 받들면서 패권을 잡은 제후국이 중원을 규합하여 '이적'에 대항하자는 것이었는데, 그것은 패권이 명분상 천하국의 임무를 대행하는 것이었다.[27] 그래서 비록 형식적일지는 모르지만 회맹한 제후들은 주나라 왕실에 대해서 신하의 예(禮)를 다하였다. 예컨대, 관중이 제나라 환공의 명령으로 주나라 왕과 융(戎)의 강화를 이루어 냈을 때 주나라 왕이 상경(上卿)의 '예'로 흠향하고자 하였지만, 관중은 사양하고 하경(下卿)의 '예'로 받고 돌아간 것이 그것이다. 그 구체적인 내용은 다음과 같다.

제후(齊候=桓公)는 관중(管仲=管夷吾)을 보내어 융(戎)과 천자(周)로 하여금 강화하게 하였고, 습붕(隰朋)을 보내어 '융'과 진(晉)나라로 하여금 강화하게 하였다. 천자가 상경(上卿)의 예(禮)로써 관중을 대접하였다. 관중은 그것을 사양하면서 다음과 같이 말하였다. "신은 미천한 관리이옵니다. 현재 천자가 임명한 상경(上卿)인 국(國) 씨와 고(高) 씨가 안에 있는데, 만일 그들이 봄과 가을 두 계절에 천자의 명령을 받는다면 (천자는) 어떠한 '예'로 그들을 대하시려고 합니까? 신은 감히 사양합니다." 천자가 다음과 같이 말하였다. "구(舅) 씨여, 나는 그대의 공훈(功勳)을 찬미하고 그대의 아름다운 덕을 받아들이니, 이는 마음 깊이 생각해서 잊지 않

---

27   김충열, 『중국철학사』, 197-198쪽.

으려고 하는 것이다. 돌아가 그대의 직무를 집행하고 나의 명령을 위배하지 말라." 관중은 하경(下卿)의 '예'를 받고 (제나라로) 돌아갔다.[28]

또한 제나라 환공이 제후국들에 대한 지배력이 많이 약화된 주나라를 대신하여 산융(山戎)을 쳐서 연(燕)·형(刑)·위(衛)를 구한 것과 초(楚)나라를 쳐서 제후들과 소릉(邵陵)에서 회맹을 거행함으로써[29] 주나라의 양왕의 왕위를 안정시킨 것이 그것이다.

그런데 비록 '존왕양이'가 주나라 왕실의 명분상의 권위를 빌리기 위한 목적에서 환공이 내걸은 정치적 명분이었더라도, 여기에는 한 가지 중요한 사실이 있었다. 그러한 정치 이념 아래 회맹한 제후국들이 서로 단결하여 주나라를 섬기고 도우면서 서융(西戎)·남만(南蠻)·북적(北狄)·동이(東夷) 등의 침략을 물리쳤다는 것이다. 그 결과 회맹한 제후국들은 '사이'의 무력적 침략으로부터 '제하'의 강토와 문화도 보호할 수 있었고, 나아가 복잡하고 혼란스럽기만 했던 중원의 질서도 수호할 수 있었다.

---

28   『春秋左傳』(1), 「僖公12年」, 341-342쪽, "齊侯使管夷吾平戎于王, 使隰朋平戎于晉. 王以上卿之禮饗管仲. 管仲辭曰, '臣, 賤有司也. 有天子之二守國·高在, 若節春秋來承王命, 何以禮焉. 陪臣敢辭.' 王曰, '舅氏. 余嘉乃勳, 應乃懿德, 謂督不忘. 往踐乃職, 無逆朕命.' 管仲受下卿之禮而還."

29   『史記』卷5, 「秦本紀」, 185-186쪽, "齊桓公伐山戎, 次于孤竹 … 齊桓公伐楚, 至邵陵." 기원전 656년, 제환공(齊桓公)은 초(楚)나라가 주(周)나라에 공납을 바치지 않은 것과 서주의 소왕(昭王)이 남방 원정 중 행방불명된 것에 책임이 있다는 이유에서 송(宋)·진(陳)·위(衛)·정(鄭)·허(許)·조(曹) 등 8개국과 연합군을 결성하여 초나라를 정벌하러 갔다. 결국 전쟁에서 승리한 환공은 초나라(초나라 장수 굴완屈完)와 소릉(召陵)에서 회맹하였다. 이 회맹으로 초나라는 북진 의지가 좌절되었다.

계절존망

'계절존망'은 후사가 끊어진 제후국의 후사를 이어 주고, 패망할 위기
에 처한 제후국을 존속시킨다는 의미이다. 그래서 이것은 회맹한 제후
국들의 찬시(簒弑)를 막고, 또 서로 겸병을 제재하는 데에 중요한 의미
가 있었다. 만일 어떤 나라의 제후가 찬시를 당하였다면 모든 동맹국은
이를 승인하지 말 것이며, 다 함께 출정하여 난을 평정하고 따로 제후
를 세운다는 것이었다. 앞의 '규구의 회맹'에서 제출된 '첫 번째 명령'
이 그것이다. 겸병을 막기 위한 조치는 동맹국끼리 서로 출병할 수 없
으며, 만일 분쟁의 소지가 생겼을 경우에 이는 맹주(盟主)에게 공평한
판단을 받아서 해결하도록 하였다. 만일 어떤 나라가 외적의 침략을 당
하였을 때에는 모든 동맹국이 서로 돕기로 하였다.[30] 앞의 '규구의 회
맹'에서 제출된 '다섯 번째 명령'이 그것이다. 제나라의 환공이 적(狄)
의 침략을 받은 형(邢)나라와 위(衛)나라를 구원하기 위해서 이의(夷
儀)와 초구(楚丘)에 성을 쌓고, 그곳에 두 나라의 백성들을 이주시켜
각종 물자와 식량을 지원함으로써 두 나라를 회복시킨 것은 그 단적인
예이다. 『춘추좌전』의 저자는 이 일을 "무릇 패주는 환란을 구원하고,
재해를 분담하며, 죄를 토벌하니, 이것은 예(禮)에 합한다"[31]라고 평가
하였다. 그 구체적인 내용은 다음과 같다.

　(민공閔公 1년) 적(赤)이 형(邢)나라를 침범하였다. 관중이 제나라 군주
　에게 다음과 같이 말했다. "융(戎)과 적(狄)은 승냥이와 이리 같아서 만족

30　錢穆, 『國史大綱』, 42쪽.
31　『春秋左傳』(1), 「僖公1年」, 278쪽, "凡侯伯, 救患, 分災, 討罪, 禮也."

할 수 없습니다. 또한 중국의 여러 나라는 서로 친근하므로 버릴 수가 없
습니다. 안일함은 짐(酖)새의 독과 같아서 (마음에) 품을 수가 없습니다."
… 제나라 사람들이 형나라를 구하였다 … (민공 2년) 희공(僖公) 1년에
제나라 환공은 형나라를 이의(夷儀)에 옮겼고, 2년에 위나라를 초구(楚
丘)에 봉(封)하였다. 형나라 사람들이 옮겨서 거주하였음에도 마치 원래
의 국토로 돌아간 것 같았고, 위나라 사람들은 자기 나라의 멸망을 잊었다
… (희공 1년) 형나라를 '이의'에 옮기고 제후들이 그곳에 성을 쌓은 것은
형나라의 국난을 구함이었다 … (희공 2년) 제후들이 초구에 성을 쌓아서
위나라를 그 안에 봉(封)하였다.[32]

전목의 주장에 대한 비판

그래서 전목(錢穆, 1895~1990)은 춘추 패권이 평화를 지향하였고, 동
시에 단결을 지향하였다는 입장에서[33] 그 당시의 패권 정치를 총괄하여
다음과 같이 말한다.

그 당시의 패권 정치를 총괄하건대 여기에는 두 가지 의의가 있다. 하나는
중원의 농경 민족의 도시 국가들이 연맹해서 북방 유목 민족의 침략을 막
아 도시 문화를 보존하고 유목 민족인 만족(蠻族)에게 멸망하지 않을 수
있었다. 또 하나는 제후국들이 평화적으로 결합해서 남방에서 북상하는

32   『春秋左傳』(1),「閔公1年」, 256쪽, "狄人伐邢. 管敬仲言於齊侯曰, '戎狄豺狼, 不
可厭也, 諸夏親暱, 不可棄也. 宴安酖毒, 不可懷也.' … 齊人救邢."「閔公2年」, 273쪽,
"僖之元年, 齊桓公遷邢于夷儀. 二年, 封衛于楚丘. 邢遷如歸, 衛國忘亡."『春秋左傳』(1),
「僖公1年」, 278쪽, "邢遷于夷儀, 諸侯城之, 救患也."『春秋左傳』(1),「僖公2年」, 281
쪽, "諸侯城楚丘而封衛焉."
33   錢穆,『中國文化史導論』, 52쪽.

초나라의 제국주의의 무력 겸병에 저항함으로써' 봉건 문화를 보존하여 군
현 국가로 나아가지 않을 수 있었다. 그러한 대세(大勢)는 문화 선진 제국
을 점차적으로 결합하게 되었고, 문화 후진 제국을 점차적으로 정복하게
되었다. 동시에 문화 후진 제국이 비록 점차적으로 문화 선진 제국을 정복
한다고 하더라도, 또한 그들은 점차적으로 문화 선진 제국에 동화되었다.
문화가 낙오된 모든 부족은 점차적으로 소멸되었고, 혹은 점차적으로 배
척되었다. 이러한 진전 중에 제하(諸夏) 결합의 단체들은 드디어 점차적
으로 확대되어, 중국은 점차적으로 중앙 대일통의 군현 국가를 형성하는
온양(醞釀)이 되었다.[34]

전목의 주장은 다음과 같이 정리된다. '사이'는 '제하'로부터 철저
하게 문화가 없는 미개한 이민족으로만 인식되었기 때문에 '사이'는
오로지 '제하' 세계로부터 철저하게 격리되어야 하는 대상이고, 동시
에 '제하'에 의해 정복되고 동화되어야 하는 대상일 뿐이었다. '제하'
가 '사이'의 침략으로부터 멸망당하지 않은 이유는 '제하'가 평화적인
회맹으로 '제하'의 문화를 지켜 냈기 때문이다. 따라서 그것은 결과적
으로 역사의 거스를 수 없는 대세인데, 즉 '사이' 문화가 '제하' 문화
에 의해서 정복되거나 동화되고, 또한 문화가 낙오된 '사이'가 소멸되
거나 배척되는 등 위대한 승리를 가져왔다는 것이다.[35]

그렇다면 과연 전목의 주장에는 어떠한 문제도 없는 것인가? 그의
주장에서 우리가 유심히 살펴보아야 할 것은 크게 두 가지이다.

첫째는 "제후국들이 평화적으로 결합해서 …"라는 말이다. 이 "평화

34 錢穆, 『國史大綱』, 46쪽.
35 김철운, 「중국 華夷分別論의 정형화 과정과 그 비판적 고찰」(한국양명학회, 『陽
明學』 제31호, 2012), 308쪽.

적으로"라는 말은 기본적으로 제나라의 환공에 의해 진행된 회맹이 물리적이고 강제적인 힘에 의해서가 아니라 제후국들 간의 긴밀한 협조와 자발적 합의에 의해서 이루어졌음을 함축한다고 할 수 있다. 물론 전목의 주장은 표면적으로 틀린 말은 아니지만 문제는 춘추 시대에 들어오면서 주나라 왕실의 권위가 땅에 떨어졌기 때문에 주나라 왕실을 중심으로 통일성을 유지하던 종법적 봉건 질서는 더 이상 실질적 의미를 갖지 못하게 되었다는 것이다. 이러한 현실 상황이 강력한 제후국들에게는 기회로 작용하였을지 몰라도 약소한 제후국들에게는 위기로 작용했을 것이다. 그럼에도 강력한 제후국들은 선뜻 나서서 천하를 쟁탈할 수 없었는데, 이것은 그렇게 할 경우에 다른 제후국들이 연합하여 자신들을 공격할 수 있다는 판단에 따른 것으로 보인다. 반면에 약소한 제후국들은 오로지 강력한 제후국들의 눈치를 볼 뿐이었다.

그러한 심각한 상황을 해소하기 위해 주나라의 봉건 질서를 대신하여 등장한 것은 바로 강력한 군사력과 경제력에 기반을 둔 패자의 회맹 질서였다. 이 회맹은 단순히 제후국들 간의 평화 조약이 아니라 제후국들에 대한 지배력이 약화된 주나라의 왕실을 대신해서 천하의 질서를 새롭게 재편하겠다는 춘추오패들의 강력한 정치적 산물이었다. 이런 속에서 '존왕양이'의 기치 아래 모인 약소한 제후국들은 강대한 제후국들과 회맹하여 '사이'와의 전쟁도 불사하면서까지 철저하게 자신들의 국가를 지켜 나갔다. 결론적으로 말해, 약소한 제후국들의 '회맹'은 혼란한 정치적 상황에서 호전적이고 강대한 제후국들로부터 자신들의 국가를 지켜 내기 위해, 또 자주 발생한 '사이'의 침략으로부터 멸망당하지 않기 위해 불가피하게 취해진 전략적 선택이었다고 할 수 있다.

둘째는 "… 문화 후진 제국을 … 정복하게 되었다. 동시에 문화 후진 제국이 … 문화 선진 제국을 정복하더라도 … 그들은 … 문화 선진 제국에 동화되었다. 문화가 낙오된 모든 부족은 … 소멸되었고 … 배척되었다"는 것이다. 물론 중국의 역사에서 보면 이러한 주장은 크게 문제가 없어 보인다. 그러나 중요한 사실은 전목의 말대로 그러한 과정이 진(秦)나라의 천하 통일을 형성하는 데 중요한 온양이 되었다고 한다면, 진나라가 춘추 시대에서 '이적'으로 불리지 않다가 전국 시대에서 '만이'(蠻夷)로 배척받았다는 것은 어떻게 설명할 것인가 하는 것이다.[36] 물론 이것은 '제하'와 '사이'의 관계를 선진 문화와 후진 문화의 관계로 보는 전통적 '화이분별론'에 근거하면 설명이 가능할 것이다. 즉 '제하'라고 하더라도 '사이' 문화를 받아들이면 '사이'이고, '사이'라고 하더라도 '제하' 문화를 받아들이면 '제하'라는 것이다. 그렇다면 전목이 의도하였던 의도하지 않았던 간에 그의 주장의 저변에는 여전히 '제하' 문화를 하나의 표준으로 삼아 '사이' 문화를 이해하고 판단하는 자문화중심주의의 기류가 흐르고 있다고 할 수 있다.

결국 '제하'의 제후국들은 회맹 질서로 주나라의 종법적 봉건 질서의 기조를 어느 정도 유지하고 보호하는 속에서 중앙의 권위를 존중하였고[尊王], 동시에 '제하'의 문화와 '사이'의 문화를 엄격히 구별하는 속에서 '제하'의 대의를 드러냈다[洋夷]. 이는 바로 주나라 왕실을 중심으로 통일성을 유지하던 종법적 봉건 질서의 회복이라기보다는 천자국인 주나라를 대신한 패주의 제후국에 의해서 주도되는 천하 질서의 새로운 재편과 깊은 관계가 있었다. 이런 속에서 '사이'는 더욱더 '제하'로부터 철저하게 격리되고 배척되는 상황에 직면했던 것이다.

---

36   錢穆, 『中國文化史導論』, 59-60쪽.

4. 제하의 사이 문화에 대한 배타적 관점

'화하'와 '제하' 개념의 함축적 의미

그렇다면 춘추 패권 시대에서 '제하'와 '사이'는 어떻게 규정되었는가? 여기서 먼저 논의할 것은 한족(漢族)의 전신(前身)이라는 '화하족'(華夏族)의 '화하'(華夏)[37] 개념에 대한 분석적 작업이다. 왜냐하면 이작업은 '제하' 개념이 지리적 규정을 넘어 문화적 규정까지 함축하고 있음을 잘 보여 주기 때문이다. 그 구체적인 내용은 다음과 같다.

① 문헌상에서 '화하'라는 이름은 『상서』의 「무성」에 처음으로 등장하는데, 즉 "화하와 만맥이 따라오지 않음이 없다"[38]가 그것이다. 이에 대한 공영달(孔穎達, 574~648)의 해석은 다음과 같다.

『석고』에서는 하(夏)를 큰 것[大]이라고 한다. 그러므로 큰 나라는 하(夏)라고 말한다. 화하(華夏)는 중국(中國)을 말한다.[39]

② 『춘추좌전』에는 "변방에서는 하(夏)를 도모할 수 없고, 동이는 화

---

37   周自强, 같은 책, 238쪽. 華夏族과 漢族의 관계는 이홍종 · 공봉진, 「中國 華夷思想에서 華夷 개념의 재해석」(한국세계지역학회, 『세계지역연구논총』 제15집, 2000)의 174-177쪽을 참조할 것.

38   『今古文尚書全釋』(江灝 · 錢宗武 譯注, 貴州: 貴州人民出版社, 1992) 卷6, 「周書」, 「武成」, 228쪽, "華夏蠻貊, 罔不率俾." 『春秋左傳』에서는 '華夏'가 한 번 나온다.(『春秋左傳』(3), 「襄公26年」, 1121쪽, "楚失華夏, 則析公之爲也.")

39   『今古文尚書全釋』, 卷6, 「周書」, 「武成」, 「孔穎達疏」, 228쪽, "『釋詁』云, 夏, 大也. 故大國曰夏. 華夏謂中國也."

(華)를 어지럽힐 수 없다"[40]는 말이 있다. 이에 대한 공영달의 해석은 다음과 같다.

중국은 예의(禮義)의 위대함이 있기 때문에 하(夏)라고 일컫는다. 복식(服飾)의 아름다움이 있는 것은 화(華)라고 말한다. 화(華)와 하(夏)는 하나이다.[41]

③ 주자강(周自强)은 '화하'(華夏)라는 말이 '제하'(諸夏)와 '제화'(諸華)의 합성어인데, '제하'가 중국의 서부 지구와 동부 지구의 제후국을 가리키고, '제화'는 주나라의 '주례'(周禮)를 지키고 적색(赤色)을 숭상하는 민족을 가리킨다고 주장한다.

중국 서부 지구는 하(夏)이고, 동쪽의 제(齊)·노(魯)·위(衛) 제후는 본래 서쪽에서 옮겨 왔기 때문에 동쪽 제후는 동하(東夏)라고 부르며, 동서(東西)를 모두 제하(諸夏)라고 한다. 주나라 왕조는 적색(赤色)을 숭상하니, 무릇 주례(周禮)를 준수하고, 적색을 숭상하는 사람과 민족은 화인(華人)과 화족(華族)이라고 부르니 제화(諸華)라고 통칭한다.[42]

④ 『한어대사전』에서는 '화하'(華夏)와 '제하'(諸夏)가 모두 중국을 가리킨다는 점에서 동일한 의미로 보고, 그 둘을 다음과 같이 정

---

40   『春秋左傳』(4), 「定公10年」, 1578쪽, "裔不謀夏, 夷不亂華."
41   『春秋左傳』(4), 「定公10年」, 「孔穎達疏」, "中國有禮義之大, 故稱夏. 有服章之美, 謂之華. 華夏一也."(『漢語大詞典』(北京: 漢語大詞典出版社, 2001), 「華夏條」에서 재인용)
42   周自强, 같은 책, 242쪽.

의한다.

'화하'는 원래 중국의 중원(中原) 지구를 가리켰으나 후에 중국의 모든 영
토를 총괄해서 말한다. '중국'의 옛날 명칭이다. '제하'는 주나라 때에 분
봉(分封)한 중원의 각 제후국이다. 총괄하여 중원 지구를 가리킨다. '중
국'을 가리킨다.[43]

위의 주장들은 다음과 같이 정리된다. 즉 '하'(夏)는 지리적 측면에
서 국가의 영토가 아주 크고 넓다는 것을 말하고, '화'(華)는 문화적 측
면에서 그 수준이 매우 높고 찬란하다는 것을 말한다. 그래서 '화하'
(華夏)는 중국의 드넓은 서부 지역 내지 동부 지역에 있으면서 찬란한
문화를 가지고 있고, 동시에 주나라의 종법적 봉건 질서의 범위를 벗어
나지 않는 전 지역을 가리킨다. 또한 '화하족'(華夏族)은 선조가 다른
혈족들이 융합하고 발전하여 형성한 민족으로서[44] '화하' 안에 있는 모
든 구성원을 가리킨다. 구체적으로 말해, '화하' 안에는 은(殷)나라가
하(夏)나라를 정복하고 주(周)나라가 은나라를 정복하는 과정에서 중

43　『漢語大詞典』,「華夏條」,「諸夏條」.

44　錢穆은 "국가가 통일되고 민족이 통일되면서 무릇 국민이면 모두가 제하(諸夏)로
서 이제는 만이융적(蠻夷戎狄)의 존재가 없게 되었다"고 보고, 진(秦)·한(漢) 시대의
중국인을 민족이라는 입장에서 크게 다섯 계통으로 분석한다. "첫째는 화하(華夏) 계
통이다. 이것은 중화민족의 가장 중요한 근간이고, 하(夏)나라와 주(周)나라가 이에
속한다. 둘째는 동이(東夷) 계열이고, 은(殷)나라 사람들이 어쩌면 이 계통에 속했을지
도 모른다. 그 밖의 동방의 서(徐)나라와 서방의 진(秦)나라 등이 이에 속한다. 셋째는
형만(荊灣) 계통이고, 초(楚)나라와 오(吳)나라 등이 이에 속한다. 넷째는 백월(百越)
계통이고, 월(越)나라·남월(南粤)·민월(閩粤) 등이 이에 속한다. 다섯째는 삼묘(三
苗) 계통으로 본래 신농(神農)의 후손인데, 그 일부분인 강성(羌姓)에 속하는 여러 민
족은 '제하'의 계통에 합병되었고, 일부분은 적(狄)이라고도 칭하고, 강(羌)이라고도
칭하였는데, … '제하' 밖으로 배제되었다"고 한다.(錢穆,『中國文化史導論』, 60쪽)

국의 중원 지구로 이동하는 여러 민족과 그에 따른 여러 민족의 문화들
이 서로 뒤섞여 있었다. 이로부터 '화하족'이 등장할 수 있었다. 이런
속에서 무엇보다 중요했던 것은 바로 다양한 민족이 융합한 복합 민족
체제 속에서 그 뒤섞인 민족들과 문화들을 하나로 묶을 수 있는 문화
체계와 가치 체계를 새롭게 세우는 것이었다.

예악 문화와 사이

그렇다면 그 하나로 묶는 문화 체계와 가치 체계는 구체적으로 무엇을
가리키는가? 그것은 공자의 말처럼[45] 시조가 다른 하·은·주 3대의 선
민이 서로 계승하여 변화시키고 발전시킨 예악(禮樂), 즉 주나라의 주
공(周公)에 의해서 제정된 '주례'였다. 이러한 예악은 그 목적이 '사람
사회의 질서와 화목의 실현'에 있었는데, 이는 '제하' 세계의 정치·사
회적 통합을 이루는 근본 토대로서 사람 관계를 다루는 도덕규범이자
'제하' 세계의 종법적 봉건 질서를 유지하는 보편 원칙이었다. 예악의
제정 이후부터 예악은 '제하'와 '사이'의 구별을 결정짓는 실질적인
표준이 되었는데, 즉 주례를 얼마만큼 받아들이고 실행하느냐의 정도
가 문화 우열의 기준 척도였다는 것이다.[46]

　구체적으로 말해, 예악의 확립 이후부터 '제하'와 '사이'의 구별을
결정짓는 것은 혈통(血統)이나 종족이 아닌 일종의 생활 방식과 정치
방식을 가리키는 '문화'였다.[47] 즉 그 구별은 그들이 어느 곳에 살고 있

45　『論語』, 「爲政」, "子張問, 十世可知也. 子曰, 殷因於夏禮, 所損益, 可知也. 周因於
殷禮, 所損益, 可知也. 其或繼周者, 雖百世可知也."

46　김충열, 『중국철학사』, 196쪽 참조.

47　錢穆, 『中國文化史導論』, 59쪽.

3장. 춘추 시대: 존왕양이론 95

는가라는 지역적 차이와 어떤 사람들로 구성되었는가라는 종족·민족
적 차이가 아니라 어떠한 문화 체계와 가치 체계를 가지고 있고 그것을
받아들이고 있는가라는 예악에 근거한 문화적 차이로 결정지었다는 것
이다. 그 구별의 결과로 '제하'는 중국의 중원 지구에 위치한 각 제후
국들로서 각 지역의 경제와 문화가 가장 발달하고 예악 문화가 융성한
문명국으로 규정되었고, 반면에 '사이'는 중국의 중원 지역을 중심으
로 하여 동서남북 변방에 사는 소수 민족으로서 각 지역의 문화와 경제
가 발달되지 않고 예악 문화가 결여된 야만국으로 규정되었다.

　그런데 여기서 중요한 사실은 그러한 예악 문화가 '제하'와 '사이'
를 철저하게 구별 짓는 중심에 있었다는 것 이외에 그 둘을 전적으로
연결 짓는 중심에 있었다는 것이다. 그래서 주자강은 이러한 예악 문화
의 진일보한 전파로 인해서 당시의 '사이'를 화하족에 융합시킬 수 있
었다고 보고[48], 춘추 시대에서 '제하'의 예악 문화가 '사이' 지역에까
지 전파될 수 있었던 이유를 다음과 같이 말한다.

　선진 시기에 중화민족은 염황(炎皇)의 후손인 '화하족'을 주체로 삼았고,
　이외에 맹(貊)·이(夷)·융(戎)·적(狄) 등 각 부족이 있었다. 화하족과 기
　타 부족[四夷] 간에는 이미 화평(和平)과 우호의 교류가 있었고, 또한 대
　항과 전쟁이 있었다. 전쟁 자체 또한 일종의 정상적인 교류 형식이었다.
　화평과 전쟁 등 각종 형식을 포괄하는 교류 과정 중에 '사이'의 부족 구성
　원들은 대부분 '화하족'에 융합되었고, 아울러 '화하족'은 부단히 장대하
　게 발전하여 후대 한족의 전신이 되었다.[49]

48　周自强, 같은 책, 241쪽.
49　周自强, 같은 책, 238쪽.

　　그러나 문제는 '화하족'과 '사이' 간에 이미 화평과 우호의 교류가 있었다는 주장과 전쟁 자체가 정상적인 교류 형식이라는 주장을 받아들이기가 쉽지 않다는 것이다. 왜냐하면 앞서 보았듯이 춘추 시대에 '제하'가 '사이'의 침략을 막으려고 연합 동맹(회맹)을 결성했으면서도 '사이'와 "화평·우호의 교류가 있었다"는 것은 단지 그 당시 '제하'의 힘이 '사이'보다 강하지 못한 현실 상황을 타개하기 위한 방편 정도로 밖에 보이지 않기 때문이다. 또한 맹자의 "『춘추』에는 의로운 전쟁의 기록이 없다"[50]는 지적처럼, 그 당시의 전쟁을 포함한 모든 전쟁은 명분이 어떻든 간에 비인간적인 잔혹성에 기반을 둔 비정상적인 살인 행위에 지나지 않기 때문이다. 따라서 주자강의 주장은 오로지 중국의 전통문화가 수단과 방법을 가리지 않는 비정상적 행위들에 의해 발전되고 형성된 문화임을 스스로 고백하는 것에 불과할 뿐이고, 또한 오로지 '제하' 문화의 '사이' 문화에 대한 패권적 지배를 정당화하는 주장에 불과할 뿐이다.[51]

　　그래서 우리는 다음과 같이 주장을 할 수 있다. 그 전파가 전쟁이든 화평과 우호의 교류이든 간에 그것은 모두 '제하'에 의해서 일방적으로 행해졌다는 것이고[52], 이런 속에서 '제하'와 '사이'의 관계는 안과 밖의 관계로 철저하게 구별되었다는 것이다. 즉 '제하'는 당시의 혼란한 정국을 타개할 목적에서 침략한 '사이'를 몰아내고 '제하' 문화를 보존하고 확대하여 '사이'에 대한 배타적 입장을 더욱 공고히 하였다는 것이다.

50　　『孟子』, 「盡心下」, "『春秋』無義戰."

51　　김철운, 같은 글, 306쪽.

52　　錢穆은 춘추 시대에 와서 南蠻과 東夷가 모두 諸夏와 융화하여 확실히 중화민족의 일부가 되었다고 주장한다.(錢穆, 『中國文化史導論』, 58쪽)

제하와 사이의 차이: 생활 방식과 정치 방식

그러한 과정에서 '제하'는 보다 구체적으로 자신들과 같은 농경 생활을 기초로 하는 도시 국가의 규모를 갖추지 않은 집단과 연합 동맹(회맹)에 참가하지 않고 침략의 야욕을 끊임없이 드러낸 국가를 '사이'로 규정하였다.[53] 즉 '제하'의 생활 방식과 정치 방식을 버리거나 받아들이지 않는 국가를 '사이'로 규정하였고, 그것을 가지고 있거나 받아들이는 국가를 '제하'로 규정하였다는 것이다. 그렇다면 '제하'와 '사이'의 생활 방식과 정치 방식에는 어떠한 차이가 있는 것인가?

첫째는 '생활 방식의 차이'이다. '제하'는 농경 생활을 기초로 하는 도시 국가이고[54], '사이'는 유목 생활을 기초로 하는 야만 국가라는 것이다. 그런데 혹자에 의하면 "유목 생활에는 전투 정신이 있고 상업 생활에는 경쟁 정신이 있지만, 농경 생활에는 평탄하고 온화한 정신이 있어서 전투나 경쟁이 있을 필요가 없고 단지 인사를 다하고 하늘의 명령을 들을 뿐이라는 것이다."[55] 이것에 근거하면 '제하'는 농경 생활을 통해서 자연과 하나로 융합하고자 하는 강렬한 희망을 드러냈고, 반면에 '사이'는 유목 생활을 통해서 자연과 끊임없이 투쟁하고자 하는 강렬한 야욕을 드러냈다는 것이다. 이러한 야욕의 결과가 '제하'의 국경선을 넘어 그 강토를 유린한 것이었다고 본다면 '제하'의 제후국들에게서 연합 동맹(회맹)은 필수 불가결한 것이었다. 나아가 그러한 동맹국들이 '사이'를 제거(정복)의 대상으로 본 것에 머물지 않고, 더 나아가 동화(융합)의 대상으로까지 본 것은 그 시대의 당연한 흐름이었다고

---

53 錢穆, 『中國文化史導論』, 60쪽.
54 錢穆, 같은 책, 59쪽.
55 金耀基, 『從傳統到現代』(臺北: 時報出版社, 1983), 57쪽.

할 수 있다.

둘째는 '정치 방식의 차이'이다. 즉 '제하'는 연합 동맹(회맹)에 참가한 제후국이고, '사이'는 그것에 참가하지 않으면서 침략국으로 자처한 국가라는 것이다. 예컨대, 춘추 초기 및 중기의 초(楚)나라는 농경 생활을 기초로 하는 도시 국가이었지만 다른 제후국을 겸병(兼幷)할 야심을 가지고 제후국들의 연합 동맹에 참여하지 않았다. 그렇기 때문에 '제하'의 관점에서 초나라는 그 성질이 산속에 사는 '융적'과 강 주변에 사는 '만이'와 별 차이가 없었다. 그래서 초나라는 항상 '만이융적'(蠻夷戎狄)으로 불리었다. 이후에 초나라는 제후들의 연합 동맹에 참여하여 패자가 됨으로써[56] 다시는 '만이융적'으로 불리지 않았다.

오(吳)나라도 처음에 사회생활과 국가의 규모가 '제하'를 쫓아가지 못하여 '만이'로 간주되었다. 이후에 오나라는 '제하'와의 교통이 원활해지자 '제하'의 모든 규모와 문물을 배움으로 해서 '제하'의 예(禮)로 대접받았다. 약간 예외적 경우도 있었는데, 진(秦)나라는 섬서성(陝西省) 봉상(鳳翔)에 치우쳐 있어서 모든 사회생활이 본래부터 동쪽에 있는 '제하'보다 훨씬 뒤떨어져 있었으나 동쪽에 있는 '제하'는 진나라를 '이적'으로 부르지 않았다.[57] 추측컨대, 이때까지만 해도 진나라가 그들에게 강경한 침략적 태도를 취하지 않았기 때문이 아닌가 한다.

제하의 사이에 대한 배타적 관점

그러한 두 가지의 규정 속에서 '제하'와 '사이'의 관계는 안[諸夏]과

---

56 『史記』卷5, 「秦本記」, 196쪽, "楚莊王服鄭, 北敗晉兵於河上. 當是之時, 楚霸, 爲會盟合諸侯."

57 錢穆, 『中國文化史導論』, 59쪽.

밖[四夷]으로 철저하게 분리되는 배타적 관계로 더욱더 고착되어 갔
다.[58] 그래서 '제하'는 "변방에 있는 동이는 '제하'를 도모할 수가 없
고, 동이는 화하족을 어지럽힐 수가 없으며, 그 포로들은 회맹을 침범
할 수가 없고, 그 무력은 우호 관계를 핍박할 수가 없다"[59]는 화이지방(
華夷之防)의 입장을 견지하였고, '사이' 문화가 '제하'의 세계로 유입
되어 '제하' 문화를 파괴하는 것에 대한 경계심을 결코 내려놓지 않았
다.[60] 이러한 인식 속에서 농경 생활을 하는 '화하족'(제하)은 유목 생
활을 하는 '사이' 민족의 고유한 특성에 대한 최소한의 이해조차 배제
시켜 버렸다. 그 결과 '제하'는 '농경 문화와 유목 문화 간에 나타나는
제반 문화적인 요소들, 즉 궁실과 성곽이라든가 종묘사직·의관과 예
악·교통수단·화폐·음식·의복·언어·예절 등 모든 문화 방면'[61]에
걸쳐서 '사이'의 문화에 대한 배타적 관점을 더욱더 구체적으로 드러
냈다. 다음의 말들은 그러한 점을 잘 보여 준다.

　적(狄)은 경솔하고 대열이 정연하지 못하며, 탐욕스럽고 친근한 사람이
없으며, 승리하면 서로 양보하지 않고, 패하면 서로 구하지 않는다.[62]

　융(戎)과 적(狄)은 마치 승냥이나 이리와 같아서 만족할 수 없다.[63]

58　梅桐生 譯註, 『春秋公羊傳全釋』(貴州: 貴州人民出版社, 1998), 「成公15年」, 340
쪽, "春秋內其國而外諸夏, 內諸夏而外夷狄. 王者欲一乎天下, 曷爲以外內之辭言之, 自
近者始也."
59　『春秋左傳』(4), 「定公10年」, 1578쪽, "裔不謀夏, 夷不亂華. 俘不干盟, 兵不偪好."
60　김철운, 같은 글, 308쪽.
61　錢穆, 『國史大綱』, 40쪽.
62　『春秋左傳』(1), 「隱公9年」, 66쪽, "戎輕而不整, 貪而無親, 勝不相讓, 敗不相救."
63　『春秋左傳』(1), 「閔公1年」, 256쪽, "戎狄豺狼, 不可厭也."

적(狄)은 수치심이 없으니, 추격하면 반드시 크게 이긴다.[64]

적족(狄族)에게는 다섯 가지의 죄가 있다 ··· 제사를 지내지 않는 것이 그 하나이다. 술을 즐겨 마시는 것이 그 둘이다. 중장(仲張)을 폐기하고 여씨 (黎氏)의 땅을 탈취한 것이 그 셋이다. 우리의 백희(伯姬)를 죽인 것이 그 넷이다. 타국 임금의 눈을 상해한 것이 그 다섯이다.[65]

융(戎)과 적(狄)은 어떤 친근한 사람도 없고 탐욕스럽다 ··· 융(戎)은 금수 (禽獸)에 불과하다.[66]

융(戎)과 적(狄)은 수초를 따라 생활하고 재물을 중시하며 토지를 경시한 다.[67]

여러 적(狄)들은 음식과 의복이 '제하'와 다르고 사신도 왕래하지 않으며 말도 소통되지 않는다.[68]

만이융적(蠻夷戎狄)은 천자의 명령을 존중하거나 받들지 않는다. 주색에 연연하여 천자의 제도를 파괴한다.[69]

64　『春秋左傳』(1),「僖公8年」, 322쪽, "狄無恥, 從之, 必大克."
65　『春秋左傳』(2),「宣公15年」, 762쪽, "狄有五罪, ··· 不祀, 一也. 耆酒, 二也. 棄仲章而奪黎氏地, 三也. 虐我伯姬, 四也. 傷其君目, 五也."
66　『春秋左傳』(3),「襄公4年」, 936쪽, "戎狄無親而貪." "戎, 禽獸也."
67　『春秋左傳』(3),「襄公4年」, 939쪽, "戎狄荐居, 貴貨易土."
68　『春秋左傳』(3),「襄公14年」, 1007쪽, "諸狄飮食衣服不與華同, 贄幣不通, 言語不達."
69　『春秋左傳』(2),「成公2年」, 809쪽, "蠻夷戎狄, 不式王命, 淫湎毀常."

적(狄)은 승냥이나 이리와 같은 덕을 가지고 있다 … 적(狄)은 큰 돼지·
승냥이·이리와 같아서 만족할 수 없다.[70]

융(戎)과 적(狄)은 경솔하여 상하존비(上下尊卑)의 구별이 없고, 탐욕스
러워 양보하지 않으며, 그 혈기를 다스릴 줄 모르니, 금수와 같다.[71]

정리하면 다음과 같다. '융'과 '적'은 금수와 같은 본성을 가지고 있
어 결코 신뢰할 수 없고, 그 탐욕은 무한하여 전혀 절제할 줄도 모르며,
오직 물질적 재화만을 좋아하여 친근한 사람도 없고 수치심도 모른다.
또한 그들은 서로에 대한 존중과 배려가 전혀 없고, 주색에 빠져 있어
문화가 무엇인지를 모르기 때문에 찬란한 '제하' 문화를 파괴하기만
한다. 따라서 그들은 결코 높은 수준의 문화를 만들어 내지 못할 뿐만
아니라 '제하'의 고도로 발달된 문화를 이해할 만한 능력도 없다.

그러한 '사이'의 문화에 대한 배타적 관점은 후대로 가면서 더욱더
확대되고 재생산되었고, 결과적으로 한(漢)나라의 '기미론'(羈縻論)에
그대로 흡수되었다. 즉 '기미론'과 '존왕양이론'은 기본적으로 '사이'
의 침략으로부터 '제하'의 문화를 지킨다는 명분하에서 출발하였지만
크게 보면 그 둘 사이에는 두 가지의 엄격한 차이점이 있었다.

첫째는 '사이'에 대해서 어떠한 입장을 취하였는가 하는 것이다. 즉
'존왕양이론'은 '사이'를 철저하게 '제하'의 땅 밖으로 몰아낸다는 입
장에서 '사이'의 침략에 즉각적으로 대응하여 철저하게 응징하는 적극

---

70   徐元誥 撰, 『國語集解』(北京: 中華書局, 2002) 卷2, 「周語中」, 49쪽, "狄, 豺狼之
德也 … 狄, 封豕豺狼也, 不可猒也."
71   徐元誥 撰, 같은 책, 같은 곳, 58쪽, "戎, 狄, 冒沒輕儳, 貪而不讓. 其血氣不治, 若
禽獸焉."

적 태도를 취하였다. 반면에 '기미론'은 비록 '사이'를 철저하게 한나
라의 경계선 밖에 두면서도 결코 그 관계를 끊지 않는다는 '기미부절'
(羈縻不絶)의 입장에서 '사이'에 대한 어떠한 군사적 정벌과 정치적 지
배도 배제하는 소극적 태도를 취하였다.

　둘째는 '사이'에 대한 배타적 입장을 드러낸 목적이 무엇인가 하는
것이다. '존왕양이론'은 천자국인 주나라의 임무를 대신한 패주가 제
후국들 간의 연합 동맹(회맹)을 통하여 '사이'의 침략을 해결하면서
그 자신의 정치적 지배력을 정당화하는 데에 초점이 맞추어져 있었다.
반면에 '기미론'은 한나라가 흉노의 침략이라는 외부 문제를 효과적
으로 해결하면서 한나라를 중심으로 그 주변 국가에게 안정된 위계질
서를 부여하는 강력한 통일 제국의 건설에 초점이 맞추어져 있었다.

　결국 제나라의 환공이 중원에서 최초로 공표한 '존왕양이'는 그 자
신이 주나라의 종법적 봉건 질서를 바로 세우기 위해 여러 제후국 간의
긴밀한 결속(연합 동맹)을 이끌어 낸다는 명분을 담고 있었지만, 이것
은 실지로 그 자신의 정치적 지배력을 정당화하기 위한 논리로 내세운
하나의 정치 이념이었다. 나아가 '존왕양이'가 '제하'의 '사이' 문화에
대한 배타적 관점을 정당화하는 논리로 작용하였다는 점에서 이것은
오로지 '생활 방식의 차이'와 '정치 방식의 차이', 즉 '예악 문화의 수
용 여부'에 기반을 두어 '제하'와 '사이'를 철저하게 구별하고, '제하'
의 문화를 '사이'의 침략으로부터 철저하게 지키면서 '제하' 문화의
'사이' 문화에 대한 우월적 지위와 패권적 지배만을 드러냈을 뿐이다.
왜냐하면 '사이' 문화의 특수한 가치가 인정되지 않는 상황에서 문화
의 선진성과 후진성이 실질적으로 '제하'의 예악 문화를 수용하고 있
는가 없는가에 의해 결정되었다는 것은 오로지 '제하' 문화의 '사이'
문화에 대한 종속적 지배를 합리화하는 것에 지나지 않기 때문이다.

5. 간략한 평가

제나라의 환공은 그가 활약했던 당시에 강력한 군사력을 가진 '사이' 의 침략으로부터 '제하' 문화를 온전히 지켜 내기 위해 제후국들과의 연합 동맹(회맹)에 의한 정치적 규합을 목표로 '존왕양이' 라는 정치 이념을 등장시켰다. 그 목적은 그가 한편으로 강력한 봉건 맹주로서 주 나라의 천자를 대신하여 천하의 주도권을 장악하고 행사하는 것이었 고, 또 한편으로 농경 민족인 '제하' 의 역사 발전 과정에서 각 시대로 계승 · 변화 · 발전되어 형성된 '예악' 문화를 유목 민족인 '사이' 의 문 화로부터 굳건히 지켜 내는 것이었다.

그래서 '존왕양이' 의 기치 아래에서 결집한 춘추 시대의 여러 제후 국은 유명무실한 주나라의 종법적 봉건 질서 안에서 '사이' 의 침략에 대항하여 '제하' 를 보호하고 '사이' 를 척결한다는 명분을 내세웠다. 이러한 명분하에 그들은 '생활 방식의 차이' (농업 생활을 기초로 하는 도시 국가와 유목 생활을 기초로 하는 야만 국가)와 '정치 방식의 차 이' ('연합 동맹의 참여 여부), 즉 '예악 문화의 수용 여부' 에 근거하여 '제하' 와 '사이' 를 '안' 과 '밖' 으로 철저하게 구별하고, '사이' 문화의 유입을 막으면서 '제하' 문화의 우월적 지위를 지켜 내려고 하였다. 그 리하여 농업 생활을 기초로 하는 도시 국가로서의 '제하' 문화는 선진 적이고, 유목 생활을 기초로 하는 야만 국가로서의 '사이' 문화는 후진 적이라는 관점이 그 시대에 더욱더 팽배해져 갔다. 이런 속에서 '제하' 와 '사이' 의 관계는 주나라의 종법적 봉건 질서가 겨우 그 명맥만 유지 되던 그 당시의 혼란한 현실 상황과 맞물리면서 더욱더 배타적인 관계 로 고착되어 갔던 것이다.

결국 춘추 시대의 '존왕양이론' 의 등장은 바로 중국 역사에서 '제

하' 문화의 '사이' 문화에 대한 우월 의식을 고취하고, '제하' 문화의
'사이' 문화에 대한 패권적 지배를 정당화하는 논리, 즉 '중화주의'의
핵심적 이론 근거인 '화이분별론'의 본격적인 등장이었다. 이러한 춘
추 패권 시대를 지나서 춘추 시대 말기와 전국 시대에 오면 생활 방식
과 정치 방식, 즉 예악 문화를 기초로 하는 협소한 문화 개념이 아닌
'예의도덕'(禮義道德)을 기초로 하는 보편적 문화 개념으로 '제하'와
'사이'를 구별하여 각국의 경계를 허물고 각국의 문화 체계와 가치 체
계를 하나로 묶는 하나의 이상적인 '화이분별론'이 등장한다. 그 시작
은 공자(孔子)이고, 그 절정은 맹자(孟子)이다.

4장

공자: 도덕교화론

1. 문제 제기

앞의 2장 2절에서 보았듯이, 중국은 유학을 대외 정책의 전면에 등장시켜 자신들의 정책 방향을 정하고 실행하는 데에서나, 민족 정책의 전면에 등장시켜 한족과 55개 소수 민족의 전통문화를 하나로 흡수하고 융합하고 일체화하는 데에서 하나의 중요한 근거로 삼고 있다. 왜냐하면 중국은 유학이 중국 전통문화의 중심이고 근원이자 인류 공동생활의 보편 준칙으로서 중국의 정치적 결집력과 사회 질서의 안정을 위한 하나의 이념적 지표가 된다고 보기 때문이다.

그래서 앞서 보았듯이 리샹(李湘)은 "유학이 중국의 주류 전통문화로서 중국의 역사와 문화에 대단히 유익한 영향을 미친 중국 민족의 민족 생명과 민족정신의 대표이고, 인류 전통을 존중하고 인류 문화의 적극적인 작용을 긍정한다고 강조한다."[1] 또한 페이샤오퉁(費孝通)은 '화이

---

1   李湘 外, 『儒敎中國』(北京: 中國社會出版社, 2004), 13~14쪽.

부동'(和而不同)[2]의 정신이 '인류의 공동 생존의 기본 조건이기 때문에, 이것과 현재 중국의 민족 정책은 세계 각 민족의 평화 공존과 공동 발전을 촉진하는 방면에서 중요한 계발 의의를 가진다고 강조한다.'[3] 물론 중국이 유학을 자신들의 대내외 정책 전면에 내세우려는 목적에 비추어 볼 때 전자는 국제 관계에서 중국의 대외 이미지 개선에 중요한 근거가 될 수 있을 것이고, 후자는 한족과 소수 민족들의 대단결과 대통일을 촉진하여 '하나의 중국'을 세우는 데에 중요한 근거가 될 수 있을 것이다.

그런데 여기서 전자도 마찬가지겠지만[4] 특히 후자에는 반드시 해결해야 할 하나의 중요한 문제가 남아 있다. 즉 과연 한족과 소수 민족들의 문화들이 유학을 중심에 두는 하나의 중국 문화로 응집된 다음에도 소수 민족들의 고유한 문화는 계속 유지되고 발전되는가 하는 것이다. 왜냐하면 만약 그것이 유지되지도 않고 발전되지도 않는다면 중국의 그러한 행보는 과거에 '사이' 문화를 천시(賤視)하던 중화주의(中華主義), 즉 '화이분별론'(華夷分別論)으로부터 자유롭지 못할 것이고, 특히 중국이 민족 정책의 이념적 지표로 삼는 유학도 그러한 '화이분별론'으로부터 자유롭지 못할 것이기 때문이다.

그렇다면 우리는 공자(孔子, 기원전 551~기원전 479)로부터 시작된 유학과 '화이분별론'의 직접적 관련성을 인정할 수 있는가? 이 문제를 이해하기 위해서는 먼저 공자가 '사이'의 문화에 대해 어떠한 태도를 가졌는가의 논의를 반드시 진행해야 한다. 즉 공자가 활약하였던

---

2   『論語』, 「子路」, "子曰, 君子和而不同, 小人同而不和." (『論語』의 해석은 주로 『新譯四書讀本』(謝冰瑩 外, 臺北: 三民書局, 1988), 『論語譯注』(楊伯峻, 北京: 中華書局, 1993), 『懸吐完譯 論語集註』(成百曉, 서울: 傳統文化硏究會, 1995 재판) 등을 참조했다. 이하 편명만 표기함.)

3   費孝通, 「多元一體和而不同」(『人民日報』 海外版), 2005. 7. 8.

4   1장 3절을 참고할 것.

춘추 말기는 그 이전과 마찬가지로 제후국들의 천하 패권을 향한 피비
린내 나는 전쟁이 끊임없이 일어났고, 그런 혼란한 틈을 노린 '사이'가
'제하'의 국경을 침략하는 일이 자주 발생하였던 시대였다. 그러한 시
대 상황에서 공자는 '제하'의 강토가 '사이'에 의해서 유린된다면 '제
하'의 발달된 문화가 '사이'의 낙후된 문화에 의해서 철저하게 파괴될
수 있음을 깊이 우려하였다(管仲의 예). 이러한 인식 속에서 공자는
'제하'와 '사이'를 모두 포괄하는 하나의 보편적 원칙으로서 '인'(仁)
을 제출하였고, '인'의 체현을 통해서 사람이 사람 되는 도리를 깨닫고
살아가는 도덕적 삶의 실현을 그 중심에 두었다. 이러한 '인'의 체현에
대한 강조는 바로 그가 '제하'와 '사이'의 구별을 특정 종족과 민족으
로 결정짓지 않았음을 보여 주고, 또한 그 둘의 관계를 배타적이고 적
대적인 관계(춘추 패권 시대의 尊王攘夷)가 아닌 '안'과 '밖'의 구분 없
이 모두가 하나 되는 관계로 간주하였음을 보여 준다.

그러나 공자의 관점이 지닌 문제는 '제하'가 스스로 도덕적 삶을 실
현할 수 있는 문화적 토대를 가지고 있고, 반면에 '사이'는 그렇지 않
다는 것이다. 왜냐하면 '사이'는 반드시 '제하'의 발달된 문화에 근거
하여 그 근본적인 변화를 모색할 때에 비로소 도덕적 삶의 실현이 가능
하기 때문이다. 그에게서 '사이'의 낙후된 문화는 어떠한 경우에도 결
코 '제하'의 발달된 문화보다 우수(우월)할 수 없었기 때문에, '사이'
의 낙후된 문화는 어떠한 경우에도 그 자체로 '제하'의 발달된 문화 공
간에 들어올 수도 없었고, 들어와서도 안 되는 야만적인 것이었다. 이
것은 '제하'의 발달된 문화가 '사이'의 무력에 의해서 파괴되는 것을
지극히 경계하여 내린 관중에 대한 그의 평가에서 잘 드러난다. 따라서
그에게서 '제하'의 발달된 문화는 결코 '사이'의 낙후된 문화와 동등
한 위치에서 상호 교류될 수 없는 것이었다.

공자가 내린 해결책은 바로 '군자의 도덕적 교화'로 '사이'의 낙후
된 문화에 대한 근본적 변화를 시도하여 그 낙후된 문화를 '제하'의 발
달된 문화로 변화시키는 것이었다. 이럴 때에 비로소 '사이'는 천하 질
서를 구성하는 한 축으로서 그 존재의 가치와 의의가 있다는 것이다.
결국 우리는 그의 '제하'와 '사이'에 대한 관점이 정치적 관점에서 그
둘의 배타적이고 적대적인 관계를 일소하여 그 둘의 구별을 결정짓는
실질적 경계를 제거하였다는 긍정적 측면도 있지만, 문화(예의도덕)적
측면에서 군자의 도덕적 교화로 '사이'의 문화에 대한 근본적 변화를
시도하여 그 존재의 이유와 가치를 사라지게 하였다는 부정적 측면도
있음을 결코 간과해서는 안 될 것이다.

이제 여기서는 공자의 '제하'와 '사이'에 대한 관점에 주목하면서
그가 '제하'와 '사이'의 구별을 결정짓는 실질적 표준으로 특정 종족
과 민족이 아닌 문화(예의도덕)를 제출한 이유와 관중의 예에서 보듯
이 궁극적으로 그가 '사이'의 문화에 대한 비판적 관점을 제출한 이유
를 심도 있게 논의할 것이다.

2. 보편적 도덕 원칙의 등장: 인(仁)

천하 질서의 붕괴

앞의 3장에서 보았듯이, 주나라[西周]를 중심으로 통일성을 유지하던
천하 질서는 주나라가 견융(犬戎)의 침략(기원전 770년)으로 수도를
동쪽의 낙양(洛陽)에 옮긴 틈을 타서[5] 진(晉)나라와 초(楚)나라 등의
강력한 제후국들이 그들 근처의 작은 제후국들을 병합하면서부터 서서

히 붕괴되기 시작하였다. 이후로 천하 패권을 향한 제후국들의 야욕이 노골적으로 드러났고, '제하'의 국경선을 향한 '사이'의 침략이 자주 발생하였는데, 이런 과정에서 천하의 질서는 걷잡을 수 없는 혼란의 소용돌이 속으로 빠져들어 갔다. 그 결과 주나라는 오직 유명무실한 천자국의 지위만을 유지하였고, 천하의 질서를 바로잡을 만한 어떠한 힘도 소유할 수 없었다. 이러한 혼란한 상황은 공자가 활약하였던 춘추 말기까지 쭉 이어졌다.

공자가 활약하였던 춘추 말기는 마치 북극성을 중심으로 뭇별들이 일사불란하게 그 주위를 돌고 있듯이[6] 천자국인 주나라를 중심으로 통일성을 유지하던 천하의 질서가 거의 다 붕괴되었던 시기였다.[7] 구체적으로 말해, 이때에는 예악정벌(禮樂征伐)이 천자로부터 나오는 천하유도(天下有道)의 시기가 아니라 제후로부터 나오는 천하무도(天下無道)의 시기로서[8], 사회의 존립을 위한 정치·경제적 제반 기반이 거의 다 파괴되었던 시기였다. 즉 이 시기는 정치적으로는 제후들의 천하 패권을 향한 피비린내 나는 전쟁의 악순환으로 인하여 천하 질서를 바로 세우기 위한 정치 정책들이 제대로 펼쳐질 수 없었다. 또한 이 시기는 경제적으로는 제후들의 부국강병(富國强兵)을 위한 가혹한 세금 수탈로 인하여 사람들의 생존을 위한 경제 정책들이 제대로 실행될 수 없었다. 그 결과 사람들의 안정적 삶을 지탱해 주던 천하의 질서는 더 이상 되돌아 나올 수 없는 소용돌이 속으로 깊이 빠져들어 갔고, 아울러 사람들의 삶은 더

---

5 『史記』,「周本紀」, 149쪽, "平王立, 東遷于雒邑, 辟戎寇. 平王之時, 周室衰微, 諸侯彊幷弱, 齊·楚·秦·晉始大, 政由方伯." 170쪽, "太史公曰 … 至犬戎敗幽王, 周乃東徙于洛邑 …"
6 「爲政」, "子曰, 爲政以德, 譬如北辰, 居其所而衆星共之."
7 「八佾」, "天下之無道也久矣, 天將以夫子爲木鐸."
8 「季氏」, "孔子曰, 天下有道則禮樂征伐自天子出. 天下無道則禮樂征伐自諸侯出."

이상 앞날에 대한 어떠한 희망도 기약할 수 없는 상태로 고착되어 갔다.

그때에 공자는 천하의 질서를 바로잡을 수 있다면 그 주체가 천자가 아니라도 상관이 없다고 보았다. 바로 그가 그 자신의 정명(正名) 사상[9]에 위배되는 행위를 하였던 관중을 비판하였음에도[10] "관중이 제나라의 환공(桓公)을 도와 제후의 패자가 되어 천하의 질서를 바로잡았다"[11]고 평가한 것이 그것이다. 왜냐하면 극도로 혼란한 시기에 그가 궁극적으로 희망하였던 것은 천하 안에서 백성들의 삶이 정치·경제적 안정을 이루는 가운데 사람이 사람답게 (도덕적으로) 살아가고, 또한 모두가 평화롭고 조화롭게 살아가는 세계를 실현하는 것이었기 때문이다.

---

9   공자의 '정명' 사상은 천하의 질서를 실현하기 위한 구체적인 주장으로서 '가장 융성하였던 주나라의 제도인 '주례' (周禮)에 근거하여 임금과 신하, 그리고 윗사람과 아랫사람의 권리와 의무를 조정하는 것이다.' (蕭公權, 『中國政治思想史』, 최명·손문호 역, 서울: 서울대학교출판부, 2004, 57-60쪽) 그래서 '정명'의 문제는 단순히 봉건 제도를 옹호하거나 "정명 그 자체에 있는 것이 아니라 명(名)과 실(實)의 관계가 어떠한가에 달려 있다."(柳澤華, 『先秦政治思想史』(天津: 南開大學出版社, 1991), 332쪽) 그렇기 때문에 정명 사상이 비록 명실(名實)문제를 언급하였다고 하더라도 이는 인식론과의 관계가 크지 않으며, 여전히 도덕적 요구에 기초한다. 즉 위정(爲政)과 애인(愛人)의 기본 조건은 바로 정명 이후에 신체를 역행(力行)해 나아가 인성(人性)의 내함(內函)을 실현하여 도덕적 요구를 만족시키는 것이다. 따라서 성중영은 공자의 정명이 가지는 내적 의미를 다음의 네 가지로 말한다. "첫째, 일종의 사회관계는 하나의 도덕적 요구를 포함한다. 둘째, 하나의 도덕적 요구는 인성에서 드러나며, 그것의 만족은 바로 인성의 실현이다. 셋째, 인성의 실현을 투과한다면 사회관계와 정치 질서가 비로소 화해(和諧)한다. 넷째, 사회관계와 정치 질서의 화해가 있을 때에 개인은 완전히 그 내재적 덕성을 실현할 수 있고, 진정한 복리를 획득할 수 있다. 이른바 '정명'은 기본적으로 사회관계 및 그 포괄된 도덕적 요구를 인정하는 것이다."(成中英, 『論孔子的中庸思想』(偉政通 編著, 『中國哲學辭典』(大林學術叢刊(9), 臺北: 大林出版社, 1983)에서 재인용)

10   「八佾」, "子曰, '管仲之器小哉.' 或曰, '管仲儉乎.' 曰, '管氏有三歸, 官事不攝, 焉得儉.' '然則管仲知禮乎.' 曰, '邦君樹塞門, 管氏亦樹塞門. 邦君爲兩君之好, 有反坫, 管氏亦有反坫. 管氏而知禮, 孰不知禮.'"

11   「憲問」, "子曰, 管仲相桓公覇諸侯, 一匡天下.'"

천하에 대한 인식

공자에게서 천하의 질서가 유지되고 실현되려면 천하는 결코 분열되는
일이 없어야 하고, 반드시 '덕'(德)이 있는 한 명의 천자를 중심으로 해
서 다스려져야 한다. 그래서 그는 '덕'이야말로 천하의 통일과 그 유지
에서 아주 중요한 실질적 의미를 갖는다고 강조하였다. 왜냐하면 그에
게서 주나라가 은나라를 멸망시키고 천하를 통일할 수 있었던 것은 다
름 아닌 통일 전에 주나라가 '덕'으로 은나라를 섬기면서 천하에 '덕'
을 두루 베풀었기 때문이다.[12] 바로 그 당시에 천하가 분열되어 있었음
에도 천하가 극도의 혼란한 상황에 빠지지 않고, 주나라의 천하 통일
뒤에 그러한 분열 상황이 모두 일소되고 하나의 통일된 영역이 될 수
있었던 근거는 여기에 있었던 것이다.

그렇다면 공자에게서 천하와 주나라의 통치 영역은 동일한데, 즉 주
나라의 통치 영역은 곧 천하이고, 천하는 곧 주나라의 통치 영역이라고
할 수 있다. 물론 그렇다고 하여 공자에게서 '천하'라는 말이 오직 주
나라의 통치 영역만을 의미한다는 것은 아니다. 이것은 두 개의 정치
영역에서 설명해 볼 수 있다.

첫째는 이상 정치의 영역이다. 즉 천하는 '제하'이든 '사이'이든 간
에 사람들을 모두 포괄하는 보편적 도덕 원칙으로서 '인'(仁)이 반드시
실현되어야 하는 당위(當爲)의 장소이다.[13] 그래서 천하는 단 한 사람
도 차별받거나 소외되는 일이 없이 모두가 사람답게 살아가는 세계가

---

12   「泰伯」, "三分天下有其二, 以服事殷, 周之德, 其可謂至德也已矣."
13   「顔淵」, "顔淵問仁. 子曰, 克己復禮爲仁. 一日克己復禮, 天下歸仁焉, 爲仁由己,
而由人乎哉."「陽貨」, "子張問仁於孔子. 孔子曰, 能行五者於天下, 爲仁矣. 請問之. 曰恭
寬信敏惠. 恭則不侮, 寬則得衆, 信則人任焉, 敏則有功, 惠則足以使人."

반드시 실현되어야 하는 최고·최적의 장소를 가리킨다. 구체적으로 말해, 천하는 전쟁이 없고 사람들이 모두 형제와 같이 친하며 집집마다 재물이 풍부하여 생활이 항상 안정되면서 '너' 와 '나' 의 구별 없이 공평하고 평등하게 큰 하나를 이루는 '천하위공'(天下爲公)의 대동(大同) 이상이 실현되는 곳이다.

둘째는 현실 정치의 영역이다. 즉 천하는 정치·사회적 통합을 이루는 근본 토대로서 사람 관계를 다루는 도덕규범이자 주나라의 종법적 봉건 질서를 유지하는 예악(禮樂)의 원칙이 반드시 실현되어야 하는 당위의 장소를 가리킨다. 구체적으로 말해, 천하는 주나라를 종주(宗主)로 하는 모든 제후국이 그 통치의 한 축을 담당하고, 사회 질서가 유지되고 사람들이 화목하게 살아가는 세계가 실현되는 최고·최적의 장소를 가리킨다. 그런데 공자에게서 주나라를 중심으로 통일성을 유지하던 천하의 질서가 그 실현의 궁극적 이상 경계는 아닐지라도, 그는 그 당시의 혼란한 상황에서 그것이 최소한의 차선책으로 그 경계에 가장 근접해 있다고 본 것이 아닌가 한다. 바로 그가 꿈에서조차 주공(周公)을 만나고자 고대하였고[14], 또한 주나라의 찬란한 문물제도를 따르고자 하였던[15] 이유가 여기에 있었다고 할 수 있다.

예악 원칙의 붕괴

제나라의 환공은 유명무실한 주나라를 대신하여 여러 제후국 간에 연합 동맹[會盟]을 맺고[16] 그 분산된 힘을 하나로 결집한다는 명분을 내세

---

14   「述而」, "子曰, 甚矣吾衰也. 久矣, 吾不復夢見周公."
15   「八佾」, "子曰, 周監於二代, 郁郁乎文哉. 吾從周."
16   제환공(齊桓公)은 43년의 재위 기간 동안 크고 작은 회맹(會盟)을 22차례(119

위 중원(中原)에서 "사이의 침략을 막고 제하의 문화를 보호한다"는 존왕양이(尊王攘夷)를 하나의 정치 이념으로 공표하였다. 이러한 '존왕양이'의 기치 아래 결집한 여러 제후국은 오직 '제하'와 '사이'의 관계를 '안'과 '밖'의 관계로만 구별하였다. 그 구별의 근거는 '생활 방식의 차이'(농업 생활을 기초로 하는 도시 국가와 유목 생활을 기초로 하는 야만 국가)와 '정치 방식의 차이'(연합 동맹에 참여한 제후국과 그렇지 않은 침략국)[17], 즉 주나라의 지위를 보장해 주는 최고의 규범이자 천하의 질서를 유지하는 최고의 원칙인 '예악 문화의 수용 여부'이었다. 이러한 구별 방식은 두 가지의 중요한 결과를 가져왔다. 하나는 '사이' 문화의 유입을 막고 '제하' 문화의 우월적 지위를 지켜 냈다는 것이다. 또 하나는 예악을 소유한 '제하'의 문화가 선진적이고 그것을 수용하지 않은 '사이'의 문화가 후진적이라는 편협한 관점을 등장시켰다는 것이다. 그 결과 '제하'와 '사이'의 관계는 더욱더 배타적이고 적대적인 관계로 나갈 수밖에 없었다.

공자에 오면 그러한 예악은 더 이상 '제하'와 '사이'의 구별을 결정짓는 실질적 표준으로서 그 본래의 의의를 가질 수가 없었다. 왜냐하면 앞서 보았듯이 주나라를 중심으로 통일성을 유지하던 천하 질서가 붕괴되기 시작하면서부터 예악의 원칙도 함께 붕괴되기 시작하였기 때문이다. 특히 그가 활약하였던 춘추 시대의 말기에 가면 예악의 붕괴 속도는 아주 빨랐다. 이러한 때에 그는 예악이 제후나 대부들의 전횡(專橫), 즉 신분을 뛰어넘는 월권행위로 인해서 그들의 전유물로 전락하는 상황과 예악의 '실질적 내용'[質]을 멀리하고 오직 그 '형식적 틀'[文]

國)나 소집하고 주도하였다. 자세한 내용은 量福林, 『覇權迭興』(北京: 中華文庫, 1992), 103–104쪽을 참조할 것.

17   錢穆, 『中國文化史導論』(車柱環 역, 서울: 乙酉文化社, 1984), 59쪽.

에만 얽매이는 많은 사람으로 인해서 예악이 형식화된 제도로 변질되는 상황을 목도하였다. 그 구체적인 내용은 다음과 같다.

공자가 말했다. "천하에 도(道)가 있으면 예악과 정벌이 천자로부터 나오고, 천하에 도(道)가 없으면 예악과 정벌이 제후로부터 나온다."[18]

공자가 계씨를 평가하여 말했다. "자기 집 마당에서 여덟 줄로 춤을 추게 하니, 이를 용인할 수 있다면 누구인들 용인하지 못하겠는가?" 세 대부 집이 옹(擁)을 노래하며 제기를 거두었다. 공자가 말했다. "(천자가 제사를 지낼 때) 제후들이 찾아와 도우니 '천자의 용모가 장엄하구나' 하였다. 어찌 세 대부 집의 대청마루 위에서 이런 노래를 부를 수 있겠는가?"[19]

공자가 심하게 아팠다. 자로가 기도하기를 청하였다. 공자가 말했다. "그러한 사례가 있느냐?" 자로가 대답하였다. "있습니다. 기도문에 '너를 위해 하느님과 귀신에 빈다'고 하였습니다." 공자가 말했다. "(그런 의미라면) 나의 기도는 오래되었다."[20]

공자가 말했다. "예(禮)라 예라 하는데 옥이나 비단 같은 예물만을 말하겠는가? 음악이라 음악이라 하는데 종과 북 같은 악기만을 말하겠는가?"[21]

---

18   「季氏」, "孔子曰, 天下有道, 則禮樂征伐自天子出. 天下無道, 則禮樂征伐, 自諸侯出."

19   「八佾」, "孔子謂季氏(季孫), 八佾舞於庭. 是可忍也, 孰不可忍也. 三家者(季孫·孟孫·淑孫), 以雍徹(천자는 종묘에 제사를 지낸 후 擁(『詩經』「周頌」의 편명)을 노래하면서 제기를 거둠). 子曰, 相維辟公, 天子穆穆. 奚取於三家之堂."

20   「述而」, "子疾病, 子路請禱. 子曰, 有諸. 子路對曰, 有之. 誄曰, 禱爾於上下神祇. 子曰, 丘之禱久矣."

제하와 사이를 포괄하는 보편적 도덕 원칙: 인(仁)

이와 같이 공자는 '사람 사회의 질서와 화목의 실현'을 위한 예악이 철저히 붕괴되는 상황을 직시하고, 천하의 질서를 바로 세우기 위해 '제하'와 '사이'를 비롯한 모든 사람을 포괄하는 하나의 보편적 도덕 원칙을 제출하였다.[22] 이는 바로 서복관의 주장처럼 '생명 근원으로서의 인성(人性)'[23]을 의미하는 '인'(仁)이었다.[24]

그런데 공자는 '인'에 대한 어떠한 규정·정의 없이 '인'을 묻는 제자들의 학문 수준을 고려하여 항상 그 내용을 달리하면서 설명하였다.[25] 이는 그가 '인'을 단순히 지식으로 파악하거나 고정된 덕목으로

---

21 「陽貨」, "子曰, 禮云禮云, 玉帛云乎哉. 樂云樂云, 鐘鼓云乎哉."

22 유희성, 「중화주의는 과연 패권적인가?」(사회와철학연구회, 『사회와 철학』 제11호, 2006), 107-108쪽을 참조할 것.

23 徐復觀, 『中國人性論史(先秦篇)』(臺北: 商務印書館, 1984 7版), 98쪽. 서복관은 공자의 학문을 인학(仁學)으로 단정한다. 그래서 그는 이것이 주공의 외재적 인문주의에서 안에서 발현하는 도덕적 인문주의로의 전환을 가능하게 만든 원동력이었는데, 즉 밖으로는 사회 계급의 한계를 돌파하였고, 안으로는 개인 생리의 제약을 돌파하여 인류 자신을 위하여 무한한 생기와 무한한 경계를 열었다고 주장한다.(徐復觀, 「釋論語的仁-孔子新論」, 『中國思想史論集續篇』(臺北: 時報文化出版事業有限公司, 1986 2刷本), 355쪽)

24 채인후는 이러한 "'인'이 일체의 덕목을 초월하고 통섭하는 모든 덕의 이름"(蔡仁厚, 『孔孟荀哲學』(臺北: 學生書局, 1990 3刷本), 68쪽)이라고 규정하고, '인'에 대한 다섯 가지의 함의를 제출한다. "첫째는 '인'이 도덕의 근본이자 가치의 근원이라는 것이다. 둘째는 '인'이 모든 덕의 이름이라는 것이다. 셋째는 '인'이 진실한 생명이라는 것이다. 넷째는 '인'이 인격 발전의 최고 경계라는 것이다. 다섯째는 '인'이 '천인'(踐仁)으로 주관 정신을 표현하고 객관 정신을 표현하며 절대 정신을 투과하여 나타난다는 것이다."(蔡仁厚, 같은 책, 74-75쪽)

25 욱유학에 따르면 "어떤 것은 仁에 대한 내용과 경계이고, 어떤 것은 仁을 이루는 순서 및 방법에 대한 설명이며, 어떤 것은 仁을 이룬 이후의 의의에 대한 분석이다. 이러한 방면의 내용은 전후 연계되어 있고, 공동적으로 공자 사상 체계의 기본 구조를 구

보거나 또한 자의훈고(字義訓詁)상에서 해석한 것이 아니라, 그 자신의 도덕 실천 과정 중에 만나는 하나의 생명력 원천으로 파악하였기에 가능하였다. 바로 그의 "내가 '인' 하고자 하니, 이에 곧 '인' 에 이른다"[26] 가 그것이다. 이런 점에서 '인' 은 현실 세계를 떠난 관념적·추상적인 것이 아니라 우리의 현실적 삶 안에서 자각과 반성을 통하여 실현되는 구체적인 성격을 띤다. 그리하여 공자는 그러한 '인' 을 모든 사람을 포괄하는 보편적 도덕 원칙으로 삼는 속에서 천하무도의 '시대를 뛰어넘는 이상화의 경향'[27]을 드러냈던 것이다.

그렇기 때문에 그러한 보편적 도덕 원칙은 '제하' 사람과 '사이' 사람이 각각 어떤 장소와 어떤 시간에 있든지 간에 항상 그들에게 모두 동일하게 적용된다. 만약 그들의 행위를 평가하는 표준이 각각의 장소와 시간에 따라서 서로 다르게 적용된다면, 이는 오로지 도덕적으로 옳고 그름을 판단하는 보편적 도덕 원칙이 부정되고 거부되는 것일 뿐이다. 또한 만약 '제하' 와 '사이' 를 모두 포괄하는 보편적 가치가 배제되고 오직 그들의 특수한 가치만이 부각된다면, 그 둘 사이에는 서로를 연결해 주는 어떠한 근거도 없게 되기 때문에 그 둘은 상호 동등한 조건하에서 문화를 교류할 어떠한 방법도 없게 된다고 할 수 있다.[28]

그래서 공자는 '인' 의 실천 덕목인 '말의 신실함과 행실의 돈독함' 은 "만맥(蠻貊)의 국가라고 하더라도 두루 통할 수 있으며", 그 실천 덕목인 공손함·경건함·충성스러움이란 "이적(夷狄)의 땅에 간다고 하

성한다."(郁有學, 「從孔子的仁到孟子的仁政」, 『孔孟荀比較硏究』(山東: 山東大學出版社, 1989), 50쪽)

26   「述而」, "子曰, 仁, 遠乎哉. 我欲仁, 斯仁至矣."

27   蕭公權, 『中國政治思想史』, 61–62쪽을 참조할 것.

28   김철운, 「중국 華夷分別論의 정형화 과정과 그 비판적 고찰」(한국양명학회, 『양명학』 제31호, 2012), 311쪽.

더라도 그것을 버려서는 안 될 것"이라고 주장하였다. 그 구체적인 내용은 다음과 같다.

> 자장이 행함(行: 실행 성취)을 물었다. 공자가 말했다. "말이 충성스럽고 신실하며, 행실이 돈독하고 공경하면 비록 만맥(蠻貊)의 국가라고 하더라도 두루 통할 것이다. 말이 충성스럽고 신실하지 못하며, 행실이 돈독하고 공경하지 못하면 자기 고장에서일지라도 통할 수 있겠는가? 서 있으면 자기 앞에 그 말들이 빽빽이 이어져 있는 듯 보이고, 수레에 올라타면 그것이 수레 채의 끝에 댄 횡모에 새겨져 있는 듯해야 할 것이니, 그런 뒤에야 통할 수 있다."[29]

> 번지가 인(仁)에 관해 물었다. 공자가 말했다. "평소 거처할 적에는 항상 공손히 하고, 일을 맡아 할 적에는 경건히 하며, 남과 사귈 적에는 충성스럽게 하는 것이다. 비록 이적(夷狄) 땅에 간다고 해도 그것을 버려서는 안 될 것이다."[30]

공자의 관점에서 '인'이라는 보편적 도덕 원칙이 '제하'와 '사이'에게 모두 동일하게 적용된다면 그 무엇보다도 중요한 것은 사람들이 '인'을 체현하여 '사람이 사람 되는 도리'[人道]를 깨닫고 살아가는 도덕적 삶의 실현일 것이다. 이는 바로 공자가 '제하'와 '사이'의 구별을 타고난 본성(혈통)에 근거하여 결정짓지 않았음을 잘 보여 준다. 이는 바로 그의 사상 안에 '제하'와 '사이'의 구별을 결정짓는 어떠한 우월

---

29 「衛靈公」, "子張問行. 子曰, 言忠信, 行篤敬, 雖蠻貊之邦, 行矣. 言不忠信, 行不篤敬, 雖州里, 行乎哉. 立則見其參於前也. 在輿則見其倚於衡也. 夫然後行."
30 「子路」, "樊遲問仁. 子曰, 居處恭, 執事敬, 與人忠, 雖之夷狄, 不可棄也."

적(절대적) 가치 기준도 없으며, 궁극적으로 그에게서 그 둘의 구별 자체도 무의미하다고도 할 수 있다.

그러나 여기서 중요한 사실은 "우리는 어떻게 '인'을 체현할 수 있는가?" 하는 문제에 들어가면 '인'의 체현을 위한 문화적 토대가 있는가 없는가가 그 문제를 해결하는 중요한 관건으로 등장한다는 것이다. 엄밀하게 말해, '제하' 문화와 '사이' 문화에 대한 문화적 규정이 '제하'와 '사이'의 구별을 결정짓는 중요한 표준이라는 것이다. 그 규정이란 다름 아닌, '제하'는 '인'의 체현을 위한 문화적 토대가 있고, 반면에 '사이'는 그러한 토대가 없다는 것이다.

3. 군자의 도덕적 교화와 사이 문화에 대한 관점[31]

제하와 사이의 구별을 결정짓는 표준: 예의도덕을 기초로 하는 문화

앞서 보았듯이 '인'의 체현을 위한 문화적 토대가 있는가 없는가가 '제하'와 '사이'의 구별을 결정짓는 중요한 표준이라고 한다면 그에게서 그 구별의 표준은 바로 문화이다.[32] 그렇다면 문화는 구체적으로 무엇을 말하는가? 그것은 바로 '제하'에 대한 문화적 규정, 즉 예의도덕(禮義道德)을 기초로 하는 문화를 의미한다. '제하'가 '사이'의 예('사이'

---

31 『論語』에서 공자가 '사이'의 문화 체계와 가치 체계를 인정하는 언급은 하나도 없다. 다만 그가 '사이'라는 말과 관련하여 직접적인 언급한 것은 세 곳뿐이다. 즉 「자공」(子罕)의 "군자의 도가 만맥(蠻貊)의 국가에서 두루 통할 수 있다"와 「위령공」(衛靈公)의 "이적(夷狄)의 땅에 간다고 하더라도 …", 「자로」(子路)의 "공자가 구이(九夷)에 가서 살려고 하니 …"가 그것이다.

32 徐復觀, 같은 책, 68쪽.

의 구습)를 사용하면 '사이'이고, '사이'가 '제하'의 예의도덕을 사용
하면 '제하'라는 것이다.[33] 그런데 이러한 문화적 규정은 일단 공자가
'제하'와 '사이'를 모두 포괄하는 진보적 민족관을 형성하는 데에 중
요한 영향을 미쳤다고 보는 주장들이 있다. 즉 공자는 '제하'와 '사이'
의 수평적 교류를 막고 있던 종족·민족적 경계를 허물고 '제하'와 '사
이'가 하나가 될 수 있는 길을 열었다는 것이다.

먼저 소공권(蕭公權, 1897~1981)은 공자에게서 '제하'와 '사이'가
특정 종족과 민족이 아닌 문명국과 야만인을 가리키기 때문에 그의 사
상 중에 "민족에 관한 근대적 관념이 없다"고 주장한다. 그 구체적인
내용은 다음과 같다.

> 공자에게서 이적(夷狄)은 야만인을 지칭하지 특정 종족과 같은 것을 지칭
> 하는 것이 아니고, '제하'또한 문명국과 흡사한 것이지 황제(黃帝)의 자
> 손이나 중화민족을 지칭한 것은 아니기 때문에 결국 그의 사상 중에는 민
> 족에 관한 근대적 관념이 없다.[34]

다음으로 주자강(周自强)은 "공자는 하·은·주 3대의 화하족이 장
대하게 발전시킨 역사 경험을 성찰하고 총결하여"[35] "혈친 요소를 강조
하는 민족 편견의 제약에서 벗어났고, 아울러 진보 의의를 구유한 민족

33　당(唐)나라 말기의 한유(韓愈)의 주장처럼, "제후가 이(夷) 민족의 예(禮: 제하
의 예의도덕이 아니라 오랑캐의 구습)를 사용하면 이(夷) 민족으로 대접하고, 이(夷)
민족 중에 중국에 나아가는 자는 중국으로 대접한다"(韓愈, 『韓昌黎全集』(北京: 中華
書局, 1991), 卷11, 「雜著」, 「原道」, 174쪽, "孔子作『春秋』, 諸侯用夷禮, 則夷之. 夷之
進于中國者, 則中國之.")는 것이다.

34　蕭公權, 같은 책, 139쪽.

35　周自强, 『中國古代思想史-先秦卷』(廣西: 廣西人民出版社, 2006), 240쪽.

관을 제출하였다"고 주장한다. 그 구체적인 내용은 다음과 같다.

> 공자에서 보면 '화하족'(華夏族)은 본래 약간 다른 선조의 혈족이 융합하
> 고 발전하여 형성한 것이고, 화하 문화도 다른 시조의 3대(夏·殷·周) 선
> 민(先民)이 공동으로 창조한 성과인 이상, 화하 예악 문화의 진일보한 전
> 파를 통해 당시의 기타 각 민족을 '화하족'에 융합할 수 있었고, 당연히
> 융합해야 했다. 이러한 인식에 기초하여 공자도 원시 민족의 그러한 자연
> 생리의 혈친(血親) 요소를 강조하는 민족 편견의 제약에서 벗어났고, 아
> 울러 진보 의의를 구유한 민족관을 제출하였다.[36]

여기서 소공권과 주자강의 주장은 기본적으로 공자가 일단 '제하'의
민족적 우월성으로 '사이' 민족을 재단하고 평가하는 입장에서 벗어났
음을 전제한다. 이는 바로 '제하'와 '사이'의 관계가 제나라의 환공의
시대처럼 '안'과 '밖'이 철저하게 구별되는 관계가 아니라 '안'이 '밖'
이 되기도 하고 '밖'이 '안'이 되기도 하는 관계임을 의미한다. 엄밀하
게 말해 실질적으로 '안'과 '밖'의 구별이 없다는 것이다.[37] 이렇게 본
다면 공자에게서 '사이' 민족은 더 이상 '제하'의 배타적이고 적대적
인 대상도 아니고 '제하'의 무력에 의해서 정복되고 지배되는 대상도
아니라, 오로지 '제하'의 발달된 문화의 전파를 통해서 평화적으로 '제
하'에 융합되는 대상일 뿐이라고 할 수 있다.

그런데 중요한 사실은 비록 공자가 예의도덕을 기초로 하는 문화에
근거하여 '사이' 민족에 대한 모든 편견을 일소하는 진보적 민족관을

---

36   周自强, 같은 책, 241쪽.
37   김철운, 같은 글, 313쪽.

제출하였다고 하더라도 '사이' 가 '사이' 의 문화를 버리고 '제하' 의 문화를 받아들이지 않는 한, 그에게서 '사이' 는 결코 '제하' 와 하나가 될수 없다는 것이다. 왜냐하면 앞의 '제하' 가 '사이' 의 '예' ('사이' 의 구습)를 사용하면 '사이' 이고, '사이' 가 '제하' 의 예의도덕을 사용하면 '제하' 라는 말에서 보듯이, 바로 문화의 주체는 오로지 '제하' 문화일 뿐이고, '사이' 문화는 철저하게 배제되기 때문이다. 이것은 다음의 두가지 물음을 통해서 확인할 수 있다.

첫째는 공자에게서 '제하' 가 발달된 문화를 가진 문명국이고, '사이' 가 낙후된 문화를 가진 야만인이라고 한다면, 과연 그러한 야만인과 문명국은 동등한 조건하에서 문화의 상호 교류가 가능한가 하는 것이다. 단적으로 말해 그것은 불가능하다. 왜냐하면 뒤에서 보겠지만 공자는 '제하' 문화와 '사이' 문화에 근본적 차이가 있음을 인정하는 속에서 군자('제하' 문화에 정통한 사람)의 도덕적 교화로 '사이' 문화에 대한 근본적 변화를 시도하려고 하였기 때문이다. 이것에 근거하면 다음과 같은 주장이 가능하다. 즉 공자에게서 '사이' 의 낙후된 문화는 반드시 '제하' 의 발달된 문화에 의해서만 그 변화가 가능하기 때문에, 그의 사상 안에는 문화에 관한 근대적 관념(자문화중심주의)이 있다는 것이다.

둘째는 공자의 '제하' 와 '사이' 의 구별에서 특정 종족과 민족이 배제되었다고 한다면 과연 그에게서 문명국의 문화는 물론 문화의 주체까지 배제되었다고 할 수 있는가 하는 것이다. 단적으로 말해, 문명국의 문화 안에서 특정 종족과 민족이 배제되었다는 것이지 문명국의 문화는 물론 문화의 주체까지 배제되었다는 것은 아니다. 왜냐하면 '사이' 가 '제하' 의 문화를 수용함으로써 '제하' 에 융합한다고 한다면 그문화의 소유권은 오직 '제하' 에게만 있기 때문이다. 이는 '사이' 가 그 안에 스스로 문화를 발전시킬 수 있는 근본 동력이 없음을 의미하는데, 그렇다면 '사이'는 오로지 '제하'의 발달된 문화를 통해서 감화되고 교화되는 대상[38]인 동시에 '제하'에 흡수·융합되는 대상일 뿐이다. 따라서 비록 '사이'가 '제하'를 정복하여 그 주인이 된다고 하더라도 그들은 '제하' 문화를 잠시 빌려 사용하는 '임차인'일 뿐이지 '제하'의 '영원한 주인'이 아닌 것이다.

군자의 도덕적 교화와 사이의 야만적 문화

그렇다면 공자에게서 '사이'의 문화는 어떻게 규정되는가? 여기서 우리는 앞서 제출한 한 가지 중요한 점을 상기하지 않을 수가 없다. 즉 공자의 관점에서 '제하' 문화와 '사이' 문화는 오로지 근본적 차이가 있을 뿐만 아니라 결코 그 자체로 동등한 위치에서 상호 교류될 수 없다는 것이다. 분명히 그에게서 '사이'의 낙후된 문화에 대한 근본적 변화를 시도하여 그것을 '제하'의 발달된 문화로 바꿀 때에만 '사이'는 천하 질서를 구성하는 한 축으로서 중요한 의미를 가질 수 있는 것이다. 엄밀하게 말해, 이때의 '사이'는 더 이상 '사이'가 아닌 것이다.

그렇다면 공자가 '사이'의 문화에 대한 근본적인 변화를 시도하려고 하는 이유는 무엇인가? 앞서 보았듯이, 이는 바로 '제하'가 '사이'의 무력적 위협으로부터 벗어나지 못한다면 '제하'는 자신들의 문화를 지켜 내기 힘들 것이고, 또한 '사이'가 야만적인 문화에서 벗어나지 못한다면 '사이'는 '제하'의 국경선을 넘어 '제하'의 강토를 계속해서 유린

---

[38]   五來欣造은 이것을 '문화적 교화주의'로 규정한다.(五來欣造, 『儒教の獨逸政治思想に及ばせぬ影響』(東京: 早稻田大學校出版部, 昭和4年 再版), 74쪽)

할 것이라는 데에 있었다. 이는 바로 '제하' 문화가 '사이'의 무력에 의해서 파괴되는 것을 지극히 경계하여 내린 그의 관중에 대한 평가에서 잘 드러난다.

> 백성들이 지금까지 그 혜택을 받고 있으니, 만약 관중이 없었다면 우리는 머리를 풀고 옷깃을 왼편으로 하는 (사이가) 되었을 것이다.[39]

위의 인용구는 공자 자신의 '사이' 문화에 대한 비판적 관점을 잘 보여 준다. 만약 관중이 환공을 도와서 천하의 질서를 바로잡지 못하였다면 결과적으로 '제하'의 문화는 철저하게 파괴되어 사라졌을지도 모른다는 것이다. 즉 만약 관중이 '융적'(戎狄)의 침략을 제대로 막지 못하여 '제하'가 '융적'의 통치를 받았다면, 결과적으로 '제하'는 "머리를 풀고 옷깃을 왼편으로 하는" '융적'의 야만적인 문화에 흡수 · 동화되어 그들과 같은 야만적인 삶을 살아갈 수밖에 없었다는 것이다. 바로 '제하'가 '사이'의 야만적인 문화에 동화되지 않고 자신들의 문화 체계와 가치 체계를 지켜 낼 수 있었던 것은 단연코 환공을 도와서 천하를 바로잡았던 관중의 공헌이라는 것이다. 이러한 이유로 해서 주자강은 "공자에서 보면, 환공과 관중은 '화하족'에 대한 '융적'의 침략을 저지하였지 그들이 먼저 '융적'을 침략하지 않았다. 더욱이 당시의 '화하족'에 비해서 '융적'은 후진 민족이었기 때문에 만약 '융적'이 중국을 통치하였다면 화하족의 선진적 사회 경제와 전통문화는 반드시 파괴되었을 것이고, 중화민족의 역사 발전 과정에 영향을 주었을 것이

---

39   「憲問」, "子曰, 管仲相桓公覇諸侯, 一匡天下, 民到于今, 受其賜, 微管仲, 吾其被髮左衽矣."

다"[40]라고 평가하기도 한다.

이렇듯이 공자에게서 '사이' 문화는 결코 어떠한 경우에도 그 자체로 '제하'의 문화 공간에 들어올 수도 없고, 들어와서도 안 되는 야만적인 문화로 규정된다. 이러한 야만적인 문화를 가진 '사이'의 침략이 '제하'의 존립 기반을 송두리째 파괴할 수 있다는 점에서 그는 그 이전과 다른 근본적인 해결책을 강구하였다. 그가 '사이' 문화에 대한 근본적 변화를 이끌어 내기 위해서 제출한 해결책은 다름 아닌 '제하' 문화(예의도덕)에 정통한 '군자의 도덕적 교화'였다. 이 교화는 두 가지의 측면에서 진행된다.

첫째는 군자가 '사이'에 직접 머물면서 그들의 오래된 풍습을 바꾸고 '예의도덕'을 배우게 한다는 것이다.

공자가 구이(九夷)에 (가서) 살려고 하니, 혹자가 말했다. "거기는 누추하니, 어떻게 하시렵니까?" 공자가 말했다. "군자가 머문다면 무슨 누추함이 있겠는가?"[41]

'사이'는 사람이 살기에 적합하지 않는 누추한 곳이고, 또한 예의도덕이 통용되지 않는 아주 낙후된 곳이다. 그러나 '제하' 문화(예의도덕)에 정통한 군자가 이러한 '사이' 안에 거주하면 과거의 낡은 풍습을 변화시킬 수 있고 예의도덕을 배우게 할 수 있는데[42], 그렇게만 된다면

---

40   周自强, 같은 책, 243쪽.

41   「子罕」, "子欲居九夷. 或曰陋, 如之何. 子曰, 君子居之, 何陋之有."(徐復觀은 '누추함'이란 소인의 더럽고 협소한 마음에서 나왔고, 구이와는 결코 관련이 없다고 한다.(徐復觀, 『中國人性論史(先秦篇)』, 68쪽)

42   劉寶楠, 『論語正義』(十三經淸人注疏本, 北京: 中華書局, 1990), 344쪽, "馬(融)曰, … 東方之夷, 有九種. 君子所居則化.", 345쪽, "君子居之, 則能變其舊俗, 習以禮

'사이'는 문화 수준이 낮은 곳이 아니라 문화 수준이 높은 곳으로 변하게 된다는 것이다. 이런 속에서 '사이'는 '인'을 체현하여 사람이 사람되는 도리를 깨닫고 살아가는 도덕적 삶을 실현할 수 있다는 것이다. 따라서 위의 언급은 결코 공자 자신이 '사이'에서 여생을 마치고자 하는 바람을 드러낸 것이 아니라, 군자의 도덕적 교화로 '사이' 문화에 대한 근본적 변화를 이끌어 내어 혼란해진 천하 질서를 바르게 세우고자 하는 바람을 드러낸 것이라고 할 수 있다.

둘째는 군자가 먼저 '예의도덕'을 닦아 복종하지 않는 먼 나라 사람들을 오게 한다는 것이다.

먼 나라 사람들이 복종하지 않는다면 '예의도덕'을 닦아 그들이 오게 하고, 오게 되면 편하게 해 주어야 한다.[43]

즉 먼 나라 사람들이 복종하지 않는다면 군자는 강제적 방법을 동원하여 그들을 오게 만들 것이 아니라 먼저 자신이 예의도덕을 닦아서 천하에 두루 베풀어 그들이 스스로 오게 해야 한다는 것이다. 그렇게 해서 오게 되면 그들을 그대로 내버려 둘 것이 아니라 그들이 정치·경제적 안정 속에서 행복한 삶을 이어 나갈 수 있도록 하고 결코 불안한 마음을 갖게 해서는 안 된다는 것이다.[44]

이렇게 본다면 공자에게서 문화가 낙후된 '사이'는 오로지 '제하' 문화(예의도덕)에 정통한 군자의 도덕적 교화의 대상일 뿐이고, 그 교

義."

43 「季氏」, "遠人不服, 則修文德以來也, 旣來之則安之."

44 공자의 정치·경제 사상에 관한 논의는 졸저, 『공자와 유가』(서울: 서광사, 2005), 91-151쪽을 참조할 것.

화를 통해 변화된 '사이'의 문화는 더 이상 '제하'의 문화와 차별되거나 독립된 '사이'의 문화가 아니라 오로지 '제하'의 문화일 뿐이다. 그리하여 만약 '사이' 사람 중에 군자의 도덕적 교화에 의한 근본적 변화로 인하여 '제하'의 문화 공간에 들어오는 사람이 있다면, 그는 오로지 '제하' 사람들과 한 형제(동포)일 뿐이지 더 이상 '사이' 사람이 아닌 것이다.

결국 우리는 공자의 예의도덕을 기초로 하는 문화적 규정이 한편으로 '제하'와 '사이'의 배타적이고 적대적인 관계를 일소하여 그 둘을 구별하는 실질적 경계를 제거했다는 긍정적 측면도 있지만, 또 한편으로 '사이'의 문화를 '제하'의 문화에 흡수하고 융합하고 일체화하여 그 존재의 가치와 의의를 사라지게 했다는 부정적 측면도 있음을 결코 간과해서는 안 될 것이다.

4. 제하의 '임금 없음'과 사이의 '임금 있음'의 차이

앞의 공자의 관중에 대한 평가에서 보았듯이, 그에게서 '사이'의 문화는 낙후되고 야만적인 것이기 때문에 어떠한 경우에도 그 자체로 '제하'의 문화 공간에 들어올 수도 없는 것이었고 들어와서도 안 되는 것이었다. 만약 들어온다면 이는 반드시 '사이'가 군자의 도덕적 교화에 의한 근본적 변화로 인하여 '제하'의 발달된 문화에 흡수·융합·일체화될 때에만 가능하다는 것이다. 왜냐하면 그의 관점에서 '사이'의 낙후된 문화는 어떠한 경우에도 결코 '제하'의 발달된 문화보다 우월할 수 없기 때문이다. 즉 그의 "이적(夷狄)의 국가에 임금이 있는 것이 '제하'에 임금이 없는 것과 다르다"[45]가 그것이다. 그런데 우리는 이 말에

대해서 보다 자세하게 살펴볼 필요가 있는데, 왜냐하면 『논어』의 주석
서들에 근거하면 이것은 두 가지 해석이 가능하기 때문이다.

제하의 '임금 없음'이 사이의 '임금 있음'보다 낫다

첫째는 "군주가 없더라도 예의도덕이 있는 '제하'가 차라리 예의도덕
이 없이 오직 군주만 있는 '사이'보다 낫다"는 해석이다. 그 구체적인
내용들은 다음과 같다.

> (夷狄의 국가에) 임금이 있으면서 예의가 없는 것이 (제하에) 예의가 있으
> 면서 임금이 없는 것과는 다르다.[46]

> 비록 문화가 낙후된 국가에 임금이 있다고 하더라도 오히려 중국에 임금
> 이 없는 것과는 다르다.[47]

> 중국은 예의가 융성하고, 이적(夷狄)은 예의가 없다 … 이적에 비록 임금
> 이 있다고 하더라도 예의가 없고, 중국에 비록 뜻하지 않게 임금이 없다고
> 하더라도 마치 주공(周公)과 소공(召公)이 공동으로 정치를 행한 기간[共
> 和]과 같이 예의가 없어지지 않았다.[48]

---

45 「八佾」, "夷狄之有君, 不如諸夏之亡也."
46 程樹德, 『論語集釋(1)』(新編諸子集成本 第一輯, 北京: 中華書局, 1992), 148쪽,
"釋惠琳云, 有君無禮, 不如有禮無君."
47 楊伯峻, 『論語譯注』(北京: 中華書局, 1993), 24쪽, 「釋文」, "文化落後國家雖然有
個君主, 還不如中國沒有君哩."
48 程樹德, 같은 책, 148쪽, 「別解一」, 邢(邢昺)疏, "此章言中國禮義盛, 夷狄無也 …
言夷狄雖有軍長, 而無禮義, 中國雖偶無君, 若周召共和之年, 而禮義不廢."

정리하면 다음과 같다. '제하'는 모든 혼란을 종식시킬 수 있는 수준 높은 문화 체계와 가치 체계를 가지고 있기 때문에, 비록 뜻하지 않게 임금이 없다고 하더라도 국가에 혼란이 발생하면 쉽게 멸망에 이르지 않는다. 그러나 '사이'는 그들을 지탱해 주는 문화 체계와 가치 체계의 수준이 너무 낮거나 처음부터 없었기 때문에 비록 임금이 있다고 하더라도 국가에 혼란이 발생하면 쉽게 멸망에 이른다. 따라서 '사이'가 쉽게 멸망에 이르지 않기 위해서는 반드시 과거의 낡은 풍습을 변화시키고 '제하'의 예의도덕을 배우고 익혀서 '제하'와 같은 문화 체계와 가치 체계를 갖추어야 한다.

사이의 '임금 있음'이 제하의 '임금 없음'보다 낫다

둘째는 "이적(夷狄)의 국가에 임금이 있는 것이 제하에 임금이 없는 것보다 낫다"는 해석이다. 그 구체적인 내용들은 다음과 같다.

중국이 이적(夷狄)보다 존귀한 것은 그 명분(名分)으로써 위와 아래의 불란(不亂)을 정하였기 때문이다. 주나라 왕실이 이미 무너졌고, 제후들이 방자하고, 예악정벌(禮樂征伐)의 권한이 다시 천자로부터 나오지 않는 것은 도리어 이적의 국가가 오히려 임금을 높이고 무리를 통합하여 (우리) 중국의 무군(無君)과 같은 데에 이르지 않은 것과 다르다.[49]

이적(夷狄)에게도 군장(軍長)이 있는 것은 제후가 참란(僭亂)하여 도리어

---

49   程樹德, 같은 책, 148쪽,「唐以前古注」皇疏, "此章爲下僭上者發也 … 言中國所以尊於夷狄者, 以其名分定以上下不亂也. 周室旣衰, 諸侯放态, 禮樂征伐之權不復出自天子, 反不如夷狄之國尙有尊長統屬, 不至如我中國之無君也."

위아래의 구분이 없는 것과 같지 않다.[50]

'제하'가 이적(夷狄)과 다른 것은 임금과 신하·위와 아래의 구별이 있기 때문이다. 지금 중국에 머물면서 인륜을 버리는 것은 이적만 못하니, (공자가)『춘추』를 지은 것이다.[51]

이적(夷狄)에 오히려 현명한 임금이 있는 것은 중원(中原)의 여러 국가에 도리어 없는 것과 다르다.[52]

정리하면 다음과 같다. 맹자의 말처럼 "신하가 임금을 죽이고 자식이 부모를 죽이는" '천하무도'의 시대, 즉 주나라의 종법적 봉건 질서가 철저하게 파괴된 시대 상황에서는 현명한 임금이 있는 '사이'가 현명한 임금이 없는 '제하'보다 낫다. 물론 이때의 '낫다'는 것은 '사이' 문화 자체의 우수성을 말하는 것이 아니라 소공권의 주장처럼 "사이의 행동이 우연히 제하보다 우수하다"[53]고 할 때의 우수성을 말한다. 이때의 행동은 "임금을 높이고 무리들을 통합하는" 것인데, '사이'에는 그렇게 행동하는 현명한 임금이 있고, '제하'에는 예기치 않은 혼란으로 인하여 그렇게 행동하는 현명한 임금이 없다는 점에서 '사이'가 '제하'보다 낫다는 것이다.

50　程樹德, 같은 책, 149쪽,『集注』, "程子曰, 夷狄且有君長, 不如諸侯之僭亂, 反無上下之分也."

51　程樹德, 같은 책, 150쪽,「發明」, 陳櫟『四書: 發明』, "諸夏所以異於夷狄, 以有君臣上下之分爾. 今居中國, 去人倫, 夷狄之不如,『春秋』所以作也."

52　楊伯峻, 같은 책, 24쪽,「注釋」, "楊遇夫先生『論語疏證』說, … 句意是夷狄還有賢明之君, 不像中原諸國却沒有."

53　蕭公權, 같은 책, 76쪽, "夷狄之行偶或優於中國也."

제하의 예의와 사이의 이해

그런데 위의 두 해석은 오로지 표현상에서 다를 뿐이지 실질적 내용상
에서 결코 다르지 않다고 할 수 있다. 즉 '사이'는 사람들이 '이익과 손
해'[利害]로써 모이고 흩어지기 때문에 그 멸망 또한 순식간에 찾아오지
만, '제하'는 사람들이 '이익과 손해'가 아닌 '예의'로써 서로의 유대
관계를 형성하기 때문에 갑자기 멸망하는 일이 없다는 것이다. 왜냐하
면 현명한 임금이 있는 '사이'가 성대히 흥하다가 갑자기 멸망하는 것은
바로 사람들의 '모임과 흩어짐'[聚散]이 '이익과 손해'에 있기 때문이
고, 현명한 임금이 없는 '제하'가 혼란한 상황에서도 갑자기 멸망하지
않는 것은 사람들이 예의도덕의 가르침을 가지고 있기 때문이다.[54]

　　그래서 공자의 "이적의 국가에 임금이 있는 것이 제하에 임금이 없
는 것과는 다르다"는 말은 다음과 같이 해석할 수 있다. 즉 '제하'에 임
금이 없는 상황이 때에 따라서 '사이'의 국가에 임금이 있는 상황보다
못할 수도 있지만, 궁극적으로 '제하'는 예의도덕이 있기 때문에 그 혼
란을 쉽게 종식시킬 수 있는 반면에 '사이'의 국가는 그렇지 못하다는
것이다. 따라서 '제하'에 임금이 없는 것은 '사이'에 임금이 있는 것보
다 낫다는 것이다. 다시 말해 만약 '제하'와 '사이'의 강토 안에 큰 정
치적 혼란이 발생하였을 때에 비록 '제하'에 정치의 주체가 없다고 하

54　照井全都, 『論語解』(『日本名家: 四書註釋全書』, 東京: 東洋圖書刊行會, 昭和2
年), 68쪽 참조. 공자는 이익[利]보다 의로움[義]을 중시하였는데(「里仁」, "子曰, 君子
諭於義, 小人諭於利.", 「里仁」, "子曰, 放於利而行, 多怨.", 「陽貨」, "君子義以爲上. 君
子有勇而無義爲亂, 小人有勇而無義爲盜.", 「憲問」, "見利思義."), 엄밀하게 말해서 그
가 반대한 이익은 의로움과의 조화를 상실한 상태, 즉 불의(不義)한 상태에서의 이익'
(「述而」, "不義而富且貴, 於我如浮雲.")을 가리킨다. 그래서 이익이 의로움에 기초하지
않는다면 그것은 그 진정한 가치와 의의를 드러낼 수 없다는 것이다.

더라도 ‘제하’는 예의도덕이 있는 발달된 문화를 가지고 있기 때문에
그 혼란한 상황을 잘 극복하여 ‘사이’의 야만적인 삶으로 떨어지지 않
는 반면, 그러한 때에 비록 ‘사이’에 정치의 주체가 있다고 하더라도
‘사이’는 예의도덕이 없는 낙후된 문화를 가지고 있기 때문에 급속히
멸망에 이른다는 것이다. 그리하여 그의 관점에서 ‘사이’ 문화는 어떠
한 경우에도 결코 ‘제하’ 문화보다 뛰어날 수 없다.

　결국 공자에게서 ‘제하’와 ‘사이’의 구별을 결정짓는 실질적 표준이
예의도덕을 기초로 하는 문화라고 할 때에 문화의 주체는 ‘제하’ 문화
이기 때문에 ‘사이’ 문화는 ‘제하’ 문화를 벗어나면 그 존재의 이유와
가치가 없다고 할 수 있다. 왜냐하면 비록 공자가 각 문화들의 특수성
(고유한 가치) 속에 들어 있는 동일성(보편적 차이: 仁)을 찾아내어 본
성상 ‘제하’와 ‘사이’에 근본적인 차이가 없음을 밝혔고, 나아가 ‘제
하’와 ‘사이’의 타고난 본성에 무한한 신뢰를 보냈다고 하더라도, 그는
분명히 ‘군자의 도덕적 교화’로 ‘사이’ 문화에 대한 근본적인 변화를
시도하여 ‘사이’ 문화를 ‘제하’ 문화로 바꾸려고 하였기 때문이다. 바
로 그가 오직 ‘사이’ 문화가 철저하게 배제된 ‘제하’ 문화만을 그 근본
적 변화의 주체로 삼았던 이유는 여기에 있다고 할 수 있다.

5. 간략한 평가

공자는 천하의 패권을 향한 제후국들의 야욕이 끊임없이 드러나고,
‘제하’의 국경을 향한 ‘사이’의 침략이 자주 발생하던 그 당시의 혼란
한 상황을 직접 목격하였다. 이런 속에서 그는 사람의 삶이 정치·경
제적 안정을 이루는 가운데 사람이 사람답게(도덕적으로) 살아가는 세

계를 실현하는 데에 자신의 모든 역량을 집중하였다.[55] 그런데 중요한
사실은 주나라를 중심으로 통일성을 유지하던 천하의 질서가 붕괴되
기 시작하면서부터 '제하' 세계의 종법적 봉건 질서를 유지하던 보편
원칙인 '예악'도 함께 붕괴되기 시작하였다는 것이다. 특히 공자가 살
았던 '천하무도'라는 춘추 말기적 상황에서 그 붕괴의 속도는 아주 빨
랐다.

그러한 시대에는 '사회 질서와 화목의 실현'이라는 '예악'의 본래
목적이 더 이상 실현되기 어려웠다. 공자는 천하의 질서를 바로 세우기
위해서 '제하'와 '사이'를 모두 포괄하는 하나의 보편적 도덕 원칙으
로서의 인(仁: '생명 근원으로서의 인성')을 제출하였다. 이 '인'은
'제하'든 '사이'든 간에 모든 사람에게 동일하게 적용되기 때문에 그
에게서 무엇보다도 중요한 것은 그들이 모두 '인'의 체현을 통해서 사
람이 사람 되는 도리를 깨달으면서 살아가는 도덕적 삶의 실현이었다.
이것은 바로 그가 '제하'와 '사이'의 구별을 타고난 본성으로 결정짓
지 않았음을 의미하고, 동시에 종족과 민족의 편견에서 벗어났음을 의
미한다.

그럼에도 관중에 대한 평가에서 보듯이, 공자는 현실적으로 '사이'
문화 자체가 '제하'에 들어올 수 없는 야만적인 것으로 규정하였다. 왜
냐하면 그는 '제하'가 '사이'의 침략을 막지 못하여 '사이'의 통치를
받았다면, '제하'는 "머리를 풀고 옷깃을 왼편으로 하는" '사이'의 야
만적인 문화에 흡수ㆍ동화되어 그들과 같은 삶을 살았을 것이라고 보
았기 때문이다. 그래서 그는 "하ㆍ은ㆍ주 3대의 화하족이 장대하게 발

---

55 「子路」, "子適衛, 冉有僕. 子曰, 庶矣哉. 冉有曰, 旣庶矣. 又何加焉. 曰, 富之. 曰.
旣富矣. 又何加焉. 曰, 敎之."

전시킨 역사 경험을 성찰하고 총결하는 속에서"[56] '제하'와 '사이'의
구별을 결정짓는 실질적 표준을 제출하였는데, 이는 예의도덕을 기초
로 하는 '제하'의 문화였다. 이 문화를 받아들일 때에만 '사이'는 '인'
이라는 사람의 보편적 가치를 드러낼 수 있는 근거를 충분히 마련할 수
있다는 것이었다.

그렇기 때문에 공자에게서 '사이' 문화 그 자체는 어떠한 경우든지
간에 '제하' 안에서 철저하게 배제될 수밖에 없었다. 이렇듯이 그는
'사이' 문화가 그대로 '제하' 안에 들어오는 것에 대해 강한 우려를 드
러내는 속에서 군자의 도덕적 교화로 '사이' 문화에 대한 근본적 변화
를 시도하여 '사이'의 낙후된 문화를 '제하'의 발달된 문화로 바꾸고
자 하였다. 이렇게 본다면 '제하'와 '사이'는 춘추 패권 시대처럼 서로
배타적이고 적대적인 관계가 아닐지라도 그의 관점에서 '제하'는 오로
지 '제하' 문화의 수호자이자 전달자일 뿐이고, '사이'는 오로지 그 문
화의 수용자일 뿐이라고 할 수 있다.

결국 공자의 '제하'와 '사이'에 대한 관점은 문화(예의도덕)로 '제
하'와 '사이'를 구별하는 '화이분별론'과 문화(예의도덕)로 '제하'와
'사이'를 융합하는 '화이일체론'의 성격을 함께 함축한다고 볼 수 있
다. 바로 이러한 관점은 그가 의도를 했든 안 했든 간에 후대에 문화
(예의도덕)로 '제하'와 '사이'의 근본적인 차이(이질성)를 강조하는
동시에 문화(예의도덕)로 '제하'와 '사이'의 동질성(仁)을 강조하는
속에서 '제하' 문화의 '사이' 문화에 대한 편입·흡수·동화를 정당화
하는 이론적 토대가 되었다고 할 수 있다. 이것은 오늘날 중국의 통치
이념으로 부상하고 있는, 즉 중국 내의 다양한 문화가 유학 안에서 동

---

56   周自强, 같은 책, 240쪽.

일성 · 동질성 · 일체성을 목표로 하나의 중국 전통문화로 응집되는
'유가민족주의'(儒家民族主義)와 그 맥을 같이 한다고 볼 수 있다. 따라
서 최근 공자의 부활과 유학의 부흥을 통해서 '유가민족주의'를 통치
이념으로까지 부상시키려고 하는 중국의 발 빠른 행보는 전통적인 '화
이분별론'의 연장선에 있다고 할 수 있다.

5장

맹자: 용하변이설

1. 문제 제기

우리가 가져야 할 올바른 문화관은 무엇인가? 이는 아마도 문화 간의 대립과 갈등을 유발하는 편협하고 획일적인 사고 체계에 기초한 문화 관이 아니라 각 사회와 각 지역의 문화를 서로 인정하고 존중하는 개방 적이고 진취적인 사고 체계에 기초한 문화관일 것이다. 그래서 우리는 각 사회와 각 지역의 문화에 대한 우월적(절대적) 가치를 내세우는 태도가 아니라 각 지역의 문화가 지닌 특수한 가치와 그 차이를 인정하는 태도로 문화에 대한 이해의 폭을 넓혀 나가야 할 것이다.

문화가 각 사회와 각 지역에 공존하였던 사람들에 의해서 형성된 삶 의 다양한 모습의 집합체라고 한다면, 우리가 각 사회와 각 지역의 문 화를 하나의 우월적(절대적) 가치 기준에 근거하여 '선진 문화'와 '후 진 문화'로 구별하는 것은 그 자체로 많은 문제를 내포한다. 우리는 반 드시 역사적으로 각 사회와 각 지역에 따라서 문화를 이해하는 방식과 그 표현 방법도 각각 달랐다는 점을 충분히 인지해야 한다. 그렇게 해야지만 우리는 어떠한 정치·경제적 힘의 논리에 잠식당하지 않고 사람들의 다양한 삶을 인정하고 존중하는 태도를 가질 수 있는 것이다.

지금 중국은 1978년 '개혁·개방' 정책의 실시 이후로부터 지금까지 세 가지로 집약되는 외교 정책[1]을 차례로 내세우는 과정에서 여러 국제적 문제에 적극적으로 개입해 오고 있고, 그 목적이 국제 평화의 유지에 있다고 거듭 강조해 오고 있다. 이런 속에서 중국은 패권주의와의 유착 관계를 거듭 부인하고 있고, 서구에서 끊임없이 제기된 '중국위협론'(中國威脅論)의 허구성을 거듭 지적하고 비판하고 있다. 이렇듯이 중국은 대내외적으로 국가 간의 상호 공존·평등 실현·공동 발전·평화 공존이라는 다소 온화하면서도 포용력 있는 대외 정책 기조를 확립한다고 강조하지만 우리는 실지로 중국이 국제 관계에서 자신들의 실리를 얻어 내기 위한 이원화 정책[2]을 적극적으로 실행하여 세계 질서를 중국 중심의 세계 질서로 새롭게 재편하려고 하는 움직임을 보이고 있음을 간과해서는 안 될 것이다.

중국의 그러한 정책의 강화는 여전히 과거 중국의 소수 민족에 대한 억압 통치를 정당화하였던 중화주의(中華主義), 즉 화이분별론(華夷分別論)과 그 맥을 같이 한다고 할 수 있다. 분명히 중국 역사에 투영된

---

1   첫째는 덩샤오핑(鄧小平) 체제의 대외 정책인 "빛을 감추고 어둠 속에서 힘(실력)을 기른다"는 '도광양회'(韜光養晦)이다. 둘째는 후진타오(胡錦濤) 체제의 대외 정책인 "국제 사회에 평화롭게 높이 우뚝 선다"는 '화평굴기'(和平崛起)이다. 셋째는 시진핑(習近平) 체제의 대외 정책인 "국력에 걸맞게 해야 할 일을 주도적으로 한다"는 '주동작위'(主動作爲)이다.(1장 3절을 참조할 것)

2   이원화 정책은 국제 관계에서 패권주의 국가가 자국의 강력한 군사·경제적 영향력을 확장하여 세계 질서를 자국 중심의 패권 질서 체제로 재편하려는 '제국적 패권주의 정책'과 패권주의 국가가 자국의 강력한 경제력을 기반으로 하는 문화적 영향력을 확대하여 자국 문화의 타국 문화에 대한 우월적 지위와 패권적 지배를 정당화하려는 '문화적 패권주의(cultural hegemony) 정책'을 가리킨다.(1장 1절을 참조할 것)

'화이분별론'은 그 이중적 모습으로 인하여 더욱 공고화되었다. 하나
는 '제하'가 '제하'의 문화를 버리면 '사이'이고, '사이'가 '제하'의
문화를 받아들이면 '제하'라는 점에서 '제하' 문화의 '사이' 문화에 대
한 개방적 · 관용적 태도를 보였다는 것이다. 또 하나는 '제하' 문화와
'사이' 문화가 근본적으로 다르고, 오직 '제하' 문화만이 유일한 문화
라는 점에서 '제하' 문화의 '사이' 문화에 대한 우월적 지위와 패권적
지배를 정당화하였다는 것이다. 이 이중적 모습의 핵심 내용은 다름 아
닌 오직 '제하'만이 문화의 주체이고, '사이'는 '제하' 문화를 벗어나
서 결코 그 존재의 이유와 가치가 없다는 것이다.[3] 그렇기 때문에 현재
중국이 지향하는 패권주의의 실체를 정확히 파악하기 위해서는 반드시
과거 중국의 '사이'에 대한 통치 이념이었던 '중화주의', 즉 '화이분별
론'에 대한 비판적 논의가 선행되어야 할 것이다. 여기서는 그러한 논
의의 일환으로 맹자(孟子, 기원전 약 372~기원전 약 289)가 제출한
'용하변이'(用夏變夷)라는 말에 주목한다.

   '용하변이'란 말은 '제하'의 선진 문화로 '사이'의 후진 문화를 근본
적으로 변화시킨다는 의미인데, 엄밀하게 말해 문화의 선진성과 후진
성으로 '제하'와 '사이'의 구별을 결정짓겠다는 것이다. 그래서 '사이'
가 '사이'의 후진 문화를 버리고 '제하'의 선진 문화를 받아들이면 '사
이'는 '제하'가 되고, 반면에 '제하'가 '제하'의 선진 문화를 버리고
'사이'의 후진 문화를 받아들이면 '제하'는 '사이'가 된다는 것이다.
왜냐하면 그에게서 '사이'의 후진 문화는 '선한 마음'[善心]의 보존과
확충을 위한 문화적 토대가 전혀 갖추어지지 않은 아주 낙후된 곳에서

---

3   김철운, 「중국 華夷分別論의 정형화 과정과 그 비판적 고찰」(한국양명학회, 『양명
학』 제31호, 2012), 297쪽.

나왔기 때문이다. 따라서 그는 오직 '제하'의 선진 문화만을 인정하고 '사이'의 후진 문화를 철저하게 배척하였는데, 이것이 바로 그의 '용하변이'에 흐르는 거대한 기류이다.

이제 여기서는 맹자의 '용하변이'에 나타난 그의 '사이' 문화에 대한 비판적 태도와 관점이 구체적으로 무엇인지를 밝힐 것이다. 구체적으로 말해, 그가 '제하' 문화를 선진 문화로 규정하고 '사이' 문화를 후진 문화로 규정하는 속에서 오직 '제하' 문화만을 인정하고 '사이' 문화를 배척한 이유는 무엇이며, 또한 그가 '제하' 문화로 '사이' 문화에 대한 근본적 변화를 시도한 이유는 무엇인가에 대해서도 깊이 있는 논의를 진행할 것이다.

2. 용하변이와 주공·공자의 도

맹자가 제출한 "용하변이"와 관련하여 몇 가지 중요한 물음이 있다. "왜 그는 '제하' 문화를 선진 문화로 규정하고 '사이' 문화를 후진 문화로 규정하는 속에서 오직 '제하' 문화만을 인정하고 '사이' 문화를 철저하게 배척하였는가?", "제하의 선진 문화로 '사이'의 후진 문화를 변화시킨다는 것은 구체적으로 어떻게 변화시킨다는 것인가?" 이러한 물음들에 대한 대답은 그의 "용하변이"에 대한 비판적 분석 작업을 통해서 보다 구체적으로 제출될 것이다.

선한 마음과 보편적 도덕 원칙

맹자가 활동하였던 전국 시대는 사회의 모든 방면에서 공자가 활동하였던 춘추 말기보다 더욱더 암울하고 혼란하였던 시대였다. 즉 공자의 시대는 비록 천자국(天子國)인 주(周)나라가 유명무실하였다고 하더라도 그나마 구심점이 있었기 때문에 사람들은 주나라를 중심으로 통일성을 유지하던 천하 질서의 회복을 어느 정도 희망할 수 있었지만, 맹자의 시대에는 그러한 유명무실한 구심점조차 없었기 때문에 사람들은 그 회복을 거의 희망할 수 없었다.

단적으로 말해, 주나라의 종법적 봉건 질서를 유지하던 원칙인 '예악'(禮樂) 문화가 완전히 무너졌다는 것이다. 그 결과 정치 질서 체계는 천하의 패권을 위한 각 국가 간의 치열한 전쟁으로 인하여 철저하게 파괴되었으며, 또한 경제 질서 체계도 그 패권을 위한 가혹한 세금 수탈로 인하여 철저하게 붕괴되었다. 이런 속에서 사람들은 철저하게 제후들의 천하 패권을 위한 하나의 도구 내지 수단으로 전락하였고, 또한 미래의 안정된 삶에 대한 어떠한 희망도 거의 품을 수가 없었다.

그러한 시대 상황에서 맹자는 자신의 도덕 이상과 배치되는 많은 주장이 난무하고, 그로 인해서 천하의 혼란이 더욱 가중되었다고 판단한 끝에, 자신의 육체적 안위를 뒤로 하고 천하를 주유(周遊)하면서 자신의 도덕 이상을 펼쳐 나갔다. 이런 속에서 그는 천하의 혼란을 종식시켜 "정어일"(定於一)[4]하는 막중한 임무가 임금에게 부여되었다고 생각하였다. 그래서 그는 임금의 최대 임무란 바로 물리적 힘에 의한 통치력 강화가 아니라 '어진 정치'[仁政]를 통한 정치·경제적 안정, 즉 사

---

4 『孟子』,「梁惠王上」, "曰, 天下惡乎定. 吾對曰, 定于一. 孰能一之. 對曰, 不嗜殺人者能一之. 孰能與之. 對曰, 天下莫不與也."(이하『孟子』의 해석은 주로 謝冰瑩 外,『新譯四書讀本』(臺北: 三民書局, 1988), 楊伯峻,『孟子譯注』(北京: 中華書局, 1992 9刷本), 成百曉,『懸吐完譯 孟子集註』(서울: 傳統文化硏究會, 1995 재판) 등을 참조함. 이하 편명만 표기함.)

람들의 현실적 삶의 보장과 향상에 있다고 역설하였다. 그리하여 그는 사람들이 모두 사람다움을 유지하면서 평화롭고 조화롭게 살아가는 세상의 실현에 자신의 모든 역량을 집중시켰던 것이다.[5]

맹자가 천하의 혼란을 종식시키기 위해 제출한 근본적인 해결책은 사람이라면 누구나 태어나면서 가지고 있는 사단(四端)이라는 '선한 마음'[善心]을 보편적 도덕 원칙으로 삼고, 이것의 보존과 확충을 그 실현 방법으로 삼는 것이었다. 왜냐하면 그에게서 '선한 마음'을 보존하지도 확충하지도 못하는 사람은 오로지 "닭과 개가 도망가면 곧 찾을 줄 알지만 마음을 잃고서는 찾을 줄 모르는"[6] 사람에 불과했기 때문이다. 따라서 그에게서 중요한 것은 '제하'든 '사이'든 간에 사람들이 모두 자신의 '잃어버린 마음'[放心]을 밖이 아니라 안에서(內心의 세계) 찾아 그 본래의 '선한 마음'을 보존하고 확충하는 삶을 실현하는 것이었다.

이와 같이 맹자에게서 그러한 보편적 도덕 원칙은 공자처럼 '제하'와 '사이'에게 모두 동일하게 적용되고, 어떠한 상황에서도 결코 변하지 않는 것이었다. 이는 바로 그가 타고난 본성(혈통)으로 '제하'와 '사이'의 구별을 결정짓지 않았음을 의미한다. 이렇게 본다면 맹자에게는 '제하'와 '사이'의 구별을 결정짓는 절대적인 가치 기준도 없으며, 궁극적으로 그 둘을 구별하는 것 자체도 무의미한 일이라고 할 수 있다.

---

5 맹자의 경제 사상에 관한 논의는 졸저, 『공자와 유가』(서울: 서광사, 2005), 121-151쪽을 참조할 것.

6 「告子上」, "孟子曰, 仁, 人心也. 義, 人路也. 舍其路而不由, 放其心而不知求, 哀哉. 人有鷄犬放, 則知求之. 有放心而不知求. 學問之道無他, 求其放心而已矣."

용하변이와 주공·공자의 도

그런데 중요한 사실은 맹자의 그러한 관점이 한편으로 견고하기만 했던 종족 간의 경계 내지 민족 간의 경계를 무너뜨려 그것에 따른 모든 편견을 일소했다는 긍정적 측면도 있지만, 또 한편으로 문화 간의 경계를 두텁게 쌓아 그것에 따른 편견을 새롭게 만들어 냈다는 부정적 측면도 있다는 것이다. 그 편견이란 다름 아닌 '제하'가 '선한 마음'의 보존과 확충을 위한 문화적 토대를 가지고 있다면, '사이'는 그러한 문화적 토대를 가지고 있지 않다는 것이다. 이러한 토대 위에서 그는 '제하'의 선진 문화를 이용하여 '사이'의 후진 문화를 변화시킨다는 원대한 사명감을 표출하였다. 바로 '용하변이'가 그것이다.

> 나는 제하(諸夏)의 도(道: 주공과 공자의 도)를 이용하여 사이(四夷)의 사람들을 변화시켰다는 말은 들었고, 아직 사이에게 변화당했다는 말은 듣지 못하였다.[7]

즉 맹자가 '주공과 공자의 도(道)'라는 '제하'의 문화 체계와 가치 체계로 '제하'와 '사이'의 구별을 결정지었다는 점에서 본다면, 앞서 언급했던 학자들의 공자에 대한 평가를 맹자의 평가에 그대로 적용해도 무방할 것이다. 그의 사상에는 "민족에 관한 근대적 관념이 없고"[8], 그는 "원시 민족의 그러한 자연 생리의 혈친(血親) 요소를 강조하는 민족적 편견의 제약을 벗어났다"[9]는 것이다.

---

7   「滕文公上」, "吾聞用夏變夷者, 未聞變于夷者也."
8   蕭公權, 『中國政治思想史』(최명·손문호 역, 서울: 서울대학교 출판부, 2004), 139쪽.

그러나 그러한 평가는 맹자가 '제하' 문화의 우월 의식에서 벗어나 '사이'의 문화 체계와 가치 체계를 인정하였다는 것을 결코 보장해 주지 않는다. 왜냐하면 그는 철저하게 '주공과 공자의 도'를 가지고 있는가 없는가에 근거하여 초(楚)나라 만족(蠻族) 출신이면서도 그 '도'를 닦은 진량(陳良)과 송(宋)나라 유자(儒者) 출신이면서도 그 도(道)를 버린 진상(陳相)의 인물됨과 학문을 철저하게 구분하여 평가하였기 때문이다. 다음의 글은 그 자신의 '사이' 문화에 대한 부정적 태도와 관점을 잘 보여 준다.

진량은 초나라 태생이다. '주공과 공자의 도(道)'를 좋아하여 북쪽으로 중국에 가서 공부하였다. 북방의 학자들 중에 혹시라도 그보다 앞선 자가 없었다. 그를 호걸의 선비라고 하였다. 그대의 형제(陳相과 陳辛)가 그를 섬기기를 수십 년 하다가 스승이 죽자 마침내 배반하였다. 옛적에 공자께서 돌아가시자, 3년이 지난 뒤에 문인이 짐을 챙겨 장차 돌아갈 적에 들어가서 자공에게 읍하고 서로 향하여 통곡하여 모두 목이 쉰 뒤에 돌아갔다. 자공은 다시 돌아와 묘 마당에 집을 짓고서 홀로 3년을 산 뒤에 돌아갔다. 후에 자하·자장·자유는 유약이 성인과 유사하다 하여 공자를 섬기던 예로써 그를 섬기고자 해서 증자에게 강요하였다. 증자는 "불가하다. 강수(江水)와 한수(漢水)에 씻고 가을 햇볕에 쪼인 것과 같아서 희고 희어서 더할 수 없다"고 하였다. 지금에 남만(南蠻)의 왜가리 같이 소리 지르는 사람은 선왕의 도가 아니다. 그대가 그대의 스승을 배반하고 이를 배우니, 또한 증자와 다르다. 나는 그윽한 골짜기에서 나와 높은 나무로 옮겨 간다는 말은 들었고, 높은 나무에서 내려와 그윽한 골짜기로 들어간다는 말은

9   周自强, 『中國古代思想史-先秦卷』(廣西: 廣西人民出版社, 2006), 241쪽.

듣지 못하였다. 『시경』「노송」에 이르기를 "계(戎)·적(狄)을 이에 치니 형(荊)·서(舒)가 이에 징계되었다" 하였다. 주공도 바야흐로 이들을 응징하였는데 그대는 이것을 배우니, 또한 잘 변화하지 못하였다.[10]

위의 글은 정리하면 다음과 같다. 진량은 비록 초나라의 만족 출신임에도 '주공과 공자의 도'를 좋아하여 북쪽으로 중국에 가서 공부하고 최고의 학자가 되었기 때문에 결국 '제하'의 학자들로부터 "호걸의 선비"로 칭송받는 '제하'의 사람이 되었다. 이는 바로 "잘 변화한 것이고"[善變], "제하의 도(道)를 이용하여 '사이' 사람을 변화시킨 것이다." [用夏變夷] 반면에 그의 제자인 진상은 송나라의 유자 출신임에도 그의 스승이 죽자마자 배반하여 '주공과 공자의 도'를 버리고 초나라 만족 출신인 허행(許行, 기원전 약 372~기원전 약 289)의 학문을 배웠고, 허행을 스승으로 모시고 따랐기 때문에 결국 '사이' 사람이 되었다. 이는 바로 "잘 변화하지 못한 것이고"[不善變], "사이에게 변화당한 것이다."[變於夷][11]

맹자의 그러한 관점은 다음의 두 가지 사실을 분명하게 보여 준다. 첫째는 '제하'가 '주공과 공자의 도'를 존숭하고 보존하는 국가라면, '사이'는 '주공과 공자의 도'를 배반하고 폐기하는 국가라는 것이다.

10　「滕文公上」, "陳良, 楚産也. 悅周公仲尼之道, 北學於中國. 北方之學者, 未能或之先也. 彼所謂豪傑之士也. 子之兄弟事之數十年, 師死而遂倍之. 昔者孔子沒, 三年之外, 門人治任將歸, 入揖於子貢, 相嚮而哭, 皆失聲, 然後歸. 子貢反, 築室於場, 獨居三年, 然後歸. 他日, 子夏 子張 子游以有若似聖人, 欲以所事孔子事之, 彊曾子. 曾子曰, '不可. 江漢以濯之, 秋陽以暴之, 皜皜乎不可尙已.' 今也南蠻鴃舌之人, 非先王之道, 子倍子之師而學之, 亦異於曾子矣. 吾聞出於幽谷遷于喬木者, 未聞下喬木而入於幽谷者. 魯頌曰, '戎狄是膺, 荊舒是懲.' 周公方且膺之, 子是之學, 亦爲不善變矣."

11　김철운, 같은 글, 320쪽 참조.

둘째는 진량과 진상의 출신 지역을 고려해 볼 때에 '제하' 출신이라도 주공과 공자의 도를 버리면 '사이' 사람이 될 수 있으며, '사이' 출신이라도 '주공과 공자의 도'를 존숭하여 받아들인다면 '제하'에 나갈 수 있고, 또한 '제하' 사람이 될 수 있다는 것이다. 맹자가 '제하'의 선진 문화를 이용하여 '사이'의 후진 문화에 대한 근본적인 변화를 시도하고자 하는 원대한 사명감을 표출한 이유는 바로 여기에 있었다.

그래서 맹자가 제출한 '용하변이'의 최대 관건은 바로 선진 문화와 후진 문화의 관계 문제로 귀결되는데, 즉 어떻게 '사이'의 후진 문화를 '제하'의 선진 문화에 흡수·동화·융합시킬 수 있는가 하는 것이다. 그의 관점은 분명한데, 즉 "아직 사이에게 변화되었다는 말은 듣지 못했다"라는 말이 그것이다. 이것은 바로 '제하'의 선진 문화는 결코 '사이'의 후진 문화에 의해서 변화될 수도 없고, 설령 진상처럼 변했다고 한다면 그것은 오로지 '제하' 문화가 '사이' 문화로 변한 것이 아니라 '제하' 사람이 '사이' 사람으로 변한 것임을 의미한다.

또한 설령 '사이'의 후진 문화가 '제하'의 문화 공간에 들어온다고 하더라도 결국 그것은 언제나 '제하' 문화의 영향력하에 놓일 수밖에 없음을 의미한다. 엄밀하게 말해, '사이'의 후진 문화는 결코 그 자체로 '제하'의 문화 공간에 들어올 수 없고, 반드시 '제하'의 선진 문화에 의해서 변화(교화)된 뒤에야 비로소 '제하'의 문화 공간에 들어올 수 있는데(이때의 '사이' 문화는 더 이상 '사이' 문화가 아니다), 만약 변화되지 못한다면 '사이' 문화는 자연히 소멸될 수밖에 없다는 것이다. 따라서 맹자의 '용하변이'의 '변'(變)은 조그마한 티끌도 남기지 않는 완전한 변화(흡수·동화·융합)를 전제하는 것으로서 전적으로 '제하' 문화의 토대 위에서 시작하고 끝난다고 해도 지나친 말이 아닐 것이다. 즉 그 과정에서 그 어떠한 '사이'의 문화 체계와 가치 체계도 결코 인정되지 않는다는 것이다.

결국 맹자의 '용하변이'는 '제하'의 선진 문화와 '사이'의 후진 문화의 구별을 '주공과 공자의 도'가 있는가 없는가로 결정짓는 '화이분별론'의 입장과 '사이'의 후진 문화를 '제하'의 선진 문화에 편입·흡수·동화·융합하는 '화이일체론'의 입장을 함께 함축하고 있다고 할 수 있다.

3. 허행에 대한 비판

그럼 왜 맹자는 진상이 배운 허행의 학문을 비판하였는가? 이는 단순히 허행의 학문에 어떠한 치명적 오류가 있었기 때문인가? 아니면 그가 단순히 초나라 만족 출신이었기 때문인가? 먼저 이 문제를 논의하기 위해서는 간략하게나마 맹자 당시에 중원(中原)에서 유행하던 묵적(墨翟, 墨子, 기원전 약 479~기원전 약 381)과 양주(楊朱, 생몰 미상)의 사상에 대한 맹자의 비판적 태도와 관점이 구체적으로 무엇인지를 살펴볼 필요가 있다. 왜냐하면 맹자의 비판적 관점이 그들의 학문에 대한 정확한 이해에 근거를 두기보다는 단지 그들의 학문이 주공과 공자의 학문 노선에서 벗어나 있다는 데에 집중되는데, 이는 묵적과 한 무리라고 알려진 만족 출신인 허행의 학문에 대한 비판적 관점과 태도에도 거의 그대로 적용되기 때문이다.[12]

---

12   許行은 사상사에서 農家로 분류되는데, 학문의 계보상 墨子의 학문을 어느 정도 이어받았다고 볼 수 있다.(王利器, 『呂氏春秋注疏』(成都: 巴蜀書社, 2002), 「當染篇」, 235쪽, "禽滑*[医＋殳＋康](釐)學於墨子, 許犯(許行)學於禽滑*[医＋殳＋康](釐), 田繫學於許犯(許行).") 허행과 묵자의 관계는 張其昀, 『中國哲學의 根源』(중국문화연구소

묵적과 양주에 대한 비판

맹자는 주공에서 공자로 이어지는 학문을 계승하고 보존하는 속에서 그릇된 학설을 반박하여 물리치고 올바른 학문을 널리 드러내는 것을 자신의 최대 임무로 삼았다. 그 중심에는 묵적의 사상과 양주의 사상이 있었다.

묵적의 핵심 사상은 '겸애설'(兼愛說)이다. 그에 따르면, 천하가 혼란한 것은 바로 사람들이 서로 함께 사랑하지 않았기 때문이다. 그래서 혼란한 상황을 종식시키기 위해서는 사람들이 서로 함께 사랑해야 하는데[13], 만약 사람들이 서로 함께 사랑하지 않는다면 하늘이 벌을 내린다는 것이다. 이것은 바로 '천지(天志)에 의한 겸애'를 의미한다.[14] 결국 '겸애설'은 유가가 강조하는 친소(親疎)의 차등을 없앰으로써 천하의 태평을 달성하는 데에 그 목적이 있다고 할 수 있다.

양주의 핵심 사상은 '위아설'(爲我說)이다. 그에 따르면, 즐겁게 사는 것은 바로 자연스럽게 사는 것인데(자연 생명의 유지), 이것은 오직 '나' 자신에게만 달려 있다. 그래서 지나친 탐닉은 지나친 자기 억제와 마찬가지로 자연을 거스르는 것이고, 남을 돕든 침해하든 간에 남의 일에 끼어드는 것은 무의미한 일이다. 이렇듯이 인생의 최고 목적은 방종하지 않고, 공생하지 않으며, 가장 편안하게 자기의 생활을 영위해 나가는 것이다. 여기에 도달하려면 사람들은 마땅히 "위험한 성에는 가

역, 서울: 文潮社, 1984), 482쪽을 참조할 것.

13　孫詒讓, 『墨子閒詁』(新編諸子集成, 北京: 中華書局, 1986), 「兼愛上」, 92-93쪽, "察此何自起, 皆起不相愛." "故天下兼相則治, 交相惡則亂."

14　孫詒讓, 『墨子閒詁』, 「天志上」, 177쪽, "順天意者, 兼相愛, 交相利, 必得賞. 反天意者, 別相惡, 交相賤, 必得罰."

지 말고, 군대에도 나가지 말며, 천하의 큰 이익이 오더라도 정강이의 한 터럭과 바꾸지 않는"[15] 경지에 이르러야 한다. 만약 사람들이 모두 그렇게 한다면 천하는 매우 평안해질 것이다.[16] 결국 위아설은 사람의 자연 생명이 그 자체로 보존되어야 하고, 어떠한 경우에서든지 간에 임의적으로 마구 훼손되지 않아야 한다는 데에 그 목적이 있다고 할 수 있다.

그러나 맹자의 관점에서 그러한 묵적과 양주의 학문은 오로지 주공에서 공자로 이어지는 '제하' 의 찬란한 문화 체계와 가치 체계를 파괴한, 즉 천하의 질서를 파괴한 주범에 불과할 뿐이었다. 그래서 그는 묵적을 "두루 사랑하여 이마(정수리)를 갈아 발꿈치에 이르더라도 천하에 이로우면 하는"[17] 인물로 평가하고, '겸애' 야말로 "아버지가 없는 것"[無父]이라고 비판하였다. 또한 맹자는 양주를 "자신만을 위하여[爲我] 털 하나를 뽑아 온 천하가 이롭더라도 하지 않는"[18] 인물로 평가하고, '위아' 야말로 "임금이 없는 것"[無君]이라고 비판하였다. 결국 그에게서 '무부' (無父)의 묵적 학문과 '무군' (無君)의 양주 학문은 오로지 금수(禽獸)의 학문에 지나지 않았을 뿐이었다.[19]

그렇다면 맹자가 묵적과 양주를 비판한 목적은 무엇인가? 그는 분명히 묵적과 양주의 학문이 종식되지 않으면 '공자의 도' 가 드러나지 못한다고 보았다. 그래서 그는 "양주와 묵적을 말로 거절할 수 있는 사람

---

15   王先愼, 『韓非子集解』(新編諸子集成, 北京: 中華書局, 1998),「顯學篇」, 459쪽, "今有人於此, 義不入危城, 不處軍旅, 不以天下大利易其脛一毛."

16   張其昀, 같은 책, 289쪽 참조.

17   「盡心上」, "孟子曰, "墨子兼愛, 摩頂放踵利天下, 爲之.'

18   「盡心上」, "孟子曰, 楊子取爲我, 拔一毛而利天下, 不爲也.'

19   「滕文公下」, "聖王不作, 諸侯放恣, 處士橫議, 楊朱·墨翟之言盈天下. 天下之言, 不歸楊, 則歸墨. 楊氏爲我, 是無君也. 墨氏兼愛, 是無父也. 無父無君, 是禽獸也.'

은 성인의 무리"[20]라는 입장에서 "(양주와 묵적의) 부정한 학설을 종식 시키고"[息邪說] · "(양주와 묵적의) 편벽된 행실을 막으며"[距詖行] · "(양주와 묵적의) 음탕한 말을 추방하여"[放淫辭] 우(禹) · 주공 · 공자의 학문을 계승하였다. 이렇듯이 그는 양주와 묵적의 학문이 철저하게 주 공에서 공자로 이어지는 학문 노선에서 벗어났다고 보았고, 그들의 학 문을 결코 정통 학문으로 인정하지 않았으며, 나아가 사람들에게 해악 을 끼치는 이단(異端)의 학문으로 규정하였던 것이다.

양주와 묵적의 도(道)가 종식되지 않으면 공자의 도(道)가 드러나지 못할 것이니, 이는 부정한 학설이 백성을 속여 인의(仁義)를 꽉 막는 것이다. 인의가 꽉 막히면 짐승을 내몰아 사람을 잡아먹게 하다가 사람들이 장차 서로 잡아먹게 될 것이다.[21]

옛적에 우(禹)가 홍수를 억제하자 천하가 평해졌고, 주공이 이적(夷狄)을 겸병하고 맹수를 몰아내자 백성들이 편안하였으며, 공자께서 『춘추』를 완 성하자 난신적자(亂臣賊子)들이 두려워하였다 … 내가 또한 인심(人心)을 바로잡아 부정한 학설을 종식시키고 편벽된 행실을 막으며 음탕한 말을 추방하여 세 성인을 계승하려고 하는 것이니, 어찌 변론을 좋아하겠는가? 나는 부득이해서이다.[22]

---

20 「滕文公下」, "能言距楊墨者, 聖人之徒也."
21 「滕文公下」, "楊墨之道不息, 孔子之道不著, 是邪說誣民, 充塞仁義也. 仁義充塞, 則率獸食人, 人將相食."
22 「滕文公下」, "昔者禹抑洪水而天下平, 周公兼夷狄驅猛獸而百姓寧, 孔子成春秋而 亂臣賊子懼 … 我亦欲正人心, 息邪說, 距詖行, 放淫辭, 以承三聖者; 豈好辯哉. 予不得 已也."

그렇다면 과연 묵적과 양주는 맹자의 비판처럼 부정한 학설로 백성을 속이고, 인의(仁義)를 막아 버린 사상가였는가? 물론 그렇지는 않다. 즉 사상사적 관점에서 묵적은 유가와 대척점이 되는 공리주의적 전통을 세운 사상가로 평가할 수 있으며, 양주는 비록 묵적에 비해서 크게 부각되지 않지만 자기의 생명을 국가 위에 놓는 생명주의적 전통을 세운 사상가로 평가할 수 있다. 이러한 평가에 근거하면 그들의 사상을 "부정한 학설"·"편벽된 행실"·"음탕한 말" 등의 표현으로 규정하는 것은 그 자체로 많은 문제를 내포한다고 할 수 있다.

결국 맹자의 양주와 묵적에 대한 비판은 우리가 어떠한 관점을 갖는가에 따라서 받아들일 수도 있고 받아들이지 않을 수도 있을 것이다. 여기서 한 가지 분명한 사실은 맹자와 같이 자신의 지나친 변론에 타당성을 부여하면서까지[23] 오직 주공과 공자의 학문 노선을 벗어났다는 이유만으로 양주와 묵적의 학문을 금수의 학문으로 규정해 버린다면, 이것은 결코 양주와 묵적의 학문을 이해하는 올바른 태도가 아니라는 것이다.

허행에 대한 비판 1: 분업의 문제

맹자는 분업(分業)의 문제와 교환 가격의 문제에 대한 논의를 통해 허행의 주장을 비판하였는데, 진상이 전하는 허행의 주장은 다음의 두 가지로 압축된다.

첫째, 허행은 분업을 통한 경제적 분배를 비판하고, 임금과 백성이

---

23 「滕文公上」, "公都子曰, 外人皆稱夫子好辯, 敢問何也. 孟子曰, 予豈好辯哉. 予不得已也."

경제적으로 절대 평등해야 한다고 주장한다.[24] 진상이 전하는 허행의
주장은 다음과 같다.

> 진상이 허행을 보고 크게 기뻐하여 배운 것(諸夏의 道)을 다 버리고 그에
> 게 배웠는데, 진상이 맹자를 보고서 허행의 말을 전하기를 "등(滕)나라
> 군주는 진실로 현군이거니와 그러나 아직 도를 듣지 못하였습니다. 현자
> 는 백성들과 함께 밭을 갈고서 먹으며 밥을 짓고서 정치하나니, 지금에
> 등나라에는 양곡 창고(倉庫)와 재물 창고[府庫]가 있습니다. 그렇다면 이
> 것은 백성을 해쳐서 자신을 봉양하는 것이니, 어찌 어질 수 있겠습니까?"
> 하였다.[25]

즉 임금은 반드시 "백성을 해쳐서 자신을 봉양하는" 양곡 창고와 재
물 창고를 폐지하고, 백성과 "함께 밭을 갈고서 먹으며, 밥을 짓고서
다스려야 한다"는 것이다. 그러나 맹자의 분업에 대한 관점에서 허행
의 그러한 주장은 많은 문제를 내포한다. 분명히 맹자는 진상에게 허행
의 생활을 묻는 과정에서 허행도 결국 분업을 통해 얻어진 결과물로 물
물교환을 하여 생활하고 있다는 사실을 이끌어 낸다. 아래의 인용구는
맹자가 분업의 중요성을 염두에 두고 진상과의 대화를 이끌어 가는 모
습을 담고 있다.

> 맹자께서 "허행은 반드시 곡식을 심은 뒤에 먹는가?" 하고 묻자, 진상이
> "그렇습니다" 하고 대답하였다. "허행은 반드시 삼베를 짠 뒤에 입는가?"

---

24   김철운, 같은 글, 320쪽.
25   「滕文公上」, "陳相見許行而大悅, 盡棄其學而學焉. 陳相見孟子, 道許行之言曰, …
賢者與民並耕而食, 饔飧而治. 今也滕有倉廩府庫, 則是厲民而以自養也, 惡得賢."

"아닙니다. 허행은 갈옷을 입습니다.""허행은 관을 쓰는가?""관을 씁니
다.""무슨 관을 쓰는가?""흰 비단으로 관을 만듭니다.""스스로 그것을
짜는가?""아닙니다. 곡식을 주고 바꿉니다.""허행은 어찌하여 스스로 짜
지 않는가?""농사일에 방해되기 때문이다.""허행은 가마솥과 시루로써
밥을 지으며, 쇠붙이로써 밭을 가는가?""그렇습니다.""스스로 그것을 만
드는가?""아닙니다. 곡식을 주고 바꿉니다."[26]

맹자가 말했다. "곡식을 가지고 기기(機器)와 바꾸는 것이 도야(陶冶)를
해침이 되지 않으니, 도야 또한 그 기기를 가지고 곡식과 바꾸는 것이 어
찌 농부를 해침이 되겠는가? 또 허행은 어찌하여 도야를 하여 다만 모두
그 집안에서 취하여 쓰지 않고 어찌하여 분분하게 백공(百工)들과 교역하
는가? 어찌하여 허행은 번거로움을 꺼리지 않는가?" 진상이 대답하였다.
"백공의 일은 진실로 밭 갈고 또 할 수는 없는 것입니다."[27]

맹자가 강조한 분업은 백성들의 경제적 안정을 통한 사회 질서의 유
지에 그 목적이 있다. 바로 그가 '대인의 일'과 '소인의 일'을 나누고,
'마음을 쓰는 일'[勞心]과 '힘을 쓰는 일'[勞力]을 나눈 근거는 여기에
있다.[28] 비록 혹자의 주장처럼 그가 강조한 '의주리종'(義主利從)의 분

26　「滕文公上」, "孟子曰, 許子必種粟而後食乎. 曰, 然. 許子必織布而後衣乎. 曰, 否.
許子衣褐. 許子冠乎. 曰, 冠. 曰, 奚冠. 曰, 冠素. 曰, 自織之與. 曰, 否. 以粟易之. 曰, 許
子奚爲不自織. 曰, 害於耕. 曰, 許子以釜甑爨, 以鐵耕乎. 然. 自爲之與. 曰, 否. 以粟易
之."

27　「滕文公上」, "以粟易械器者, 不爲厲陶冶, 陶冶亦以其械器易粟者, 豈爲厲農夫哉.
且許子何不爲陶冶. 舍皆取諸其宮中而用之. 何爲紛紛然與百工交易. 何許子之不憚煩."
曰, "百工之事, 固不可耕且爲也."

28　「滕文公上」, "然則治天下獨可耕且爲與, 有大人之事, 有小人之事, 且一人之身而百
工之所爲備, 如必自爲而後用之, 是率天下而路也. 故曰或勞心, 或勞力, 勞心者治人, 勞

업(정신 노동과 육체 노동)은 경제적 의미상에서 분업을 본 것이 아닐 지라도[29], 분명한 사실은 그에게서 분업이 생산의 증가를 위한 기본 토대를 구성하는 하나의 중요한 요건이고, 나아가 부(富)의 균형을 통한 올바른 경제 질서의 확립이라는 차원에서 분배의 균등 문제와 깊은 관련이 있다는 것이다.

그렇기 때문에 맹자의 관점에서 만약 분업의 경계선이 명확하게 제시된다면 '나'의 직분에 만족하지 않고 '남'의 직분을 빼앗아 이익을 극대화하는 행위는 근절될 수 있고, 동시에 분배의 균등도 실현될 수 있다. 예컨대, '소'를 기르는 사람이 '돼지'와 '양'을 기르는 사람의 것까지 독점해서 기른다면 '부'가 한 사람에게 집중되어 사회의 균형 있는 발전을 기대하기 어렵게 만들 것이다. 이러한 자신의 직분을 넘어서 발생하는 '부'의 집중화는 결과적으로 분배의 균등을 가로막는 큰 원인 중의 하나이다. 이런 점에서 임금을 비롯한 신하들은 함부로 자신들의 직분을 넘어 백성들의 직분을 빼앗거나 이익을 다투는 등의 도리에서 벗어난 행위로써 백성들의 이익 영역을 침범해서는 안 된다. 바로 맹자가 올바른 경제 구조의 확립을 통하여 각 직업들의 고유한 영역을 침범하지 않고 균형을 유지해 나가는 것이야말로 균등한 분배를 실현하는 아주 중요한 것이라고 본 근거는 여기에 있다.[30]

그런데 여기서 간과할 수 없는 사실은 허행 자신이 손수 생산한 곡식으로 백공(百工)들과 교역한다는 진상의 증언에서 보듯이, 그의 주장이

力者治於人, 治於人者食人, 治人者食於人, 天下之通義也." 「滕文公上」, "無君子莫治野人, 無野人莫養君子."

29   趙靖 主編, 『中國經濟思想史(1)』(北京: 北京大學出版社, 1991), 95-96쪽 참조.

30   孟子의 分業에 관련한 내용은 졸저, 『공자와 유가』(서울: 서광사, 2005), 142쪽, 147-148쪽을 참고할 것.

단순히 맹자의 비판처럼 분업 자체의 부당성을 문제 삼은 것이라기보다도 임금과 백성이 공동 생산하고 공동 분배하는 공동체적 삶을 강조하여 그 당시의 부조리한 사회 경제의 구조적 모순을 비판한 데에 있다는 것이다. 이렇게 본다면 맹자의 허행에 대한 비판은 오직 그 자신의 입장만을 확인한 것에 지나지 않고, 그 논점의 핵심에서 많은 부분 벗어나 있다고 할 수 있다.

허행에 대한 비판 2: 교환 가격의 문제

둘째, 허행은 상품 간의 질(質: 정밀함·거칠음·좋음·나쁨)적 차이가 아닌 오직 상품 간의 양(量: 장단長短·경중輕重·다과多寡·대소大小)적 차이만을 고려하여 교환 가격을 결정해야 한다고 주장한다. 진상이 전하는 허행의 주장은 다음과 같다.

> (진상이 말하였다.) 허행의 도(道)를 따르면 시장의 물건 값이 두 가지가 아니어서 온 나라 안이 거짓이 없어, 비록 5척의 동자로 하여금 시장에 가게 하더라도 혹시라도 그를 속이는 자가 없을 것입니다. 베[布]와 비단[帛]의 길고 짧음이 같으면 값이 서로 같고, 삼과 실과 생사(生絲)와 솜의 가볍고 무거움이 같으면 값이 서로 같으며, 오곡의 많고 적음이 같으면 값이 서로 같고, 신의 크고 작음이 같으면 값이 서로 같습니다.[31]

허행의 주장은 오늘날 시장 경제의 복잡한 가격 결정 구조 체계를 굳

---

31 「滕文公上」, "(陳相曰), '從許子之道, 則市賈不貳, 國中無僞. 雖使五尺之童適市, 莫之或欺. 布帛長短同, 則賈相若; 麻縷絲絮輕重同, 則賈相若; 五穀多寡同, 則賈相若. 屨大小同, 則賈相若.'"

이 거론할 필요도 없이, 오직 상식적인 차원에서만 보더라도 치명적인 약점을 가지고 있다. 즉 몇몇 특수한 경우를 제외하고 어떤 물물교환도 결코 상품 간의 양(量)적 차이만을 따져서 그것들의 교환 가격을 결정하지 않는다. 예컨대, 재질이 다르면서 동일한 형태를 지닌 상품들 사이에서는 말할 것도 없고, 재질이 같으면서 동일한 형태를 지닌 상품들 사이에서도 그 양적 차이는 없지만 그 질적 차이(문양이 있거나 재질이 다르거나)가 있다면 상품들의 교환 가격은 달라지기 마련이다.

그래서 모든 상품은 항상 양적 차이와 질적 차이, 그리고 그 외의 차이 등이 모두 종합적으로 고려될 때에 그것들의 교환 가격이 결정되는 것이다. 그렇기 때문에 재질이 같으면서 동일한 형태를 지닌 신발들이 있다고 할 때에 그 신발들의 크기가 각각 다르다고 해서 그것들의 교환 가격이 다르게 결정되는 것도 큰 문제지만(물론 예외적 규정은 있는데, 예컨대 발 사이즈가 너무 커서 소비되는 가죽의 양이 많아지면 교환 가격이 다르게 결정될 수 있다), 재질이 다르면서 동일한 형태를 지닌 신발이 있다고 할 때에 그 신발들의 크기가 모두 같다고 해서 그것들의 교환 가격이 똑같게 결정되는 것 역시 큰 문제이다. 따라서 아래에 제출된 맹자의 허행에 대한 비판은 타당하다.

> (맹자가) 말하였다. 물건이 똑같지 않음은 물건의 실정이니, 값의 차이가 혹은 서로 배가 되고 다섯 배가 되며, 혹은 서로 열 배가 되고 백 배가 되며, 혹은 서로 천 배가 되고 만 배가 되거늘, 그대가 이것(量)을 나란히 하여 똑같이 하려 하니, 이는 천하를 어지럽히는 짓이다. 만일 큰 신발과 작은 신발이 값이 같다면 사람들이 어찌 큰 신발을 만들겠는가? 허행의 도를 따른다면 서로 이끌고서 거짓을 할 것이니, 어떻게 국가를 다스릴 수 있겠는가?[32]

　이와 같이 맹자의 허행에 대한 비판이 타당하다면 그의 비판을 굳이 '사이'의 문화에 대한 비판으로까지 확대 해석할 필요는 없을지도 모른다. 그러나 중요한 사실은 그의 비판이 단순히 허행의 학문적 한계를 지적하는 선에서 그치고 있지 않다는 것이다. 바로 "남만(南蠻)의 왜가리 같이 소리 지르는 사람은 선왕(先王)의 도(道)가 아니다"[33]라는 그의 말에서 확인할 수 있다. 이 말은 두 가지의 함축적 의미가 있는 것으로 보인다.

　첫째는 허행의 학문을 묵적과 양주의 학문처럼 '제하'의 '선왕의 도'에서 벗어난 이단의 학문이자 금수의 학문으로 규정한다는 것이다. 둘째는 허행이 '사이' 중의 하나인 '남만' 출신임을 부각하여 '사이'의 문화를 철저하게 미개한 '후진 문화'로 규정한다는 것이다. 이것에 근거하면 맹자의 그 말은 허행의 학문이 '제하'의 천하 질서를 혼란하게 만드는 주범 중의 하나라고 확신하는 그의 강한 비판 의지를 잘 보여 주고, 동시에 그의 '사이' 문화에 대한 부정적 태도가 얼마나 확고한가를 잘 보여 준다고 할 수 있다.

　결국 맹자의 관점에서 묵적이나 양주와 마찬가지로 허행이 '제하'의 천하 질서를 혼란에 빠뜨리는 학문을 펼쳤을지는 모르지만, 분명한 사실은 허행의 학문이 맹자 앞에 펼쳐진 현실 상황에서가 아니라 바로 허행의 앞에 펼쳐진 현실 상황에 대한 깊은 통찰에서 나왔다는 것이다. 따라서 학문적 관점에서 허행의 주장에 대한 비판은 얼마든지 가능하다고 하더라도 그의 출신 국가를 들먹이면서까지 '사이'의 문화 전반

32　「滕文公上」, "(孟子)曰, '夫物之不齊, 物之情也. 或相倍蓰, 或相什伯, 或相千萬, 子比而同之, 是亂天下也. 巨屨小屨同賈, 人豈爲之哉. 從許子之道, 相率而爲僞者也, 惡能治國家.'"

33　「滕文公上」, "今也南蠻鴃舌之人, 非先王之道."

에 대하여 부정적 태도로 일관하는 것은 옳지 않으며 반드시 지양되어
야 할 것이다.

4. 용하변이와 천하주의

선한 마음과 용하변이

앞서 보았듯이, 맹자의 '용하변이'라는 말이 '제하'의 선진 문화를 이
용하여 '사이'의 후진 문화를 변화시킨다는 의미라고 한다면, 이것은
철저하게 문화라는 이름으로 민족과 문화의 특수성과 차이성을 인정하
지 않는 태도에 기초한다고 할 수 있다. 즉 '사이'는 오직 자신들의 고
유한 문화를 버리고 '제하'의 선진 문화를 받아들여 변화해야지만 '제
하'의 문화 공간에 들어올 수 있고, 이때에 비로소 그 존재의 이유와
가치가 있다는 것이다. 그러나 '사이'가 '제하'의 선진 문화를 받아들
여 변화하지 않는다면 '사이'는 문화가 낙후된 부족으로 남거나 사라
진다는 것이다. 따라서 '사이'의 후진 문화는 그 어떠한 경우에도 '제
하'의 선진 문화보다 우수(우월)할 수 없다는 것이다.
　　그런데 그러한 주장에 대한 반론도 만만치 않을 것이다. 즉 맹자가
사람들을 모두 포괄하는 보편적 도덕 원칙으로 사람이 태어나면서 가
지고 있는 '선한 마음'[善心]을 제출하였기 때문에 그렇게 보는 것은 그
의 사상에 대한 왜곡이 아닌가 하는 것이다. 다시 말해 '선한 마음'[善
心]의 제출이 사람들 각각의 끊임없는 자각에 의해 획득된 도덕성을 천
하에 실현하여 그 안에 있는 모든 사람이 평화롭게 살아가는 원대한 도
덕 이상의 세계를 실현하는 데에 있기 때문에 위의 주장은 너무 편협하

고 너무 성급한 판단이 아닌가 하는 것이다. 그러나 중요한 사실은 '선한 마음'[善心]을 '용하변이'와 관련지어 볼 때에 비록 맹자가 철저하게 '제하'와 '사이'의 구별에서 혈통(특정 종족과 민족)을 배제하였다고 하더라도, 만약 그가 '제하'의 왜곡되고 굴절된 모든 정치적 상황을 타개할 목적에서 '용하변이'를 제출하였고 한다면, 또한 그 원칙으로 그러한 '선한 마음'을 제출하였다고 한다면 그 성격은 달라질 수 있다는 것이다.

그렇다면 문제의 핵심은 맹자가 '사이'의 문화 체계와 가치 체계를 인정하지 않았다는 데에 있다. 왜냐하면 그가 사람의 '선한 마음'[善心]을 보편적 도덕 원칙으로 제출하였다고 하더라도, 그것의 실현을 위한 문화적 토대는 결코 '주공과 공자의 도'라는 '제하'의 문화 체계와 가치 체계에서 벗어날 수 없기 때문이다. 이러한 문화적 토대에서 벗어난 상태에서 '사이'는 '선한 마음'[善心]을 발현하려고 해도 발현할 수 없고, 설령 발현하였다고 하더라도 그것이 무엇인지를 알 수 없다는 것이다. 그렇기 때문에 '사이'가 오직 자신들의 문화를 버리고 '주공과 공자의 도'라는 '제하'의 문화 체계와 가치 체계를 받아들일 때에만, 그 위에서 그들은 '선한 마음'[善心]을 제대로 발현할 수 있고 그것이 무엇인지를 보다 분명히 알 수 있다는 것이다. 바로 앞서 말한 '진량'의 예가 그것이다.

천하 개념과 천하주의

'사이'가 '제하'의 문화 체계를 받아들여 '선한 마음'[善心]을 발현하는 상태에 도달되었다는 것은 바로 '제하'의 문화 안에 이미 '사이'의 문화가 포괄되는(더 이상 '사이' 문화가 아니다) 천하의 질서가 확립되었다는 것을 가리킨다. 이러한 확립 속에서는 '사이' 문화가 결코 통용될 수 없는 '자문화중심주의'의 기류만이 흐르고 있을 뿐이다. 과연 그 이유는 무엇인가? 이것은 바로 맹자의 '용하변이'가 궁극적으로 '제하'와 '사이'의 구분 없이 '제하'에 모든 것을 집중시키는 일원적 (一元的) 세계 질서로서의 '천하주의' (天下主義)를 지향하고 있기 때문이다. 그래서 여기서는 정치 영역에서 맹자가 제출한 '천하'가 구체적으로 무엇을 의미하는지를 보다 분명하게 규명할 필요가 있다.

앞서 보았듯이 맹자가 활동했던 전국 시대는 사회 질서를 지탱하던 도덕 기강과 경제 기반이 거의 다 무너져 내린, 즉 정치·사회적 통합을 이루는 근본 토대로서 사람 관계를 다루는 도덕규범이자 '제하' 세계의 종법적 봉건 질서를 유지하는 보편 원칙인 '예악'이 거의 작동되지 않았던 시대였다. 이런 시대에서 그가 선택한 것은 '하늘'을 천하 질서의 최고 근거로 설정하고, 그러한 하늘로부터 천하를 다스리는 정당성을 유도해 내는 것이었다.[34] 즉 그가 "하늘을 순종하는 자는 보존되고, 하늘을 거스르는 자는 망한다"[35], "하늘의 이치[天理]를 즐거워하는 자는 천하를 보존하고, 하늘의 이치를 두려워하는 자는 그 국가를 보존한다"[36]라고 말하며, 천자를 '하늘의 관리'[37]로 규정하고, 천하의 백성을 '하늘의 백성'[38]으로 규정한 것은 그 단적인 예이다.

그래서 맹자는 천자에게 천하를 소유케 한 것은 하늘이기 때문에, 천자가 천하를 다스리는 것은 하늘의 뜻에 의한 것이지 결코 천자 자신의

---

34   김철운, 『유가가 보는 평천하의 세계』(서울: 철학과현실사, 2001), 58쪽.

35   「離婁上」, "順天者存, 逆天者亡."

36   「梁惠王下」, "樂天者保天下, 畏天者保其國."

37   「公孫丑上」, "如此, 則無敵於天下, 無敵於天下者, 天吏也. 然而不王者, 未之有也."

38   「盡心上」, "有天民者, 達可行於天下而後, 行之者也."

뜻에 의한 것이 아니며, 천자의 임무는 하늘의 뜻을 천하에 실현하여 천하의 질서를 확립하는 것이라고 강조하였다.[39] 이것은 바로 그가 천하를 현실적으로 모든 정치 질서의 원천인 하늘의 뜻이 반드시 실현되어야 하는 장소로 규정하였음을 의미한다.

그런데 엄밀하게 말해, 맹자의 관점에서 하늘의 뜻은 결코 알 수 없고, 다만 백성의 뜻을 통해서 하늘의 뜻을 알 수 있을 뿐이다. 그래서 백성의 뜻은 바로 하늘의 뜻이며, 또한 국가의 근원이 하늘에 있음은 바로 그 근원이 백성에 있다는 것이다. 바로 그의 "하늘은 말하지 않고, 행실과 일로써 보여 줄 뿐이다"[40]와 "하늘은 백성이 보는 것으로부터 보고, 백성이 듣는 것으로부터 듣는다"[41], 그리고 "하늘이 순임금에게 임금의 직위를 주는 것은 실제로 백성이 순임금에게 임금의 직위를 주는 것과 같다"[42]가 그것이다. 따라서 하늘은 그 자체의 판단과 기준에 근거해서 자기 멋대로 새로운 임금을 결정하는 존재가 아니라, 오로지 백성의 판단과 기준에 근거하여 새로운 임금을 최종 결정하는 존재일 뿐이다.

이렇듯이 맹자의 관점에서 모든 정치 질서의 원천은 '하늘'에 있기 때문에 천자가 '하늘의 뜻'을 실현하려면 그는 반드시 정치적으로 분산된 제후국들을 하나로 응집해야 한다. 그래서 맹자는 천하에 있는 모

---

39 「萬章上」, "孟子曰, 否, 天子不能以天下與人. 然則舜有天下也, 孰與之. 曰, 天與之, … 曰天子能薦人於天, 不能使天與之天下, 諸侯能薦人於天子, 不能使天子與之諸侯."

40 「萬章上」, "天不言, 以行與事示之而已矣."

41 「萬章上」, "天視自我民視, 天聽自我民聽."

42 「萬章上」, "孟子曰否. 天子不能以天下與人. 然則舜有天下也 … 曰天與之 … 天不言, 以行與事示之而已矣 … 天子能薦人於天, 不能使天與之天下, … 曰使之主祭而百神享之, 是天受之, 使之主事而事治, 百姓安之, 是民受之也. 天與之人與之, 故曰天子不能以天下與人."

든 것이 내면적으로 상호 긴밀하게 연결되어 있음을 강조하기 위해서
개인이 존재하기 위해서는 가정이 있어야 하고, 가정이 존재하기 위해
서는 나라가 있어야 하며, 나라가 존재하기 위해서는 천하가 있어야 한
다고 말하였다.

> 사람들이 말하는 것이 있다. 모두는 천하 국가라고 말한다. 천하의 근본은
> 나라에 있고, 나라의 근본은 가정에 있으며, 가정의 근본은 몸에 있다.[43]

위의 인용구는 천자가 다스리는 천하가 개인[身]·가정[家]·나라
[國]를 포괄하는 최고 최대의 정치적 단위이고, 반면에 개인·가정·나
라가 천하의 하급의 정치적 단위임을 의미한다. 물론 하급의 정치적 단
위라는 것은 기본적으로 개인·가정·나라가 결코 천하를 벗어나서 그
자체로 독립해 있는 정치적 단위가 아님을 의미한다.[44] 그렇기 때문에
'천하'는 개인·가정·나라와 독립해 있는 정치적 단위가 아니라 개
인·가정·나라가 각각 천하의 구성 요소로써 균형 있게 잘 짜여 있을
때의 최상급의 단위이다. 바로 이런 경우에 천하 안에 포함되는 개인·
가정·나라는 천자가 지배하는 '천하'의 하급 단위가 아니라 그 자체로
써 '천하'를 구성하는 최상급의 단위가 되는 것이다.[45]

그런데 앞서 보았듯이 맹자에게서 하늘은 천하 질서의 최고 근거이
고, 천자는 '하늘'이 그 자신에게 준 천하 안에서 모든 국가를 다스려
서 천하의 질서를 확립하는 존재이다. 그렇기 때문에 천자가 가까운 곳
에서 먼 곳으로 서서히 일통(一統)해 나가는[46], 즉 '정어일'(定於一)해

---

43   「離婁上」, "人有恒言, 皆曰, 天下國家. 天下之本在國. 國之本在家. 家之本, 在身."

44   「梁惠王下」, "天下固畏齊之彊也, …."「梁惠王上篇」, "晋國, 天下莫強焉, …."

45   김철운, 『유가가 보는 평천하의 세계』, 59쪽.

나가는 것은 그 자체로 정당성을 부여받는다. 여기서 '사이'는 천자의 지배력이 미치는 천하에서 '제하'로부터 독립적으로 존재하는 주체가 결코 될 수 없고, 즉 천하라는 전체의 한 부분으로서 천자의 지배 영역인 천하를 벗어나서는 결코 그 존재의 이유와 가치가 없다.[47] 이렇게 본다면 천하는 오직 '제하'의 문화만이 반드시 실현되어야 하고 통용되어야 하는 장소인 동시에 '용하변이'가 반드시 작동되어야 하는 장소인 것이다.

결국 맹자의 '용하변이' 사상은 후대에 '제하'의 선진 문화를 보호하고 발전시켜 문화상의 후진 민족을 흡인하고 각 민족의 대융합을 촉진시켜서 문화상의 대통일을 이룬다는 주장의 이론적 근거가 되었다고 할 수 있다. 즉 혹자의 주장처럼 그러한 "소수 민족을 적시(敵視)하던 사상은 후대의 유가에게 계승되었고, 대한족주의(大漢族主義)라는 이하지방(夷夏之防)의 이론적 근거가 되었다"[48]는 것이다. 따라서 '용하변이' 사상의 등장은 결코 '제하'와 그 성격이 다른 '사이'의 문화 체계와 가치 체계를 인정하지 않는 한갓 문화패권주의의 전주곡일 뿐이었다고 할 수 있다.

---

46   이것은 천하[大]가 하나의 질서 아래[一] 행동을 통일해 간다[統]는 대일통(大一統)을 의미한다. 梅桐生 譯註, 『春秋公羊傳全釋』(貴州: 貴州人民出版社, 1998), 「成公 15年」, 340쪽, "春秋內其國而外諸夏, 內諸夏而外夷狄. 王者欲一乎天下, 曷爲以外內之辭言之, 自近者始也." 梅桐生 譯註, 『春秋公羊傳全釋』, 「隱公元年」, 13쪽, "春王正月, 元年者何. 君之始年也. 春者何. 歲之始也. 王者孰謂. 謂文王也. 曷爲先言王而後言正月. 王正月也. 何言乎王正月. 大一統也."('大一統'에 관한 자세한 것은 金忠烈, 「中國〈天下思想〉의 哲學的 基調와 歷史傳統의 形成」(尹乃鉉 外, 『中國의 天下思想』, 서울: 民音社, 1988), 128-131쪽을 참조할 것.

47   김철운, 앞의 책, 323쪽 참조.

48   任繼愈 主編, 『中國哲學發展史(先秦篇)』(北京: 人民出版社, 1998 2刷本), 339쪽.

5. 간략한 평가

맹자는 전국 시대라는 급변하는 상황 속에서 '용하변이'를 주장하여 물리적인 힘이 아니라 '주공과 공자의 도'라는 문화적인 규정에 근거하여 '사이'의 후진 문화에 대한 근본적인 변화를 모색하였다. 그 핵심은 '제하'의 선진 문화로 '사이'의 후진 문화를 변화시킨 문화적 토대 위에서 '사이'는 그 '선한 마음' [善心]을 보존하고 확충할 수 있지만, 만약 그렇게 하지 않는다면 사이는 금수와 같은 삶에서 벗어날 수 없다는 것이다. 왜냐하면 그러한 문화적 토대를 벗어난 상태에서 '사이'는 '선한 마음' [善心]을 발현하려고 해도 결코 발현할 수 없으며, 설령 발현하였다고 하더라도 그것이 진정으로 무엇인지를 결코 알 수 없기 때문이다.

맹자의 관점에서 '사이'가 자신들의 후진 문화를 버리고 '주공과 공자의 도'라는 '제하'의 선진 문화를 받아들이게 되면 '사이'는 '제하'의 문화 공간으로 편입되지만, 그렇게 하지 않는다면 '사이'는 오로지 문화가 낙후된 '사이'의 민족으로 남거나 결국 소멸될 뿐이다. 그렇기 때문에 '사이'의 후진 문화는 결코 그 자체로 '제하'의 선진 문화 공간에 들어올 수 없고, 반드시 '제하'의 선진 문화에 의한 근본적 변화(교화)를 거친 뒤에야 비로소 그 안에 올 수 있다. 물론 이때의 '사이' 문화는 더 이상 '사이' 문화가 아닌 '제하' 문화일 뿐이다.

그런데 여기에는 반드시 간과하지 말아야 할 것이 있다. 즉 앞서 논의한 맹자의 "잘 변화하였다"[善變]는 진량과 "잘 변화하지 못하였다"[不善變]는 진상에 대한 평가에서 보듯이, '제하'의 선진 문화를 배운 사람이 '사이'의 후진 문화를 사용하여 '사이'의 사람으로 변화되는 일은 있어도, '제하'의 선진 문화 자체가 '사이'의 후진 문화로 변화하

는 일은 결코 없다는 것이다. 만약 변했다면 그것은 사람이 변한 것에
불과하다는 것이다. 바로 맹자가 "아직 사이에게 변화당했다는 말은
듣지 못했다"는 강한 포부를 드러낸 근거는 여기에 있었다.

결국 맹자가 비록 '제하'와 '사이'의 구별에서 종족과 민족적 편견
의 제약에서 벗어났다고 하더라도, 그가 제출한 '용하변이'에 근거하
면 그는 결코 '제하' 문화의 '사이' 문화에 대한 우월 의식을 벗어나지
못하였다고 할 수 있다. 그의 관점에서 '사이'는 도덕적으로 옳음과 그
름을 판단하는 보편적 도덕 원칙은 고사하고 하나의 고유한 문화 체계
와 가치 체계조차 가지고 있지 않기 때문이다. 따라서 그의 주장 저변
에는 '제하'의 문화 공간에서 '사이'의 문화를 결코 인정하지 않는 '문
화우월주의'(자문화중심주의)의 기류와 '사이'의 문화를 '제하'의 문
화 공간에 편입시키고 동화시키는 '문화동화주의'의 기류가 함께 흐르
고 있다고 할 수 있다.

반고: 기미론

1. 문제 제기

기미론(羈縻論)의 '기미'라는 말은 실지로 "소나 말처럼 굴레를 씌워 견제(통치)하면서도 그 관계를 단절하지 않는다"는 '기미부절'(羈縻不絶)을 의미한다. 즉 소나 말에 굴레를 씌우고 고삐를 느슨하게 매어 놓고 놓아먹이듯이 기르다가 소나 말이 고삐의 길이보다 먼 곳으로 달아나려고 하면 그럴 때마다 한 번씩 고삐를 잡아당겨 그런 행동에 제재를 가한다는 것이다. 그래서 반고(班固)와 같은 기미론자들은 한나라가 '사이'(四夷)를 철저하게 국경선 밖에 격리하고 그들과 어떠한 공식적인 외교 관계도 맺지 않되, '사이'가 언젠가 조금의 틈을 노려 한나라를 침략할지도 모르기 때문에 그들에 대한 감시와 견제(통치)의 끈을 결코 내려놓지 않아야 한다고 강조하였다.

  기미론은 한나라 이전보다 '사이'에 대한 배타적 관점을 더욱더 분명하게 드러냈다. 그 관점은 '사이'를 금수(禽獸)와 같은 본성을 지닌 존재로 규정하고 어떠한 경우든지 간에 그들의 본성을 결코 신뢰할 수 없다는 것이었다. 물론 이러한 규정은 뒤의 반고의 주장에서 보듯이 춘추 패권 시대의 정치 이념인 '존왕양이'(尊王攘夷)에 연원을 두고 있었다. 간략하게 말해 '존왕양이'는 제후국 중에서 가장 강력한 제후의 패권하에서 일단 천하의 질서를 회복하고 힘을 모아 함께 이적(夷狄)을 치자는 방책이었다. 이것은 명분상으로는 주나라 왕실을 함께 받들면서 패권을 잡은 나라가 중원을 규합하여 '이적'에 대항하는 것이었다. 즉 패권이 명분상 천하국의 임무를 대행하였다.[1] 이렇듯이 패주(覇主)는 제후국을 소집하여 연합 동맹[會盟]을 맺고, 그 여세를 몰아 '제하'(諸夏)의 안으로 침략한 '사이'를 '제하'의 밖으로 철저하게 몰아내고 '제하'의 문화 영역을 보존하고 확대하는 등 '사이'에 대한 배타적 입장을 더욱더 공고히 하였다. 이러한 배타적인 관점은 한나라의 '기미론'에 그대로 흡수되었던 것이다.

그런데 '기미론'과 '존왕양이론'은 기본적으로 '사이'의 침략으로부터 '제하'의 문화를 지킨다는 명분하에서 출발하였지만, 크게 보면 그 둘 사이에는 두 가지의 엄격한 차이점이 있었다.

첫째는 '사이'에 대해서 어떠한 입장을 취하였는가 하는 것이다. '기미론'은 비록 '사이'를 철저하게 한나라의 경계선 밖에 두면서도 결코 그 관계를 끊지 않는다는 '기미부절'의 입장에서 '사이'에 대한 어떠한 군사적 정벌과 정치적 지배도 배제하는 소극적 태도를 취하였다. 반면에 '존왕양이론'은 '사이'를 철저하게 '제하'의 땅 밖으로 몰아낸다는 입장에서 '사이'의 침략에 즉각적으로 대응하여 철저하게 응징하는 적극적 태도를 취하였다.

둘째는 '사이'에 대한 배타적 입장을 드러낸 목적이 무엇인가 하는

---

1   김충열, 『중국철학사』(서울: 예문서원, 1994), 197-198쪽 참조.

것이다. '기미론'은 한나라가 흉노(匈奴)의 침략이라는 외부 문제를 효과적으로 해결하면서 한나라를 중심으로 그 주변 국가에게 안정된 위계질서를 부여하는 강력한 통일 제국의 건설에 초점이 맞추어져 있었다. 반면에 '존왕양이론'은 천자국(天子國)인 주나라의 임무를 대신한 패주가 제후국들 간의 연합동맹[會盟]을 통하여 '사이'의 침략을 해결하면서 그 자신의 정치적 지배력을 정당화하는 데에 초점이 맞추어져 있었다.

'기미론'은 한나라 초기에 활발하게 논의가 진행되고 정책에도 반영된 '화친론'(和親論)과 '정벌론'(征伐論)에 대한 비판적 관점을 형성하면서 등장하였는데, 그것은 이 두 주장보다 더욱더 엄격한 '화이분별론'(華夷分別論)에 기초하였다. 즉 '제하'와 '사이'의 관계는 인(人: 諸夏, 사람의 형상에 사람의 마음을 지닌 존재)과 비인(非人: 四夷, 사람의 형상에 짐승의 본성을 지닌 존재)의 관계로서, 결코 '사이'의 본성을 신뢰할 수 없기 때문에('화친론'과 '정벌론'의 입장이기도 함) 한나라는 '사이'와 어떠한 공식적 접촉도 할 필요가 없다는 것이었다. 간단하게 말해 한나라는 '사이'와 화친도 할 필요가 없고, 정벌도 할 필요가 없다는 것이었다. 이러한 '기미론'이 추구한 궁극 목적은 한나라를 중심으로 모든 주변국이 일정한 질서 아래에 결집되어 안정된 위계질서를 부여받는 강력한 통치 질서의 확립에 있었다. 결국 '기미론'은 무제(武帝) 사후에 '사이'에 대한 대외 정책을 결정하는 데에서 아주 중요한 이론적 근거가 되었다.

이제 여기서는 한나라 초기 '사이'에 대한 대외 정책으로 등장했던 '화친론'과 '정벌론'의 논쟁을 분석하면서 그것들이 어떻게 역사의 무대에서 등장하였고, 또한 어떻게 사라졌으며, 나아가 그 둘에 대한 비판적 관점에서 등장한 '기미론'을 분석하면서 그것이 어떻게 한나라를 대표하는 '화이분별론'이 될 수 있었는가에 대한 심도 있는 논의를 진행할 것이다. 세부적으로는 한나라의 천하관의 형성 배경과 함의는 무엇이고, 또한 '화친론'과 '정벌론'의 핵심 주장은 무엇이며, 나아가 그 둘의 비판 속에서 등장한 '기미론'이 어떻게 차후에 '사이'에 대한 한나라의 대외 정책을 결정하는 데에서 하나의 중요한 이론적 근거가 될 수 있었는가를 차례대로 살펴볼 것이다.

2. 한나라 중심의 위계질서 확립

진나라의 천하관

전국 시대의 천하관(天下觀)은 현실적으로 제후국들의 계속된 전쟁이 불러온 혼란한 정치 상황을 하루라도 빨리 종결짓고 강력한 통일 국가를 출현시켜야 한다는 그 당시의 정치적 과제와 밀접한 관계가 있었다. 그래서 '천하' 개념은 사람들의 의식이 미치는 전 인류 혹은 전 세계라는 광의적 의미보다도 '중국'이라는 다소 협의적 의미로 인식되었다. 그러나 진(秦)나라가 전국인(戰國人)들의 희망이었던 천하 통일을 실현한 뒤부터 모든 상황은 달라졌다. 진나라는 법가(法家)의 법치(法治) 이념에 근거하여 강력한 내부적 통치 체제뿐만 아니라 외부적 통치 체제를 갖추기 위한 실질적인 대안을 모색해 나갔다. 그러는 과정에서 진나라는 정치상·사상상의 압박을 단행해 나갔는데, 그 결과 두 개의 큰 역사적 사건이 발생하였다. 하나는 순우월(淳于越)이 봉건 제도의 회복을 주장하자 이사(李斯)가 반대하고 나서면서 빚어진 분서(焚書) 사건이었고, 또 하나는 이 사건 2년 후에 사소한 문제로 터진 갱유(坑儒) 사

건이었다.[2]

　그러한 분서·갱유 사건 이후부터 진나라는 국가의 강력한 통치 이념과 통일 정책을 강화하기 위해 자신들의 정치적 역량을 계속 확대해 나갔고, 또한 사람과 사람의 외적 관계에 대한 강제력(구속력)을 계속 강화해 나갔다. 물론 그 이념과 정책의 이론적 근거는 유가의 '사람에 대한 존중과 인성에 대한 신뢰로써 각 개인의 고유한 덕을 통하여 사람

2　분서(焚書)와 갱유(坑儒)의 자세한 내용은 『史記(1)』(北京: 中華書局, 1994 2版 13刷本), 6卷, 「秦始皇本記」, 33年(254-255쪽)과 35年(258쪽)을 참조할 것. 그런데 '분서'와 '갱유' 사건은 기본적으로 진나라가 천하를 통일한 후에 유가 사상까지도 끌어들여 그들의 정책에 이용하는 노력을 보였다는 점에서(『史記(1)』, 6卷, 「秦始皇本記」, 242쪽, "… 與魯諸儒生議, ….") 유가에 대한 전면적 압박이 아니었다고 할 수도 있다. 그러나 중요한 사실은 그 사건이 진나라의 유가 억제 정책의 하나의 도화선이 되었고, 그 이후로 유가의 정치적 입지가 확보되기 매우 어려워졌다는 것이다. 즉 이사(李斯)가 '분서'를 천명하는 "今諸生不師今而學古, 以非當世, 惑亂黔首."(『史記(1)』 6卷, 「秦始皇本記」, 255쪽, 諸生不師今而學古, 以非當世, 惑亂黔首."(諸生은 儒者를 가리킨다.(같은 책, 258쪽, "諸生皆誦法孔子."))라는 말에서 보듯이, 진나라는 그러한 사건이 일어나기 이전부터 유가가 진나라의 통일 정책을 실행하는 데에 걸림돌이 된다는 입장에서 유가에 대한 전면적인 탄압 정책을 실시하려고 했던 것이 아닌가 한다. 그렇다고 한다면 진나라와 유가의 관계를 긍정적 측면에서 보는 것은 다소 지양되어야 할 것이다. 그런데 양계초와 전목에 따르면 '분서'와 '갱유' 사건은 유가를 탄압하려는 의도에서 나온 것이 아니었다는 것이다. 양계초는 진시황이 개인적으로 유가를 존중하였다는 기본 입장에서 그가 '분서'를 명령한 것은 학자가 있기를 바람이었고, 관리로써 스승을 삼으라는 것이었으며, 백성의 배움을 금지하려는 것이 아니었다고 하여 진시황을 유교의 제2공신으로 보고 있다.(梁啓超, 『中國文化思想史』(李民樹 역, 서울: 正音社, 1983), 108-109쪽 참조) 또한 전목은 '분서' 사건은 순전히 정치 사상에서의 충돌을 표현한 것으로서(즉 反戰 사상을 실현시키려면 정치적 입장에서 세계에는 두 국가나 두 정부가 동시에 존재해서는 안 되며, 사회적 입장에서 인류는 또 귀천이나 빈부를 따질 것 없이 두 계급으로 갈라져서는 안 된다는 기본 입장이다), 진시황 개인의 야심과 사욕에서 나왔다고 말할 수 없고, 또 결코 그들이 학술을 파괴하려는 마음을 가졌던 것도 아니라고 주장한다.(錢穆, 『中國文化史導論』(車柱環 역, 서울: 乙酉文化社, 1984), 113-114쪽 참조)

과 사람의 내재 관계를 건립한다'[3]는 덕치(德治)가 아니라, 법가의 '사
람의 악한 본성을 결코 변화시킬 수 없기 때문에 반드시 신상필벌(信賞
必罰)의 강력한 법으로 통치해야 한다'는 법치(法治)였다.

그러한 강화 속에서 진나라는 그 이전과는 아주 다른 '천하'(天下)
개념을 제출하였다. 즉 '천하'는 그 이전의 해내(海內)와 같이 군현(郡
縣)이 설치된 모든 지역을 포함하였는데, 이때에 군현이 설치된 공간
영역은 이미 전국칠국(戰國七國)의 판도를 뛰어넘은 공간 영역이었다.
이러한 천하 개념은 진나라 사람들이 상정할 수 있는 최대한의 범주였
다는 점에서 천하는 오로지 '중국'이라는 제한된 공간 영역을 넘어서
'사이'의 구거주지까지 포괄하는[4] '세계'를 의미할 뿐이었다.[5]

　… 천하를 평정하여 해내(海內)를 군현으로 삼으니 … 지금 해내는 폐하
　의 신령에 힘입어서 통일되어 모두 군현이 되었으니 ….[6]

　지금 황제가 해내(海內)를 하나로 하여[幷一] 군현으로 삼으니, 천하가 화
　평합니다.[7]

3　徐復觀, 「儒家政治思想的構造及其轉進」(『學術與政治之間』, 臺北: 臺灣學生書局,
1985 臺再版), 49쪽.

4　『史記』卷6, 「秦始皇本記」, 33年, 253쪽, "三十三年, 發諸嘗逋亡人 · 贅婿 · 賈人略
取陸梁地, 爲桂林 · 象郡 · 南海, 以適遣戍. 西北斥逐匈奴. 自楡中並河以東,
屬之陰山, 以爲(三)十四縣, 城河上爲塞. 又使蒙恬渡河取高闕 · (陶)陽山 · 北假中, 築亭障以逐戎
人. 徙謫, 實之初縣. 禁不得祠. 明星出西方."

5　金翰圭, 『古代中國的世界秩序硏究』(서울: 一潮閣, 1982), 105–106쪽 참조.

6　『史記』卷6, 「秦始皇本記」, 26年, 236쪽, "… 平定天下, 海內爲郡縣, ….", 239쪽,
"今海內賴陛下神靈一統, 皆爲郡縣, …."

7　『史記』卷6, 「秦始皇本記」, 28年, 247쪽, "今皇帝幷一海內, 以爲郡縣, 天下和平."

6장. 반고: 기미론   171

그런데 진나라의 천하 개념은 겉으로는 그들의 보편적 세계의식을 반영하는 것처럼 보였지만, 안으로는 그들의 정치 역량을 만방에 표방하여 거대하고 강력한 통일 국가를 지탱해 나가고자 하는 강한 열망을 담고 있었다. 왜냐하면 천하는 서주(西周) 시대에 등장한 하늘 아래 존재하는 모든 것을 의미하는 보편적 공간 영역이 아니라 힘의 상징인 황제(皇帝)라는 하나의 통치 권력에 의해 지배되는 통일적(획일적) 공간 영역을 의미하며, 또한 그 하나에 집중하는 형태로서의 세계 질서(World Order)의 확립이었기 때문이다.[8] 결과적으로 이러한 강력한 천하관은 진시황(秦始皇, 기원전 259~기원전 210) 사후에 진나라의 멸망을 가속화시킨 원인 중의 하나로 작용하였다고 할 수 있다.

한나라의 천하관

진시황의 사후에 벌어진 권력 쟁탈과 4년 동안의 초(楚)나라와 한(漢)나라의 천하 쟁탈전을 거쳐 통일된 한나라 초기에 오면 천하 개념은 전국칠국의 의미로서의 '중국'이나 중국과 '사이'를 모두 포괄하는 보편적 의미로서의 '세계'가 상당히 혼재되어 사용되었다. 그 뒤에 '중국'은 '사해지내'(四海之內)이고, '사해'(四海)는 '사이'라는 논리가 성립되었다.[9]

그러한 천하관의 출현은 그 당시에 한나라가 직면한 국내외의 정치적 상황과 깊은 관계가 있었다. 한나라의 고조[漢高祖, 기원전 247~기

---

8   皇帝 개념에 대한 자세한 내용은 鄭夏賢, 「皇帝支配體制의 成立과 展開」(서울대학교 동양과학연구회, 『講座中國史 I』, 서울: 지식산업사, 1989)를 참조할 것. 여기서는 秦나라의 天下 개념에 영향을 준 것으로 道家의 天下 개념을 들고 있다.

9   김한규, 같은 책, 83~108쪽 참조.

원전 195, 재위: 기원전 202~기원전 195]는 항우(項羽, 기원전 232~
기원전 202)와의 전쟁에서 승리하여 천하 통일을 이루었으나 통치 기
반이 약했던 관계로 통일 이후에 공신 집단에게 권력을 나누어 줄 수밖
에 없었다. 그는 처음부터 진나라와 같은 강력한 통치 기반을 지향하였
지만 그의 앞에 펼쳐진 현실 세계는 이전의 분열된 전국(戰國)적 세계
와 거의 다를 것이 없었다. 이런 와중에 흉노는 호시탐탐 한나라의 국
경을 넘으려는 야욕을 끊임없이 드러냈던 것이다.

한나라의 고조는 처음에 힘의 우위를 통해서 흉노의 침략에 대응해
보려고 하였지만 곧 현실적 한계에 부딪치고 말았다. 그래서 그가 취한
방법은 대외적으로 흉노의 침략을 효과적으로 해결하면서 대내적으로
자국 내의 정치적 안정과 평화를 도모하는 것이었다. 고조의 대내외 정
책에 이론적 근거를 제공한 것은 유경(劉敬, 생몰 연대 미상)의 '화친
론'이었는데, 이로써 천하는 한나라와 '사이'가 병존하는 영역으로 인
식되었다. 따라서 고조 때에 한나라의 실질적인 지배 영역은 '중국'이
라는 제한된 공간 영역 안에 머물 수밖에 없었다.

그런데 한나라의 무제[漢武帝, 기원전 156~기원전 87, 재위: 기원
전 141~기원전 87] 시대에 가면 왕회(王恢, ?~기원전 133)와 같은
정벌론자들의 등장으로 황제의 정치 역량을 강화해야 한다는 주장들이
제출되어 채택되었다. 이로써 천하는 황제의 권력 의지를 반영하는 것
으로서 중외(中外)의 구분 없이 황제에 의해 일원적·직접적으로 지배
되는 공간 영역으로 인식되었다. 그러나 무제가 죽은 이후에 흉노에 대
한 직접 지배와 통치의 실효성에 대한 무용론(無用論)이 제기되면서 천
하는 한나라를 중심으로 모든 주변 국가가 일정한 질서 아래에 결집되
어 안정된 위계를 부여받는 공간 영역으로 바뀌었다.[10]

결국 한나라는 그러한 천하관을 더욱더 확고히 해 나가는 과정에서

천하를 중심부과 주변부로 명확히 구별하고 그 주변부와 중심부의 모든 공식적인 관계를 철저하게 차단하는 속에서 주변부에 대한 배타적 관점을 더욱더 공고히 해 나갔다. 이것에 이론적 근거를 제공한 것은 다름 아닌 '기미론'이었다.

3. 화친론의 등장과 전개

화친론의 등장 이전의 시대 상황

'화친론'은 '전쟁을 하지 않고 화친으로 국가의 정치·경제적 안정을 유지해야 한다'는 한나라의 흉노에 대한 유화책(宥和策)으로서, 한나라 초기의 급박한 대내외의 현실 상황을 타개할 목적에서 등장하였다. 그 중심에는 유경이 있었고, 그로부터 화친의 논의가 시작되었다.[11] 여기서는 화친론에 대한 논의를 시작하기 전에 먼저 그것이 등장하기 이전의 상황을 간략하게나마 두 가지 정도에서 살펴볼 것이다.

첫째는 한나라의 고조가 천하 통일 직후에 국내 안정을 위해 무위정치사상(無爲政治思想)[12]을 정책의 전면에 내세운 일이다. 앞서 보았듯이, 정치적 기반이 다소 약했던 고조는 천하를 통일한 초기에 진 제국

---

10   김한규, 「漢代의 天下思想과〈羈縻之義〉」(尹乃鉉 外, 『中國의 天下思想』), 79쪽 참조.

11   『漢書』(北京: 中華書局, 1992 7刷本) 卷94上, 「匈奴傳」 64下, 「贊曰」, 3830쪽, "昔和親之論, 發於劉敬."

12   이것은 黃老思想을 말한다. 黃老學의 주석서로는 余明光, 『黃帝四經今注今譯』(湖南省: 岳麓書社, 1993)이 있고, 논문으로는 『道家文化硏究』(陳鼓應 主編, 上海: 上海古籍出版社, 1992-1994)의 1집에서 4집 사이에 여러 편이 실려 있다.

의 전철을 밟지 않기 위해 '무위정치사상'을 채택하여 자국 내의 정치
적 안정을 도모해 나갔다. 이 '무위정치사상'의 등장 배경에는 크게 두
가지 이유가 있었다. 첫째는 진나라 말기에 백성들의 봉기로 강력한 진
나라가 너무 빨리 망했다는 판단하에서 기나긴 전쟁으로 쌓였던 백성
들의 정치적 불만을 해소하고자 하는 것이었다. 둘째는 '진나라의 통
일로부터 한나라 초기에 이르는 20여 년 동안 백성들이 일찍이 폭정과
전란에 시달려 재산과 정력을 거의 다 소모했다는 판단하에서 위와 아
래가 모두 쉴 수 있는 기회를 갖고자 하는 것이었다.'[13]

그러한 정책의 실행은 결과적으로 백성들의 삶을 안정시키고 점차
국가의 번영을 이끌어 냈다는 긍정적인 측면도 있었지만, 분에 넘치는
방임을 가져와서 내정·외교상에 심각한 위험을 초래하였다는 부정적
인 측면도 있었다.[14] 이러한 '무위정치사상'의 등장은 한나라가 흉노에
대한 힘의 우위를 점할 수 없는 상황을 만들었으며, 결과적으로 그 정
책의 실행은 한나라의 지속적인 안정과 평화를 위협하는 핵심 요인으
로 작용하였다고 할 수 있다.

둘째는 한 고조가 평성(平城)에서의 전투에서 굴욕을 당한 일이다. 한
고조는 처음에 북방 민족인 흉노의 문제를 무력으로 해결하려고 하였다.
그래서 그는 기원전 200년에 천하 통일의 기세를 몰아 32만의 대군을
직접 이끌고 흉노를 치러 나섰지만, 결국 평성의 백등산(白登山)에서 7
일간 포위된 끝에 치욕스런 방법을 사용하여 겨우 살아 돌아올 수 있었
다. 여기서 시작된 한나라와 흉노의 전쟁과 화평의 관계는 이후 약 300
년간 지속되었다. 다음의 글은 평성에서의 전투 상황을 잘 보여 준다.

---

13   傅樂成, 『中國通史』(辛勝夏 역, 서울: 宇鍾社, 1981), 145쪽.
14   김철운, 『유가가 보는 평천하의 세계』(서울: 철학과현실사, 2001), 76쪽.

이무렵 한나라가 중국을 처음 평정하여 한왕(韓王) 신(信)을 대(代) 땅으로 옮겨 마읍(馬邑)에 도읍하게 했다. 흉노(凶奴)가 대거 공격해 마읍을 포위하자 한신(韓信)은 흉노에 항복했다(기원전 201년). 흉노는 한신을 얻고는 이내 군사를 이끌고 구주산(句注山)을 넘어 태원(太原)을 공격하여 진양(晉陽) 아래에 도착했다. 고조가 친히 군사를 거느리고 가서 이를 공격했다(기원전 200년). 때마침 겨울이라 매우 춥고 눈비가 내려 병졸 중에 (동상으로) 손가락을 잃은 자가 열 중 둘, 셋에 이르렀다. 이에 묵돌(冒頓)은 거짓으로 패주하는 척하여 한나라 군대를 유인했다. 한나라 군대가 묵돌을 뒤쫓으며 공격하니, 묵돌은 정병(精兵)을 숨겨 두고 여위고 약한 군사를 내보였다. 이에 한나라는 전군을 투입하여 보병이 많은 32만 군사로 북쪽으로 흉노를 뒤쫓았다. 고조가 먼저 평성(平城)에 도착하고 보병들이 아직 다 당도하지 않았을 때에 묵돌이 정병 30여 만 기를 풀어 백등산(白登山)에서 고조를 포위하여 7일이 지나니, 한나라 군대는 안팎으로 서로 구원하거나 군량을 대지 못했다. 흉노 기병은 그 서쪽은 모두 흰색 말[白], 동쪽은 모두 푸른색 말[駹], 북쪽은 모두 검은색 말[驪], 남쪽은 모두 붉은색 말[騂馬]을 타고 있었다. 이에 고조가 사자를 시켜 은밀히 연지(閼氏, 흉노의 왕후)에게 후한 선물을 보내자 연지가 묵돌에게 말했다. "두 나라 임금이 서로 곤핍해서는 안됩니다. 지금 한나라 땅을 얻어도 선우는 끝내 그곳에서 거주할 수 없습니다. 게다가 한나라 임금은 신령하니 선우께서는 이 점을 살피십시오." 묵돌은 한신의 장수 왕황(王黃)·조리(趙利)와 (합류하기로) 약속했으나 그 군대가 오래도록 오지 않자 그들이 한나라와 일을 꾸미는 것으로 의심했고, 또한 연지의 말을 들어주어 이내 포위망의 한쪽을 열어 주었다. 이에 고조는 사졸들에게 모두 활을 바짝 당겨 잡고 활시위를 채워 밖으로 겨누게 하여 포위가 풀린 쪽을 통해 곧바로 빠져나가 대군(大軍)과 합류하니, 묵돌은 마침내 군사를 이끌고 물러났

다. 한나라 또한 군사를 이끌고 돌아왔으며, 유경을 사자로 보내 화친의
약속을 맺었다.[15]

여기서 보듯이 평성에서의 패배는 표면적으로 혹독한 추위로 인한
병사들의 동상이 전투력의 손실을 가져온 주요 원인이었지만, 실지로
한나라가 기후와 지형에 대한 대비 부족과 흉노에 비해서 한참 뒤떨어
지는 전략 전술의 운용, 그리고 군사력의 열세가 주요 원인이었다. 한
나라가 모든 면에서 흉노에 열세였다는 것이다. 이렇듯이 고조는 평성
에서 굴욕을 당하고 돌아온 뒤에 무력으로 흉노를 제압할 수 없다는 사
실을 깨닫고, 지금 당장 한나라에 필요한 것이 '화친'이라고 보고서 기
존의 흉노에 대한 대외 정책을 전면적으로 수정하였다. 즉 흉노에 대한
무력 정벌을 유보하고 흉노와의 화친을 통해 힘의 우위를 점할 때까지
한나라의 내실을 다지자는 것이었다.

유경의 화친론: 한나라와 흉노의 수직적 관계

고조는 평성에서 굴욕을 당하고 돌아온 뒤에 유경에게 흉노의 침략에
대한 대비책을 물었다. 유경은 흉노가 전쟁을 좋아하고 욕심이 많아 결

---

15   『漢書』卷94上,「匈奴傳」64上, "是時, 漢初定, 徙韓王信於代, 都馬邑. 匈奴大攻
圍馬邑, 韓信降匈奴. 匈奴得信, 因引兵南踰句注, 攻太原, 至晉陽下. 高帝自將兵往擊之.
會多大寒雨雪, 卒之墮指者十二三, 於是冒頓陽敗走, 誘漢兵. 漢兵逐擊冒頓, 冒頓匿其精
兵, 見其羸弱, 於是漢悉兵, 多步兵, 三十二萬, 北逐之. 高帝先至平城, 步兵未盡到, 冒頓
縱精兵三十餘萬騎圍高帝於白登, 七日, 漢兵中外不得相救餉. 匈奴騎, 其西方盡白, 東方
盡駹, 北方盡驪, 南方盡騂馬. 高帝乃使使間厚遺閼氏, 閼氏乃謂冒頓曰, '兩主不相困. 今
得漢地, 單于終非能居之. 且漢主有神, 單于察之.' 冒頓與韓信將王黃, 趙利期, 而兵久不
來, 疑其與漢有謀, 亦取閼氏之言, 乃開圍一角. 於是高皇帝令士皆持滿傅矢外鄉, 從解角
直出[五], 得與大軍合, 而冒頓遂引兵去. 漢亦引兵罷, 使劉敬結和親之約."

코 인의(仁義)로 그들의 침략을 막을 수 없기 때문에, 그 유일한 방법은
한나라와 흉노의 관계를 수직적인 임금과 신하의 관계로 두는 것이라
고 대답하였다. 구체적으로 말해, 한나라 왕실의 첫째 공주를 흉노의
추장인 묵돌 선우(冒頓單于)의 왕후로 삼게 하고, 한나라의 귀한 물건
을 보내 주면서 그때마다 변사를 보내어 예절을 가르친다면 한나라는
흉노와 싸우지 않고도 흉노의 자손을 영원히 한나라의 신하로 만들 수
있다는 것이었다.

  그러한 유경의 건의는 엄밀하게 말해 황제가 흉노에게 조공을 받치
는 치욕스런 행위였지만 고조는 평성에서의 굴욕을 상기하면서 그 건
의를 받아들이고 유경을 흉노에 보내어 화친하였다. 이때에 첫째 공주
(『한서』에는 종실의 딸인 옹주로 기술됨)를 묵돌 선우에게 시집보냈을
뿐만 아니라 매년 일정 양의 솜·술·비단·쌀 등을 봉헌하였다. 이는
고조에게 평성의 굴욕에 이어서 평생 씻지 못할 치욕을 안겨 준 사건이
었다고 할 수 있다. 『사기』와 『한서』에 기재된 내용은 다음과 같다.

  고조는 평성에서 군대를 거두어 돌아왔고, 한신은 흉노로 달아났다. 그 무
  렵 묵돌이 선우가 되어 군대가 강성해지자 활을 당길 수 있는 군사 30만
  명을 이끌고 와서 북쪽 변경 지역을 자주 소란스럽게 하였다. 고조는 이
  일이 염려되어 유경에게 (그 대비책을) 물었다. 유경은 다음과 같이 말하
  였다. "천하가 이제 겨우 평정되었고 군사들은 싸움에 지쳐 있기 때문에
  무력으로 흉노를 복종시킬 수는 없습니다. 묵돌은 아버지를 죽이고 스스
  로 선우가 되었고, 아버지의 첩들을 아내로 삼았으며, 무력으로 위세를 떨
  치고 있으니, 인의(仁義)로 설득시킨다는 것은 불가능합니다. 쓸 수 있는
  계책은 그의 자손을 영원히 한나라의 신하로 만드는 것입니다. 그러나 아
  마 폐하께서는 그것을 실천하지 못하실 것입니다." 고조가 물었다. "만약

그렇게 할 수만 있다면 어찌 실천하지 못하겠소! 어떻게 해야만 하오?" 유경이 대답하였다. "폐하께서 만일 본처(여후) 소생의 첫째 공주를 보내면 예물이 많은 것을 보고 오랑캐라도 반드시 공주를 존경하여 연지(흉노 왕후의 칭호)로 삼고, 공주께서 아들을 낳으면 태자로 삼아서 선우의 대를 잇게 할 것입니다. 왜냐하면 그는 한나라의 많은 예물을 탐내기 때문입니다. 한나라에는 언제나 남아돌지만 그들에게는 귀하니, 물건을 폐하께서 자주 보내 주면서 그때마다 변사를 보내 예절을 가르친다면 묵돌은 살아서는 폐하의 사위가 되고, 죽으면 폐하의 외손이 선우가 될 것입니다. 폐하께서는 외손자가 감히 외할아버지와 대등한 예를 취하려는 경우를 들어 보셨습니까? 이렇게 하면 군대를 내어 싸우는 일 없이 그들을 서서히 신하로 만들 수 있습니다. 만약 폐하께서 첫째 공주를 보내실 수 없어 종실이나 후궁의 딸을 뽑아 공주라고 속여 보내신다면 그도 눈치를 채고 그녀를 귀하게 여겨서 가까이하려고 하지 않을 것입니다. 그렇게 되면 아무런 이익이 없을 것입니다." 고조는 말하였다. "좋다." … 유경을 흉노에 사신으로 보내어 화친을 맺게 하였다.[16]

이무렵 한나라 장수들이 여러 차례 군사들을 이끌고 와서 흉노에 항복하니, 이 때문에 묵돌은 늘 대(代) 땅을 넘나들며 침입하여 약탈하였다. 이

---

16   『史記』卷99,「劉敬叔孫通列傳」, 2715쪽, "高帝罷平城歸, 韓王信亡入胡. 當是時, 冒頓爲單于, 兵彊, 控弦三十萬, 數苦北邊. 上患之, 問劉敬. 劉敬曰, '天下初定, 士卒罷於兵, 未可以武服也. 冒頓殺父代立, 妻羣母, 以力爲威, 未可以仁義說也. 獨可以計久遠子孫爲臣耳, 然恐陛下不能爲.' 上曰, '誠可, 何爲不能. 顧爲柰何.' 劉敬對曰, '陛下誠能以適長公主妻之, 厚奉遺之, 彼知漢適女送厚, 蠻夷必慕以爲閼氏, 生子必爲太子, 代單于. 何者. 貪漢重幣. 陛下以歲時漢所餘彼所鮮數問遺, 因使辯士風諭以禮節. 冒頓在, 固爲子婿. 死, 則外孫爲單于. 豈嘗聞外孫敢與大父抗禮者哉. 兵可無戰以漸臣也. 若陛下不能遣長公主, 而令宗室及後宮詐稱公主, 彼亦知, 不肯貴近, 無益也.' 高帝曰, '善.' … 使劉敬往結和親約."

에 고조가 이를 근심하여 유경을 시켜 종실의 딸인 옹주를 바쳐 선우의 연지로 삼게 하고, 매년 흉노에게 일정한 양의 솜, 비단, 술과 음식을 바치며 형제가 되어 화친할 것을 약속하자 묵돌이 다소 (침범하는 것을) 멈추었다.[17]

유경이 '화친론'을 내세운 이유는 한나라의 열악한 국내 정세를 무마하기 위한 것과 결코 무관하지 않았다. 바로 그의 "천하가 이제 겨우 평정되었고 군사들은 싸움에 지쳐 있기 때문에 무력으로 흉노를 복종시킬 수 없다"가 그것이다. 이렇듯이 그는 한나라가 천하를 통일한 지 얼마 되지 않았고 서서히 안정기에 들어가는 현시점에서 또다시 전쟁을 일으킨다면 천하 내부의 균형이 깨져서 분란이 발생할 것이며, 이는 결과적으로 흉노의 한나라 침략에 빌미를 제공해 주는 것이라고 보았다. 따라서 그의 화친론은 우선적으로 한나라가 흉노와의 전략적 제휴를 통해 한나라의 내실을 충실히 다져 흉노를 제압하고도 남을 만한 강력한 힘을 갖는 데에 목적이 있었다.

그런데 여기서 눈여겨봐야 할 것은 유경이 한나라의 첫째 공주를 묵돌 선우에게 시집보낼 것을 건의하는 대목이다. 이는 흉노를 한나라와 동등한 위치에서 대우하겠다는 것이 아니라 오직 신하의 예(禮)로만 대우하겠다는 것을 함축한다. 엄밀하게 말해 한나라와 흉노가 물리적 힘의 균형 위에서 화친을 맺지만 그 둘의 관계를 결코 수평적 관계가 아닌 오직 수직적 관계로만 설정해서 본다는 것이다. 그렇다면 유경에게서 흉노는 결코 한나라와 천하를 나누어 차지하는 관계가 아니라 오

---

17   『漢書』卷94上,「匈奴傳」64上, 3754쪽, "是時匈奴以漢將數率衆往降, 故冒頓常往來侵盜代地. 於是高祖患之, 乃使劉敬奉宗室女翁主爲單于閼氏, 歲奉匈奴絮繒酒食物各有數, 約爲兄弟以和親, 冒頓乃少止."

로지 천하를 구성하는 하나의 요소에 불과할 뿐이었다.

결국 유경의 '화친론'은 한나라 초기에 흉노가 한나라의 중원을 차지하려고 하는 국제 정세 속에서 흉노에 대한 지극히 현실적이면서도 실리적인 대외 정책이었다. 왜냐하면 한나라가 물리적 힘의 균형 위에서 흉노와 '화친'을 맺는다면 이는 대내적으로 천하 통일의 후유증으로 인해서 발생된 수많은 국내 문제도 해결할 수 있고, 동시에 대외적으로 흉노의 침략이라는 국제 문제도 해결할 수 있다는 이유에서였다.

화친론의 정벌론에 대한 비판

유경으로부터 시작된 '화친론'은 고조에 이어 제위(帝位)에 오른 효혜제(孝惠帝, 기원전 210~기원전 188, 재위: 기원전 195~기원전 188), 여태후(呂太后, 呂雉, 기원전 241~기원전 180) 때에 가면 '흉노의 사자를 참수하는 일'과 '군사를 일으켜 흉노를 공격하는 일' 중에서 어느 것을 취할 것인가에 대한 논의 과정에서 그 유용성이 입증되어 채택되었다. 이는 정벌론을 주장하는 번쾌(樊噲, 기원전 242~기원전 189)가 자신에게 10만 군사를 준다면 흉노의 강토 가운데를 짓밟고 다니겠다고 하자, 화친론을 주장하는 계포(季布, 생몰 연대 미상)가 번쾌의 평성에서의 패전을 근거로 그에 대한 참수를 주장하면서까지 '정벌론'의 부당성을 주장한 결과였다.

> 효혜제(孝惠帝), 고후(高后: 呂太后) 때에 이르러 묵돌이 점차 교만해지니, 이에 서신을 써서 사자를 시켜 고후에게 보냈다. "나는 의지할 곳 없는 쓸쓸한 임금으로 습한 땅에서 태어나 소와 말을 놓아기르는 평야에서 자랐으니, 여러 차례 변경으로 가서 중국을 유람해 보길 원하였습니다. 폐하

도 홀로 서 있고 나도 의지할 곳 없이 홀로 살고 있습니다. 두 임금이 즐겁지 않아 스스로 즐길 일이 없으니, 원컨대 있는 것으로 없는 것을 바꾸기를 원합니다." 고후가 크게 노해 승상 진평(陳平)·번쾌(樊噲)·계포(季布) 등에게 조령을 내려 흉노 사자를 참수하는 일과 군사를 일으켜 흉노를 공격하는 일을 의논케 하였다. 번쾌가 말하였다. "신은 10만 군사를 얻어서 흉노(의 땅) 가운데를 짓밟고 다니기를 원합니다." 계포에게 묻자 계포가 말했다. "번쾌를 참수해야 합니다! 전에 진희(陳豨)가 대(代)에서 모반했을 때 한나라 군대는 32만으로 번쾌를 상장군으로 삼았고, 흉노가 평성(平城)에서 고제(古帝)를 포위했을 때 번쾌는 포위를 풀지 못하였습니다. 천하 사람들은 노래를 지어 불렀습니다. '평성에서 또한 실로 괴로웠도다! 7일 동안 먹지 못하니 노(弩)를 당기지도 못하겠구나.' 지금도 노래 읊는 소리가 (귓가에 남아) 끊어지지 않았고 부상을 입은 자들이 이제야 비로소 (상처가 나아) 일어나기 시작하였는데, 번쾌가 천하를 요동시키려 하여 망령되이 10만 군사로 짓밟고 다닌다 말하니, 이는 면전에서 (임금을) 기만하는 말입니다. 게다가 이적(夷狄)들은 비유하자면 금수와 같으니 그들의 좋은 말을 들어도 족히 기뻐하실 필요가 없고 나쁜 말을 들어도 족히 노여워하실 필요가 없습니다." 고후가 말하였다. "옳다."[18]

---

18   『漢書』卷94上,「匈奴傳」64上, 3755쪽, "孝惠, 高后時, 冒頓寢驕, 乃爲書, 使使遺高后曰, '孤僨之君, 生於沮澤之中, 長於平野牛馬之域, 數至邊境, 願遊中國. 陛下獨立, 孤僨獨居. 兩主不樂, 無以自虞, 願以所有, 易其所無.' 高后大怒, 召丞相平及樊噲·季布等, 議斬其使者, 發兵而擊之. 樊噲曰, '臣願得十萬衆, 橫行匈奴中.' 問季布, 布曰, '噲可斬也. 前陳豨反於代, 漢兵三十二萬, 噲爲上將軍, 時匈奴圍高帝於平城, 噲不能解圍. 天下歌之曰, '平城之下誠苦. 七日不食, 不能彀弩.' 今歌唫之聲未絶, 傷痍者甫起, 而噲欲搖動天下, 妄言以十萬衆橫行, 是面謾也. 且夷狄譬如禽獸, 得其善言不足喜, 惡言不足怒也.' 高后曰, '善.'"
『史記』卷100,「季布欒布列傳」, 2730-2731쪽, "孝惠時, 爲中郎將. 單于嘗爲書嫚呂后, 不遜, 呂后大怒, 召諸將議之. 上將軍樊噲曰, '臣願得十萬衆, 橫行匈奴中.' 諸將皆阿

위의 글은 크게 세 가지 측면에서 다음과 같이 정리된다.

첫째, 한나라의 군사력은 흉노의 군사력보다 압도적이지 않기 때문에 흉노에 대한 정벌은 결코 옳지 않다. 왜냐하면 고조가 32만의 대병을 이끌고도 평성에서 패전한 것은 다름 아닌 한나라의 힘이 흉노의 힘을 넘어서지 못하였기 때문이다. 따라서 물리적 힘의 균형이 거의 팽팽하다면 한나라가 흉노와 화친하는 것은 옳다.

둘째, 한나라는 대외적 문제를 해결하는 데에 치중하다 보면 대내적으로 한나라의 안정과 평화를 깨뜨릴 수 있다. 예컨대, 진나라가 흉노에 대한 정벌에 치중하였기 때문에 진승(陳勝) 등의 반란이 일어났듯이, 한나라는 아직도 전란의 후유증이 치유되지 않았기 때문에 정벌을 한다면 진나라처럼 국내에서 반란이 일어날 수 있으니, 다시는 천하 사람들을 동요케 해서는 안 된다.

셋째, 한나라와 흉노의 본성은 본래 같지 않다. 흉노의 본성은 금수와 같아서 금수와 같은 이적의 좋은 말을 들어도 기뻐할 필요도 없고, 그들의 나쁜 말을 들어도 화낼 필요도 없다.

여기서 주목해야 할 점은 계포가 흉노를 금수와 같다고 주장한 것이다. 이는 정벌론자들도 동의하는 것이지만 그 둘의 입장에는 분명한 차이가 있다. 즉 계포가 흉노의 본성을 어느 정도 신뢰할 수 있다는 입장이라면[19], 번쾌는 흉노의 본성을 결코 신뢰할 수 없다는 입장이다. 구체적으로 말해, 번쾌의 경우는 흉노의 본성이 포악하고 만족할 줄 모르기 때문에 흉노를 정벌해야 한다는 주장인 반면에, 계포의 경우는 마치 금

呂后意, 曰, '然'. 季布曰, '樊噲可斬也. 夫高帝將兵四十餘萬衆, 困於平城, 今噲柰何以十萬衆橫行匈奴中, 面欺. 且秦以事於胡, 陳勝等起. 于今創痍未瘳, 噲又面諛, 欲搖動天下.' 是時殿上皆恐, 太后罷朝, 遂不復議擊匈奴事.'

19　季布의 匈奴에 대한 신뢰는 오로지 전략적인 신뢰일 뿐이다.

수가 대체로 배가 부르면 거의 활동을 하지 않다가 배가 고프면 먹을 것을 찾아서 필사적으로 돌아다니듯이, 흉노도 마찬가지로 적절히 먹을 것을 주면서 배부르게 한다면 그들은 결코 경거망동하지 않을 것이기 때문에 흉노와 화친해야 한다는 주장이다. 따라서 계포는 한나라가 흉노와 화친을 맺는다면 이것이 한나라의 지속적인 안정과 평화를 가져올 수 있다는 점을 들어서 번쾌의 '정벌론'을 반대하였던 것이다.

그런데 효문제(孝文帝, 기원전 202~기원전 157, 재위: 기원전 180~기원전 157) 4년에 오면 흉노를 '정벌하는 것'과 '화친하는 것' 중에서 어느 것이 더 나은 것인가에 대한 논의가 다시 시작되었다. 이때에는 두 가지 이유에서 '화친론'이 채택되었다. 첫째는 정치적 측면에서 선우의 세력이 강성해지고 있기 때문에 흉노를 공격하여 승리한다고 하더라도 한나라의 피해도 만만치 않다는 것이다. 둘째는 경제적 측면에서 소금기가 많은 흉노의 땅에 사람이 살 수 없기 때문에 흉노를 정벌한다고 해도 그 땅은 한나라에 어떠한 경제적 이익도 가져다줄 수 없다는 것이다. 그래서 정벌보다는 화친이 더 낫다는 것이다.

효문제(孝文帝) 4년: 6월 중에 흉노 사자가 신망(新望) 땅에 도착하였다. 사신이 도착하자 한나라에서는 흉노를 치는 것과 화친하는 것 중 어떤 것이 나은지를 의논하였다. 공경(公卿)들이 모두 말하였다. "선우가 이제 막 월지를 격파하여 승세를 타니 이를 공격해선 안 됩니다. 게다가 흉노 땅을 차지한다 하더라도 소금기가 많은 땅[澤鹵]이라 거주하기에 적합하지 않습니다. 화친이 심히 낫습니다." 이에 한나라가 화친을 허락하였다.[20]

20 『漢書』卷94上,「匈奴傳」64上, 3757쪽, "六月中, 來至新望之地. 書至, 漢議擊與和親孰便. 公卿皆曰, '單于新破月氏, 乘勝, 不可擊也. 且得匈奴地, 澤鹵非可居也, 和親甚便.' 漢許之."

물론 위의 주장은 실지로 흉노의 땅에 사람이 살 수 없음을 말한 것이 아니라 한나라가 여전히 흉노보다 힘의 우위에 있지 못함을 말한 것이다. 엄밀하게 말해, 비록 그 땅에 사람이 살 수 있다고 하더라도 한나라가 그 땅을 빼앗기에는 힘이 흉노보다 너무 약하다는 것이고, 설령 그 땅을 빼앗는다고 하더라도 그 땅이 한나라로부터 너무 멀리 떨어져 있기 때문에 그 땅에 대한 지속적 관리도 힘들뿐더러 관리에 따른 경제적 손실 비용도 만만치 않다는 것이다. 따라서 한나라는 굳이 무력으로 그 땅을 빼앗으려 하지 말고, 흉노가 그곳에서 살도록 내버려 둔다면 이것이야말로 한나라에게 훨씬 더 큰 경제적 이득이라는 것이다.

한나라와 흉노의 수평적 관계

이와 같이 '화친론'은 몇 차례 논의 과정을 거치면서 한나라가 흉노와 화친을 한다면 흉노가 그 서약을 잘 지켜서 한나라를 침략하지 않을 것이라는 그 나름대로의 낙관적인 관점을 형성하였다. 그런데 중요한 사실은 그 과정에서 한나라와 흉노의 관계가 '임금과 신하라는 수직적·종속적 관계'(유경의 주장)에서 '형제 국가라는 수평적·독립적 관계'로 전환되었다는 것이다. 이는 효문제가 묵돌에게 보내는 서신에서 확인된다. "한나라와 흉노는 서로 필적하는 이웃 나라로 … 오직 짐과 선우가 그들의 부모입니다 … 이 모든 것이 형제의 우의를 갈라놓을 정도는 아닙니다 … 두 나라 백성들이 모두 한집안의 자식처럼 되게 합시다 … 선우가 이를 유념하면(화친에 뜻이 있다면) 천하가 크게 안정될 것이며, 화친한 뒤에 한나라가 먼저 과오를 범하는 일은 없을 것입니다"가 그것이다. 그 전문은 다음과 같다.

효문제 후원 2년(기원전 162년), 사자를 보내 흉노에게 서신을 전했다. "한나라 황제가 삼가 흉노 대선우에게 문안합니다. 그가 별고 없으셨습니까? 당호(當戶) 겸 차거(且渠) 조거난(雕渠難)과 낭중(郎中) 한요(韓遼)를 시켜 보낸 말 2필이 이미 도착하여 공경히 잘 받았습니다. 이전 황제께서 조명을 내려 말씀하시기를 '장성 이북의 활 잘 쏘는 나라의 백성들은 선우의 명을 받고, 장성 안의 의관 속대하는 나라의 백성들은 짐이 다스리니, 천하 만민들에게 농사를 짓게 하고 베를 짜게 하며 사냥을 하게 해서 의식을 해결하여 아버지와 아들이 떨어져 살게 하지 않으며, 신하와 임금이 서로 편안한 마음으로 다스려 모두 포악한 일이 일어나지 않게 할 것이다'라고 하였습니다. 지금 듣기로 사악한 백성들이 탐욕스럽게도 이익에 눈이 멀어 의리를 배반하고 약속을 어기며 만민의 생명을 돌아보지 않고 두 나라 군주의 우의를 갈라놓았다고 하나 그 일은 이미 지난 일입니다. 그대가 지난 서신에서 '두 나라가 이미 화친하여 두 임금이 기쁘고 즐거우니 전쟁을 멈추어 병사들을 쉬게 하고 말을 기르며 대대로 창성하고 즐겁도록 화합하여 다시 시작하자'고 하셨습니다. 짐은 이를 매우 훌륭한 말이라 생각합니다. 성인은 날로 새로워지고 허물을 고쳐서 다시 시작하니 이로써 노인들은 안식을 얻고 어린아이들은 잘 자라게 하여 각기 그 목숨을 보전해 천년을 누리게 합니다. 짐과 선우가 이 도리를 따라 하늘에 순응하고 백성을 구휼하며 대대로 서로 전해 무궁토록 베푼다면 천하에 두루 편안하지 않은 사람은 없을 것입니다. 한나라와 흉노는 서로 필적하는 이웃 나라로, 흉노가 북쪽 땅에 있어 추위와 냉기가 일찍 찾아오니, 이 때문에 관리에 명해 매년 일정량의 차조와 누룩, 황금, 비단, 무명 및 그 밖의 물건들을 선우에게 보냈습니다. 이제 천하가 크게 안정되니 천하 만민들이 모두 기뻐합니다. 오직 짐과 선우가 그들의 부모입니다. 짐은 지난 일을 추념해 보면 하찮은 재물과 소소한 일이며 모신들이 계책을 그르친 것이니 이 모든 것이 형제[昆弟]의 우의를 갈라놓을 정도는 아닙니다. 짐이 듣기로 하늘은 치우쳐 덮지 않고 땅은 치우쳐 싣지 않는다 합니다. 짐과 선우가 모두 사소한 사고를 잊어버리고 함께 대도(大道)를 걸으며 전날 미워했던 마음을 허물어 없애고 장구한 앞날을 도모해 두 나라 백성들이 모두 한집안의 자식처럼 되게 합시다. 선량한 많은 백성으로부터 아래로는 물고기와 자라, 위로는 날아다니는 새에 이르기까지, 발로 기어 다니며 주둥이로 숨 쉬고 꿈틀거리는 만물들을 모두 편안하고 이롭게 하여 위험으로부터 피하게 합시다. 오는 것을 막지 않는 것이 하늘의 도리입니다. 다 함께 지난 일을 청산해야 하니, 짐은 옛날 흉노로 달아난 한나라 백성들을 용서하겠습니다. 선우도 장니(章尼)와 같은 사람에 대해 아무 말하지 마십시오. 짐이 듣기로 옛날의 제왕들은 약속을 분명히 하고 식언(食言)하지 않았다 합니다. 선우가 이를 유념하면(화친에 뜻이 있다면) 천하가 크게 안정될 것이며, 화친한 뒤에 한나라가 먼저 잘못을 범하는 일은 없을 것입니다. 선우는 이 점을 살펴 주십시오."[21]

---

21 『漢書』卷94上,「匈奴傳」64上, 3762-3763쪽, "孝文後二年, 使使(遣)[遺]匈奴書曰, '皇帝敬問匈奴大單于無恙. 使當戶且渠雕渠難, 郎中韓遼遺朕馬二匹, 已至, 敬受. 先帝制, 長城以北引弓之國受令單于, 長城以內冠帶之室朕亦制之, 使萬民耕織, 射獵衣食, 父子毋離, 臣主相安, (居)[俱]無暴虐. 今聞渫惡民貪降其趨, 背義絶約, 忘萬民之命, 離兩主之驩, 然其事已在前矣. 書云, '二國已和親, 兩主驩說, 寢兵休卒養馬, 世世昌樂, 翕然更始', 朕甚嘉之. 聖者日新, 改作更始, 使老者得息, 幼者得長, 各保其首領, 而終其天年. 朕與單于俱由此道, 順天恤民, 世世相傳, 施之無窮, 天下莫不咸嘉. (使)漢與匈奴鄰敵之國, 匈奴處北地, 寒, 殺氣早降, 故詔吏遺單于秫蘗金帛綿絮它物歲有數. 今天下大安, 萬民熙熙, 獨朕與單于爲之父母. 朕追念前事, 薄物細故, 謀臣計失, 皆不足以離昆弟之驩. 朕聞天不頗覆, 地不偏載. 朕與單于皆捐細故, 俱蹈大道(也), 墮壞前惡, 以圖長久, 使兩國之民若一家子. 元元萬民, 下及魚鱉, 上及飛鳥, 跂行喙息蠕動之類, 莫不就安利, 避危殆. 故來者不止, 天之道也. 俱去前事, 朕釋逃虜民, 單于毋言章尼等. 朕聞古之帝王, 約分明而不食言. 單于留志, 天下大安, 和親之後, 漢過不先. 單于其察之.'"

수평적 관계에 대한 비판

한나라와 흉노의 관계를 '수평적·독립적 관계'로 규정한 것은 그 당시 많은 사람의 비판을 피할 수가 없었다. 그중 대표적인 인물은 가의(賈誼, 기원전 200~기원전 168)였다. 그는 '화친'이 결코 흉노의 침략을 제지할 수 없다고 생각하고서 "후한 덕으로 '사이'를 복종시키고"[22], '삼표오이'(三表五餌)의 책략으로 그들의 마음을 회유할 것을 주장하였다.

여기서 '삼표'는 "신의(信義)를 세우고 사람의 용모를 사랑하며 사람의 재능을 아껴서 사람의 마음을 편안히 해 주는 것"을 의미한다. '오이'는 "성대한 복장과 수레를 주어 흉노의 눈을 회유하고, 좋은 음식을 주어 흉노의 입을 회유하며, 음악과 여자를 주어 흉노의 귀를 회유하고, 아름다운 저택과 곳간, 그리고 노비를 주어 흉노의 배를 회유하며, 예(禮)로 대우해 줌으로써 흉노의 마음을 회유하는 것"을 의미한다.[23] 가의는 이 '삼표오이'의 책략을 실행할 때만이 바로 흉노의 백성을 얻을 수 있고, 선우(單于)를 고립시킬 수 있으며, 나아가 단우를 항복시킬 수 있다고 생각하였다. 결국 그가 제출한 '삼표오이'의 책략은 무제 때에 가서 채택되어 결국 무제가 흉노와의 전쟁을 승리로 장식하는 데에서 중요한 힘의 토대가 되었다.

그렇기 때문에 가의는 한나라와 흉노의 관계를 '수평적·독립적 관계'로 규정하는 '화친론'을 결코 받아들일 수가 없었다. 그의 바람은

---

22   賈誼, 『新書』, 「匈奴」, 135쪽, "以厚德懷服四夷."(쪽수는 閻振益, 鐘夏 撰, 『新書校注』(新編諸子集成, 北京: 中華書局, 2000)를 따름)

23   賈誼, 『新書』, 「匈奴」, 135~137쪽, "愛人之狀, 好人之技, 仁道也. 信爲大操, 常義也. 愛好有實, 已諾可期, 十死必生, 彼將必至. 此三表也 … 故牽其耳, 牽其目, 牽其口, 牽其腹, 四者已牽, 又引其心, 安得不來下胡抑扡也. 此謂五餌."

오로지 천하 질서가 '좌우 수평적 관계'에서 '상하 수직적 관계'로 되돌아가는 것뿐이었다. 그래서 그는 다음과 같이 말하였다.

> 천하지세(天下之勢)는 바야흐로 거꾸로 매달려 있는 것과 같습니다. 무릇 천자란 천하의 머리로서 위이고, 만이(蠻夷)란 천하의 발로서 아래입니다. 지금 흉노는 (한나라를) 업신여겨 침략하여 불경함에 이르렀으나 … 한나라는 매년 금·솜·비단 등을 바칩니다. 이적(夷狄)에게 명령하여 부르는 것은 폐하께서 관리하는 것이고, 천자에게 공물을 바치는 것은 신하가 행하는 예(禮)입니다. (지금은) 발이 거꾸로 위에 있고 머리가 오히려 아래 있습니다 … 폐하께서는 어찌 차마 황제의 호(號)로서 적인(狄人)의 제후가 되겠습니까?[24]

결국 '화친론'은 한나라와 흉노의 화친을 한나라의 지속적인 안정과 평화에 중요한 관건으로 보았지만, 많은 사람의 비판에 의해 그것의 무용론이 대두되면서 역사의 뒤안길로 사라지고 말았다. 그런데 여기서 눈여겨볼 것은 비록 '화친론'이 흉노에 대한 유화책이었다고 하더라도 그 중심에는 한나라와 흉노가 한곳에 함께 머물 수 없는 근본적이고 본질적인 차이를 가지고 있기 때문에 그 둘 사이는 정치·문화적으로 엄격하게 분별되어야 한다는 '화이분별론'이 자리 잡고 있었다는 것이다. 바로 흉노를 금수와 같은 존재로 본 것과 그 땅을 쓸모없는 곳으로 본 것이 그것이다. 이것은 '기미론'에 그대로 흡수된다.

---

24   『漢書』卷48,「賈誼傳」, 2240-2241쪽, "天下之勢方倒縣. 凡天子者, 天下之首, 何也. 上也. 蠻夷者, 天下之足, 何也. 下也. 今匈奴嫚姆侵掠, 至不敬也, … 而漢歲致金絮采繪以奉之. 夷狄徵令, 是主上之操也. 天子共貢, 是臣下之禮也. 足反居上, 首顧居下, 倒縣如此, … 陛下何忍以帝皇之號爲戎人諸侯."

4. 화친론과 정벌론의 논쟁

'화친론'이 한나라 초기의 불안한 정치 상황을 타개해 나가는 데에 많은 도움이 되었을지는 모르지만, 이후에 그것은 한나라와 흉노의 관계를 수평적·독립적인 관계로 규정함으로써 한나라의 강력한 대외 정책을 세우는 데에서 많은 걸림돌이 되었음은 분명하다. 이런 이유로 '화친론'이 '정벌론'과의 논쟁 과정 중에 그것의 무용론이 제기되면서 많은 비판을 받기도 하였다.

그런데 무제 초기에 '화친론'을 주장하는 한안국(韓安國, ?~기원전 127)과 '정벌론'을 주장하는 왕회는 흉노와의 화친 문제로 큰 논쟁을 벌였다. 현실적으로 처음에는 한안국의 '화친론'이 채택되었지만, 뒤에 마읍 사건(馬邑事件)을 계기로 '정벌론'이 채택되었다. 이후로 '화친론'은 쇠락의 길을 걸었다. 왜냐하면 마읍 사건은 전쟁으로 이어지지는 않았지만 한나라가 흉노에 대해서 적극적인 공세를 취해도 된다는 긍정적 효과를 낳았기 때문이다. 이때의 '정벌론'은 단순히 번쾌의 주장처럼 흉노를 공격하여 그들의 땅 가운데를 짓밟고 다니는 것이 아니라 흉노에 대한 정벌을 통해서 한나라 황제의 권력 의지를 만천하에 강력하게 반영하는 데에 그 목적이 있었다.

한안국과 왕회의 논쟁

한안국과 왕회의 논쟁은 왕회의 대답으로 시작한다.

흉노가 화친을 청해 왔으므로 천자는 신하들에게 이 문제를 논의하게 하였다. 대행 왕회는 연나라 사람으로 여러 차례 변방의 관리를 지냈기 때문에 흉노의 사정을 잘 알았다. (그는) 의논하여 다음과 같이 말하였다. "한 나라가 흉노와 화친을 한다고 해도 몇 년 지나지 않아 흉노가 또다시 약속 을 어길 것이니, 받아들이지 말고 군대를 일으켜 치는 것이 낫습니다."[25]

한안국은 왕회의 대답에 반론을 제기하면서 다음과 같이 말하였다.

한안국이 말하였다. "천 리 밖으로 나가 싸우는 것은 군대에게 이롭지 않 습니다. 지금 흉노는 병사가 강하고 말이 튼실한 것만을 믿고 금수와 같은 마음을 품고 새 떼처럼 흩어졌다가 모였다 하며 이리저리 옮겨 다니므로 제압하기 어렵습니다. 우리가 그 땅을 손에 넣어도 땅을 넓혔다고는 할 수 없고, 그의 백성을 가진다고 해도 국력을 강화시키는 데 보탬이 안 됩니 다. 그래서 상고 시대부터 그들을 내속시켜 천자의 백성으로 취급하지 않 았던 것입니다. 한나라 군대가 수천 리 밖에서 그들과 이익을 다툰다면 사 람과 말이 지칠 것이고, 흉노는 한나라 군대가 지친 틈을 타서 제압할 것 입니다. 게다가 강력한 쇠뇌의 끝은 아주 얇은 노나라의 비단조차도 뚫을 수 없고, 회오리바람도 그 마지막 힘은 가벼운 기러기 털도 움직일 수 없 습니다. 처음부터 강력하지 않은 것이 아니라 끝에 가서 힘이 쇠약해지기 때문입니다. 흉노를 치는 것은 불리하니 화친하는 것이 더 낫습니다." 신 하들 중에 의논하는 자들이 대부분 왕안국을 따르니, 이에 황제는 화친을 허락하였다.[26]

---

25   『史記』卷108,「韓長孺列傳」, 2861쪽, "匈奴來請和親, 天子下議. 大行王恢, 燕人 也, 數爲邊吏, 習知胡事. 議曰, '漢與匈奴和親, 率不過數歲卽復倍約. 不如勿許, 興兵擊 之.'"
    『漢書』卷52,「竇田灌韓傳」, 2398쪽, "漢與匈奴和親, 率不過數歲卽背約. 不如勿許, 擧兵擊之."
26   『史記』卷108,「韓長孺列傳」, 2861쪽, "安國曰, '千里而戰, 兵不獲利. 今匈奴負

그 뒤에 한안국과 왕회는 안문군(雁門郡) 마읍현(馬邑縣)의 호족(豪族)인 섭옹일(聶翁壹)이 왕회를 통해서 올린 선우유인책(單于誘因策)을 수용할 것인가에 대한 논의 과정에서 심각하게 격돌한다. 그 요지는 다음과 같다.

왕회가 말하였다. "봉황은 바람을 타고 성인은 때에 기인한다. 옛 진 목공은 … 시의(時宜)의 변화를 알아 서융(西戎)을 공격하여 천 리나 되는 땅을 넓혔고 14국을 병합하였으며, … 몽괄은 진(秦)을 위해 호(胡)를 침공하여 수천 리를 넓혔습니다 … 대저 흉노는 오직 위세로써 복속시킬 수 있을 뿐이지 인(仁)으로써 기를 수는 없습니다. 지금 중국의 성세(盛世)와 만 배의 자원으로서 100/1만을 보내어 흉노를 공격한다면, … 북발(北發)·월씨(月氏)까지도 신하로 삼을 수 있을 것입니다."[27]

한안국이 말하였다. "… 대저 성인은 천하의 인심을 따라 도량을 관대하게 하였으나, 자기의 사적 분노를 참지 못하여 천하의 공을 해치지는 않았습니다. 따라서 고제는 유경을 보내어 금 천 근을 바쳐 화친을 맺음으로써 오늘에 이르기까지 오대에 걸쳐 이로움이 되게 하였습니다. 효문제 역시

戎馬之足, 懷禽獸之心, 遷徙鳥擧, 難得而制也. 得其地不足以爲廣, 有其衆不足以爲彊, 自上古不屬爲人. 漢數千里爭利, 則人馬罷, 虜以全制其敝. 且彊弩之極, 矢不能穿魯縞. 衝風之末, 力不能漂鴻毛. 非初不勁, 末力衰也. 擊之不便, 不如和親.' 羣臣議者多附安國, 於是上許和親."『漢書』卷52, 「竇田灌韓傳」, 2398쪽, "千里而戰, 卽兵不獲利 … 得其地不足以爲廣, 有其衆不足爲彊, 自上古弗屬, 勢必危殆, 臣故以爲不如和親, 羣臣議者多附安國, 於是上許和親."

27　『漢書』卷52, 「竇田灌韓傳」, 2398쪽, "鳳鳥乘於風, 聖人因於時. 昔秦繆公 … 知時宜之變, 攻取西戎, 辟地千里, 幷國十四, … 蒙恬爲秦侵胡, 辟數千里 … 夫匈奴獨可以威服, 不可以仁畜也. 今以中國之盛, 萬倍之資, 遣百分之一以攻匈奴, … 則北發月氏可得而臣也."

… 다시 화친의 약속을 맺었습니다. 이 두 성인의 자취는 족히 본받을 만한 것입니다 … 또한 삼대의 성세로부터 이적은 중국의 정삭(正朔: 중국에서 제왕帝王이 새로 나라를 세우면서 세수歲首를 고쳐 신력新曆을 천하에 반포하여 실시하였던 역법曆法의 하나)과 복색(服色: 신분이나 지위에 따라 입던 옷의 빛깔과 꾸밈새)에 함께하지 않았으며, 위엄이 아니면 제압할 수 없고 강한 힘이 없이는 복속시킬 수 없으니, 멀리 떨어진 곳의 다스리기 힘든 백성을 위해서 중국을 번거롭게 할 필요는 없는 것입니다."[28]

이상으로 보면, 한안국은 화친의 존속으로 한나라와 흉노의 생활과 문화적 분별·천하의 평화와 중국의 휴식·기존 체제의 보수·전술상의 불리한 여건 등의 여러 이유를 들었는데, 그 핵심은 한나라의 위엄과 힘이 흉노에 미치지 못하기 때문에 화친해야 한다는 것이었다. 반면에 왕회는 화친의 종식으로 상황의 변화에 따른 융통성 있는 대응의 필요성·화친의 내적 모순·물리적 힘에 대한 자신감·전술상의 이점 등을 이유로 들었는데, 그 핵심은 한나라의 위엄과 힘이 흉노에 미치고도 남기 때문에 정벌해야 한다는 것이었다. 따라서 그의 '정벌론'은 모든 권력을 오직 황제 한 사람에게 집중시킴으로써 무력으로 지역·민족·문화 등 모든 영역에 걸쳐 있는 흉노의 존재를 모두 없애 버리는 데에 집중되었다.

28　『漢書』卷52,「竇田灌韓傳」, 2401쪽, "安國曰, … '夫聖人以天下爲度者也, 不以己私怒傷天下之功, 故乃遣劉敬奉金千斤, 以結和親, 至今爲五世利. 孝文皇帝又 … 復合和親之約. 此二聖之迹, 足以爲效矣 … 且自三代之盛, 夷狄不與正朔服色, 非威不能制, 彊弗能服也, 以爲遠方絶地不牧之民, 不足煩中國也.'"

화친론과 정벌론의 공통점과 차이점

한안국과 왕회의 주장에 근거하면 '화친론'과 '정벌론'은 크게 두 가
지 측면에서 공통점과 차이점을 보였다.

첫째, 공통점은 한나라의 지속적인 안정과 평화를 도모해야 한다는
것이었고, 차이점은 한나라가 흉노를 물리칠 만한 정치력과 군사력을
가지고 있는가 없는가 하는 것이었다. 즉 '화친론'은 한나라와 흉노가
물리적 힘의 균형을 이루고 있기 때문에 화친하자는 것이었고, 반면에
'정벌론'은 한나라가 물리적 힘의 우의를 점하고 있기 때문에 정벌하
자는 것이었다. 이것은 '한안국으로 하여금 중국과 흉노 등이 평화롭
게 공존하는 세계를 지향하도록 하였고, 반면에 왕회로 하여금 중국만
이 유일하게 존재하는 세계를 지향하도록 하였다.'[29]

둘째, 공통점은 흉노가 금수와 같은 본성을 가지고 있다는 것이었고,
차이점은 흉노의 본성을 신뢰할 수 있는가 없는가 하는 것이었다. 즉
'화친론'은 흉노의 본성에 대한 신뢰를 바탕으로 그들의 욕망을 만족
시킬 만한 선물을 통해 그들을 잘 달래 가면서 화친하자는 것이었다.
반면에 '정벌론'은 흉노의 본성에 대한 불신을 바탕으로 한나라가 흉
노와 화친한다고 하더라도 흉노가 야만적이면서 호전적인 본성을 순식
간에 드러내어 그 서약을 깨고 한나라를 침략할 수 있기 때문에 물리적
힘을 통해 흉노가 사는 지역을 중국의 군현으로 편입하자는 것이었다.

---

29   김한규, 같은 논문, 65쪽 참조. 王恢는 후퇴하는 흉노 군사들이 많다는 말을 듣고
감히 나서지 못하였는데, 한나라는 그들 馬邑 事件의 계획을 세워 놓고도 진격하지 않
았다는 이유로 참수하였다. 「韓長儒列傳」에서는 자살했다고 한다.(『史記』卷110, 「匈
奴列傳」50, 2905쪽, "漢將軍王恢部出代擊胡輜重, 聞單于還, 兵多, 不敢出. 漢以恢本造
兵謀而不進, 斬恢. 自是之後, 匈奴絶和親, 攻當路塞, 往往入盜於漢邊, 不可勝數. 然匈
奴貪, 尙樂關市, 嗜漢財物, 漢亦尙關市不絶以中之")

이러한 '정벌론'은 무제 시대에 반드시 황제의 권력 의지를 반영해야 한다는 명목하에서 천하를 중앙[中]과 바깥[外]의 구분 없이 황제 한 사람에 의해 일원적이고 직접적으로 지배되는 장소로 집중시켰다.

결국 '화친론'과 '정벌론'은 '기미론'의 등장으로 더 이상 한나라의 중요한 대외 정책을 결정하는 이념으로 받아들여지지 않았다. 즉 '화친론'은 한나라가 흉노의 침략에 적극적으로 대항하지 못하고 흉노의 입장을 그대로 받아들였기 때문에 '제하'의 강토를 흉노로부터 철저하게 지키지 못하였다는 비판과 함께 역사적 실효성을 거두지 못한 무용한 방법론이라는 반고의 비판을 거치면서 폐기되었다. 또한 '정벌론'은 한나라가 흉노의 침략을 효과적으로 막지 못하였다는 이유와 그 실질적 효과에 비해 흉노 정벌로 인한 경제적 손실이 너무 크다는 이유 등으로 많은 반대에 부딪쳤으며, 급기야 무제가 죽은 이후에 사실상 폐기되었다.

5. 반고의 기미론: 기미부절[30]

동중서의 화친론에 대한 비판

고조 때에 등장한 '화친론'은 여전히 그 명맥을 유지하면서 무제 초기까

30 『史記』에 기재된 羈縻 관련 기사는 네 개인데, 高祖 시대의 羈縻不備(『史記』 卷25, 「律書」 3, 1242쪽) 1개와 武帝 시대의 羈縻弗絶(『史記』 卷12, 「孝武本紀」, 485쪽) · 羈縻勿絶(『史記』 卷117, 「司馬相如列傳」, 3039-3040쪽) · 未可詘以禮羈縻而使也.(『史記』 卷123, 「大宛列傳」, 3173쪽) 등 3개이다. 『漢書』에서 羈縻不絶은 두 곳에서 보인다.(『漢書』 卷25下, 「郊祀志」 5下, 1245쪽. "天子猶羈縻不絶, 幾遇其眞.", 『漢書』 卷94上, 「匈奴傳」 64下, 「贊曰」, 3834쪽, "其慕義而貢獻, 則接之以禮讓, 羈靡不絶, 使曲在彼.")

지 발전적으로 계승되었다. 그 중심에는 동중서(董仲舒, 기원전 179~ 기원전 104)가 있었다. 그는 반고(班固, 32~92)의 "4세(고조, 고후, 문제, 경제)의 일을 보고서도 오히려 다시 구문(舊文: 화친책)을 지키고자 하며 흉노와의 약속을 자못 더 늘렸다"[31]는 지적처럼, 철저하게 그 이전의 화친론을 계승하면서도 흉노의 자식을 '볼모'로 삼자는 주장을 하여 그것과는 차별화된 '화친론'을 주장하였다. 그 구체적인 내용은 다음과 같다.

의(義)로써 군자를 움직이고 이익으로써 탐욕스런 소인배를 움직이니 흉노와 같은 자는 인의(仁義)로써 설득할 수 없습니다. 다만 후한 이익으로써 기쁘게 하고 하늘에 대고 맹약할 뿐입니다. 그리하여 그들에게 후한 이익을 주어 그들의 (침범하려는) 뜻을 없애고 하늘에 맹세하여 그 맹약을 굳게 하며 그들의 사랑하는 아들을 볼모로 잡아 그 마음을 묶어 둔다면, 흉노가 비록 마음을 바꾸려 해도 그들이 어찌 많은 이익을 잃고 상천(上天)을 기망하며 사랑하는 아들을 죽일 수 있겠습니까? 무릇 조세를 거두어 (흉노에게) 선물을 주는 것은 삼군(三軍)을 일으키는 비용보다 크지 않고, 성곽의 견고함은 지조 있는 선비를 보내 맹약을 맺는 것보다 낫지 않습니다. 국경의 성에서 수비하는 백성, 부형들로 하여금 띠를 느슨하게 하고 어린아이들은 편안히 먹고 지내게 하며 호마(胡馬: 흉노 말)가 만리장성을 엿보지 않게 하여 중국에서 격문(羽檄: 새 깃털을 꽂아 긴급함을 표시한 격문)이 다니지 않게 하니, 또한 천하에 좋은 일이 아니겠습니까![32]

---

31 『漢書』卷94上,「匈奴傳」64下,「贊曰」, 3831쪽, "仲舒親見四世之事, 猶復欲守舊文, 頗增其約."

32 『漢書』卷94上,「匈奴傳」64下,「贊曰」, 3831쪽, "仲舒親 … 以爲 '義動君子, 利動貪人, 如匈奴者, 非可以仁義說也. 獨可說以厚利, 結之於天耳. 故與之厚利以沒其意,

정리하면 다음과 같다. 한나라는 의로움[義]으로써 움직이고, 흉노는 이로움[利]으로써 움직이기 때문에 흉노는 인의(仁義)로 설득할 수 없는 부족이다. 그들의 침략을 막을 수 있는 방법은 바로 그들의 탐욕스런 욕망을 채워 줌으로써 맹약을 지키게 하는 것이며, 나아가 그들의 사랑스런 자식을 볼모로 삼아서 그들이 함부로 행동을 하지 못하게 하는 것이다. 이렇게 한다면 한나라는 불필요한 부대 비용을 줄일 수 있는 동시에 흉노의 침략을 효과적으로 막을 수 있으며, 결국 천하의 안정과 평화를 유지할 수 있다.

동중서의 '화친론'도 그 이전의 '화친론'과 마찬가지로 어느 정도 흉노의 본성을 신뢰한다는 입장에서, 그들을 적절히 잘 구슬린다면 그들은 침략의 야욕을 드러내지 않는다는 전략적 제휴에 기반을 둔 것이다. 그런데 그의 '화친론'이 그 이전과 큰 차이를 보인 것은 다름 아닌 '볼모'라는 방법을 채택함으로써 이전보다 확실하게 흉노를 그들의 땅에 묶어 두려고 한 것이다.

그러나 반고는 "동중서의 견해를 살피며 행사(行事)를 상고해 보면 당시에 적합하지 않은 말이며 후세에 잘못된 점이 있음을 알 수 있다"[33]고 주장하였다. 그는 역사적 사실을 증거로 내세우면서 한나라가 흉노와 끊임없이 화친하였지만 흉노는 오직 그 약속을 깨고 침략만을 일삼았을 뿐인데, 이러한 흉노가 결코 자신들의 사랑하는 자식을 볼모로 삼게 내버려 두지 않는다고 말하였다. 그는 흉노의 침략에 대비하여 준비

與盟於天以堅其約, 質其愛子以累其心[四], 匈奴雖欲展轉, 奈失重利何, 奈欺上天何, 奈殺愛子何. 夫賦斂行賂不足以當三軍之費, 城郭之固無以異於貞士之約, 而使邊城守境之民父兄緩帶, 稚子咽哺, 胡馬不窺於長城, 而羽檄不行於中國, 不亦便於天下乎.'"

33   『漢書』卷94上,「匈奴傳」64下,「贊曰」, 3831쪽, "察仲舒之論, 考諸行事, 乃知其未合於當時, 而有闕於後世也."

하지 않는다면 한나라에 큰 손실을 가져다줄 수 있다는 입장에서 동중 서의 '화친론'에 대한 '무용론'을 주장하였다. 그 구체적인 내용은 다 음과 같다.

효무제(孝武帝) 때에 이르러 비록 정벌하여 싸움에 이기고 적을 포획하였 으나 (한나라의) 군사와 말들의 죽음은 (숫자가 그들과) 대략 엇비슷했고, 비록 하남(河南)의 들판을 개척하고 삭방(朔方)의 군(郡)을 세웠으나 또 한 조양(造陽)의 북쪽 9백여 리를 포기하였다. 흉노의 인민들이 와서 한나 라에 항복할 때마다 선우 또한 번번이 한나라 사자를 구류해 서로 보복하 니, 그들의 포악하고 오만함이 이와 같았다. 어찌 (그들이) 사랑하는 자식 을 볼모로 삼게 하겠는가? 이는 당시에 적합하지 않는 말이다. 만약 볼모 를 두지 않는다면 화친의 약속은 공허하게 되니, 이로써 효문제 때 저지른 이전의 과실을 답습하여 흉노로 하여금 그칠 줄 모르는 속임수를 쓰도록 하는 것이다. 무릇 국경의 성에는 국경을 지키고 군사상의 책략을 지닌 신 하를 뽑지 않고, 길을 막고 변방을 지킬 도구를 준비하지 않으며, 긴 창과 강한 활 같은 기계를 날카롭게 갈아 놓지 않고, 적의 침범에 대처할 우리 의 능력에 의존하지 않으면서, 힘써 백성에게서 조세를 거두어 멀리 가서 선물을 주고 백성을 가혹하게 착취하여 원수(적)에게 바치고, 달콤한 말 을 믿고 헛된 약속을 지키면서 호마(胡馬: 흉노 말)가 (중국을) 엿보지 않 기를 바랐으니, 어찌 과오가 아니겠는가![34]

---

34   『漢書』卷94上,「匈奴傳」64下,「贊曰」, 3831-3832쪽, "當孝武時, 雖征伐克獲, 而士馬物故亦略相當, 雖開河南之野, 建朔方之郡, 亦棄造陽之北九百餘里. 匈奴人民每來 降漢, 單于亦輒拘留漢使以相報復, 其桀驁尙如斯, 安肯以愛子而爲質乎. 此不合當時之言 也. 若不置質, 空約和親, 是襲孝文旣往之悔, 而長匈奴無已之詐也. 夫邊城不選守境武略 之臣, 脩障隧備塞之具, 厲長戟勁弩之械, 恃吾所以待邊寇. 而務賦斂於民, 遠行貨賂, 割 剝百姓, 以奉寇讎. 信甘言, 守空約, 而幾胡馬之不窺, 不已過乎."

화친론과 정벌론에 대한 비판

반고가 흉노에 대한 대외 정책으로 제출한 것은 '기미론'이었다. '기미론'은 한나라가 그 당시의 복잡한 국제 정세에 어떻게 하면 보다 효율적으로 대처하고, 또한 그러한 정세를 어떻게 극복할 수 있을까 하는 문제의식에서 '화친론'과 '정벌론'에 대한 강도 높은 비판을 통해 등장하였다. 물론 그 비판의 내용은 '화친론'과 '정벌론'의 주장을 적절히 섞은 것이다. '기미론'은 한나라와 흉노의 관계를 단절하지 않는다는 '화친론'의 입장을 유지하면서도 화친이라는 공식적인 외교 관계를 맺는 것을 비판하였고, 또한 흉노의 본성에 대한 강한 불신을 전제하는 '정벌론'의 입장을 유지하면서도 흉노를 무력으로 정벌하는 것을 비판하였기 때문이다. 여기에는 크게 두 가지 이유가 있었다.

첫째는 한나라가 흉노와 화친을 맺으면 흉노가 언젠가 배반할 수 있기 때문에 한나라는 명분상 그들을 정벌하지 않을 수가 없고, 그렇기 때문에 소망지(蕭望之, 기원전 114 ~ 기원전 47)의 말대로 흉노는 '불신의 예'[不臣之禮]로 대우해야 한다는 것이다. 즉 외이(外夷)들이 큰절을 하여 변방으로 자처해도 중국은 이를 끝끝내 사양하여 신하로 삼지 않아야 한다는 것이다. 만약 그렇게 한다면 비록 그들이 끝내 달아나 숨어 천자를 배알(拜謁)하여 공물을 바치지 않더라도 모반하는 신하가 되지 않기 때문에 그들을 정벌하지 않아도 되며, 이것은 한나라에 큰 이익이 된다는 것이다. 이것이 진정한 '기미'의 뜻이고 겸형(謙亨)의 복(福)이라는 것이다. 그 전문은 다음과 같다.

소망지가 말하였다. "선우에게는 우리의 정삭(正朔: 책력)이 더해지지 않으니 우리의 적국(敵國: 필적하는 국가)이라 칭해집니다. 의당 불신의 예

[不臣之禮(客禮): 손님을 대하는 예의]로 대우하며 그 위치를 제후왕의 위에 두어야 합니다. 외이(外夷)들이 큰절을 하여 변방으로 자처해도 중국에서 이를 사양하며 신하로 삼지 않는 것은 바로 기미(羈縻)의 도리이며 겸형(謙亨)의 복(福)입니다. 『상서』에서 이르길, '융적황복'(戎狄荒服)이라 했는데, 이는 그들이 와서 복종함이 황홀(荒忽: 불확실하고 갑작스러움) 망상(亡常)하다는 말입니다. 그와 같이 하면 흉노가 후대에 끝내 달아나 숨어 조향(朝享: 조현하며 공물을 바침)하지 않더라도 반신(畔臣(叛臣): 모반하는 신하)이 되지 않을 것입니다. 신의와 겸양을 만맥(蠻貉)들에게 행하고 복조(福祚: 복)를 무궁토록 흐르게 하는 것이 만세(萬世)의 장책(長策)입니다."[35]

둘째는 한나라가 흉노를 정벌하면 막대한 전쟁 비용이 들어가게 되고, 또한 정벌하였다면 정벌한 땅의 지속적인 관리를 위한 비용이 많이 들기 때문에, 이는 한나라에 큰 재정적 부담을 안길 수가 있다는 것이다. 결과적으로 한나라가 흉노에 대한 정벌을 통해서 얻을 수 있는 실질적인 이익은 없기 때문에 흉노를 그 땅에 그대로 두는 것이 더 현명한 방법이라는 것이다.

그래서 반고는 '화친론'과 '정벌론'이 모두 '한때의 이해(利害)에 치우친 견해'라는 비판적 입장을 피력하면서 다음과 같이 말하였다.

『서경』에서는 "만이(蠻夷)들이 제하를 어지럽히는 것"을 경계하였고, 『시

---

35   『漢書』卷78,「蕭望之傳」, 3282쪽, "望之以爲 '單于非正朔所加, 故稱敵國, 宜待以不臣之禮, 位在諸侯王上. 外夷稽首稱藩, 中國讓而不臣, 此則羈縻之誼, 謙亨之福也. 書曰 '戎狄荒服', 言其來[服], 荒忽亡常. 如使匈奴後嗣卒有鳥竄鼠伏, 闕於朝享, 不爲畔臣. 信讓行乎蠻貉, 福祚流于亡窮, 萬世之長策也."

경』에서는 "융적(戎狄)을 토벌한다"라고 일컬었으며, 『춘추』에서는 "도
(道)가 있으면 수비하는 임무를 사이에게 맡겼다"라고 하였으니, 오래도
록 이적(夷狄)들이 (제하의) 우환이 되어 왔다. 그러므로 한나라가 흥기한
이래 충언(忠言)하고 좋은 모책을 가진 신하들이 어찌 일찍이 계획을 세
워 묘당에서 서로 더불어 쟁론하지 않았겠는가? 고조 때는 유경, 여후 때
는 번쾌·계포, 효문제 때는 가의·조조, 효무제 때는 왕회·한안국·주매
신·공손홍·동중서가 자신들의 견해를 유지하여 각각 같고 다른 점이 있
었으나 그 요점을 총괄하면 두 가지의 의견으로 귀속될 뿐이다. 진신지유
(縉紳之儒: 홀을 관대에 꽂은 선비)는 화친을 견지하고 개주지사(介胄之
士: 갑옷을 입고 투구를 쓴 무사)는 정벌을 말하니, 이들은 모두 한때의
이해(利害)에 치우친 견해로 흉노의 처음과 끝을 궁구하지 않았다. 한나
라가 흥기한 이래 지금에 이르기까지 많은 해가 흘러 춘추(의 紀年)보다
오래되었는데, 중국은 흉노와 더불어 문(文)을 닦아 화친한 때도 있고 무
(武)를 써서 극벌(克伐)한 때도 있으며, 스스로 비하하여 그들을 떠받든
때도 있고 위력(威力)으로 복종시켜 신하로 삼아 기른 때도 있어, 굽히고
펴는 것이 서로 다르게 변화하고 강함과 약함이 서로 뒤바뀌기도 하였으
니, 이런 까닭에 그 상세한 내용을 말해 보겠다.[36]

반고가 '화친론'과 '정벌론'을 모두 반대한 이유는 분명하다. 그의

36   『漢書』卷94上,「匈奴傳」64下,「贊曰」, 3830쪽, "書戒 '蠻夷猾夏', 詩稱 '戎狄是
膺', 春秋 '有道守在四夷', 久矣夷狄之爲患也. 故自漢興, 忠言嘉謀之臣曷嘗不運籌策相
與爭於廟堂之上乎. 高祖時則劉敬, 呂后時樊噲, 季布, 孝文時賈誼, 朝錯, 孝武時王恢,
韓安國, 朱買臣, 公孫弘, 董仲舒, 人持所見, 各有同異, 然總其要, 歸兩科而已. 縉紳之儒
則守和親, 介胄之士則言征伐, 皆偏見一時之利害, 而未究匈奴之終始也. 自漢興以至于
今, 曠世歷年, 多於春秋, 其與匈奴, 有脩文而和親之矣, 有用武而克伐之矣, 有卑下而承
事之矣, 有威服而臣畜之矣, 詘伸異變, 强弱相反, 是故其詳可得而言也."

관점에서 '화친론'의 문제는 한나라가 흉노와 화친을 하면 할수록 흉노의 침략도 더 자주 발생하였다는 것이다. 즉 한나라가 흉노를 대등한 관계에서 대우를 해 주면 해 줄수록 그들은 그것을 이용하여 자신들의 물리적 힘을 더욱더 과시했다는 것이다. 그래서 그는 고조가 평성에서의 굴욕 이후로 흉노와 화친하면서 국경의 안정을 바랐다는 역사적 사실, 또한 효혜제와 고후 때에 한나라가 화친의 약속을 지켰으나 흉노의 침략과 약탈이 자주 발생하였다는 역사적 사실, 그리고 효문제 때에 많은 선물을 주면서 화친하였으나 흉노가 여러 차례 약속을 어겨 국경 지대가 여러 차례 피해를 입었던 역사적 사실 등을 거론하면서 '화친론'의 백해무익(百害無益)함을 거듭 강조하였다.

> 지난날 화친의 논의는 유경(劉敬)에게서 비롯되었다. 이때 천하가 처음 평정되고 이제 막 평성(平城)에서 곤욕을 치르게 되니, 이 때문에 그 말을 따라 화친의 약속을 맺고 선우에게 선물을 보내 변경의 안정을 바란 것이다. 효혜제, 고후(高后) 때에도 이를 준수하고 어기지 않았으나 흉노가 침범해 약탈하는 것은 줄어들거나 그치지 않았으며 선우는 도리어 더욱 교만해졌다. 효문제 때에 이르자 흉노와 더불어 관시(關市)를 통하게 하고 한나라의 여자들을 주어 처로 삼게 하며 그 선물을 더욱 후하게 하여 매년 천금(千金)을 주었으나, 흉노가 여러 차례 약속을 어겨 변경은 누차 피해를 입었다. 그리하여 문제(文帝)는 중년(中年)에 이르러 갑자기 발분(發憤)하니, 마침내 몸소 융복(戎服)을 입고 친히 말을 몰며 6군(六郡)의 좋은 집안의 재능 있는 무사들을 일으켜 상림(上林: 중국 長安의 서쪽에 있었던 대궐 안의 동산)에서 말 타고 활 쏘며 전쟁의 진법(陳法)을 강습(講習)하고 천하의 정병(精兵)을 모아 광무(廣武)에 주둔시켰으며, 풍당(馮唐)을 방문하여 묻고 장수들과 더불어 논하며, 한숨 쉬고 탄식하며, 옛날

의 명신(名臣)을 그리워하였다. 이러한 즉 화친(名臣)이 무익하다는 것은
이미 분명하도다.[37]

한편으로 반고의 정벌론에 대한 비판적 관점은 화친론과 같다. 즉 흉
노의 땅은 한나라에게 어떠한 경제적 이익도 가져다주지 못하는 전혀
쓸모없는 곳이고 사람이 살기에도 부적합한 곳이라는 것이다.

기미부절의 구체적 내용[38]

반고는 흉노와 화친할 필요도 없고, 흉노를 정벌할 필요도 없으며 오직
'기미부절'로 그들을 대할 때에만 그 문제의 해결점을 찾을 수 있다는
입장에서 '기미부절'을 흉노에 대한 대외 정책의 핵심 이념으로 제출
하였다. 이 '기미부절'은 춘추 패권 시대처럼 '제하'와 '사이'의 관계
를 '안'과 '밖'의 관계로 철저하게 경계 짓지만, '사이'(흉노도 포함
됨)를 소나 말처럼 굴레를 씌워 견제(통치)하면서도 결코 그 관계를 단
절하지 않는다는 의미이다. 이렇게 본다면 '기미'라는 말은 한나라가
'사이'를 철저하게 국경선 밖으로 격리하고 어떠한 공식적인 외교 관

---

37 『漢書』卷94上,「匈奴傳」64下,「贊曰」, 3830-3831쪽, "昔和親之論, 發於劉敬.
是時天下初定, 新遭平城之難, 故從其言, 約結和親, 賂遺單于, 冀以救安邊境. 孝惠, 高
后時邊而不違, 匈奴寇盜不爲衰止, 而單于反以加驕倨. 逮至孝文, 與通關市, 妻以漢女,
增厚其賂, 歲以千金, 而匈奴數背約束, 邊境屢被其害. 是以文帝中年, 赫然發憤, 遂躬戎
服, 親御鞍馬, 從六郡良家材力之士, 馳射上林, 講習戰陳, 聚天下精兵, 軍於廣武, 顧問
馮唐, 與論將帥, 喟然歎息, 思古名臣, 此則和親無益, 已然之明效也."
38 '기미'(羈縻) 관련 기사는 고조(高祖) 시기에 처음으로 나타났고, '기미' 개념이
사이(四夷)를 소나 말처럼 견제한다는 뜻으로 처음 사용된 때는 무제(武帝) 시기였으
며, 주변 국가에 대한 중국의 독특한 대응 양식으로 일반화된 때는 선제(宣帝) 시기였
다.(김한규, 같은 논문, 81-83쪽 참조)

계도 맺지 않는다는 것을 의미하고, 또한 '부절'이란 말은 최소한의 관계를 유지하고 '사이'에 대한 감시와 견제를 게을리하지 않는다는 것을 의미한다. 즉 '사이'가 포악한 본성을 드러내어 '제하'를 침략할 기미가 보이면 비공식적인 방법을 통해 한 번씩 경각심을 갖게 한다는 것이다.

『漢書』「匈奴傳 64下」의 「贊曰」에는 그가 제출한 '기미부절'의 내용이 실려 있다. 그 전문은 다음과 같다.

> 선왕은 토지를 헤아려 가운데 서서 기(畿: 경기, 왕기)를 설치하고 구주(九州)를 나누며 오복(五服: 다섯 가지 상례 복제)을 배열하고 각기 공물을 바치게 하며 안과 밖을 다스렸다. 또한 때론 형정(刑政)을 닦고 때론 문덕(文德)을 밝히며 멀고 가까운 형세에 따라 다르게 하였다. 이로써 『춘추』에서 제하(諸夏)는 안[內]이고 이적(夷狄)은 밖[外]이라 하였다. 이적들은 탐욕스럽고 이익을 좋아하며, 머리를 풀어헤치고 옷깃을 왼쪽으로 여미며, 사람의 얼굴에 짐승의 마음을 가지고 있다. 그래서 그들은 중국과 서로 다른 예복을 입고, 습속(習俗)이 다르며, 음식이 같지 않고, 언어가 통하지 않는다. 궁벽한 북쪽 변경의 찬 이슬이 내리는 땅에 살고 풀과 가축을 따라 옮겨 다니며 사냥을 생업으로 삼는데, 산과 골짜기로 격리되고 사막으로 막혀 있으니, 천지가 안과 바깥(한나라와 흉노)을 끊어 놓았다. 이런 까닭에 성왕들은 금수처럼 그들을 길렀으니, 그들과 더불어 약속하지도 않고 공격하여 정벌하지도 않았다. 약속을 하면 선물을 써서 결국 속임을 당하고, 공격하여 정벌하면 군대를 수고롭게 할 뿐 결국 침략을 불러들인다. 그들의 땅은 경작해서 식량을 생산할 수 없고 그들의 백성은 신하로 삼아서 기를 수 없다. 이 때문에 그들을 바깥으로 하여 안으로 삼지 않고 소원히 하되 친근히 대하지 않으니, 정교(政教)는 그들에게 미치지 않

고 정삭(正朔)은 그 나라에 더해지지 않았다. 그들이 침범해 오면 징벌하여 다스리고 그들이 떠나면 방비하며 수비하였다. 그들이 의(義)를 사모해 공헌(貢獻)해 오면 이를 받아들여 예로써 겸손히 대하고 기미부절(羈縻不絶)하여 잘못은 그들에게 있게 하니, 대저 성왕들이 만이(蠻夷)들을 제어하는 상도(常道)가 이러하였다.[39]

반고가 제출한 '기미부절'의 내용은 크게 다섯 가지로 나누어 설명할 수 있다.

첫째, '제하'와 '사이'는 본성상 근본적으로 다르다. 즉 '제하'가 사람의 본성을 갖고 있는 반면에 '사이'는 금수와 같은 본성을 갖고 있다. 이는 습속·의복·음식·언어 등 모든 방면에서 '제하'와 '사이'의 근본적 차이를 가져왔기 때문에 '제하'는 '사이'를 같은 공간 영역에 두지 말고 '제하'로부터 철저하게 격리시켜야 한다.

둘째, '제하'는 '사이'와 어떠한 공식적인 외교 관계도 맺지 않아야 한다. 즉 '사이'의 본성은 결코 신뢰할 수 없기 때문에 그들은 어떤 경우에서든지 간에 화친의 대상이 아니다. 왜냐하면 '제하'가 '사이'와 화친을 맺는 순간 '사이'는 틈을 노려 또다시 '제하'를 침략하기 때문이다. '사이'가 '제하'를 침략하면 '제하'는 명분상 사이를 정벌해야만

---

39 『漢書』卷94上,「匈奴傳」64上,「贊曰」, 3833-3834쪽, "故先王度土, 中立封畿, 分九州, 列五服, 物土貢, 制外內, 或脩刑政, 或詔文德, 遠近之勢異也. 是以春秋內諸夏而外夷狄. 夷狄之人貪而好利, 被髮左衽, 人面獸心. 其與中國殊章服, 異習俗, 飲食不同, 言語不通, 辟居北垂寒露之野, 逐草隨畜, 射獵爲生, 隔以山谷, 雍以沙幕, 天地所以絶外內也. 是故聖王禽獸畜之, 不與約誓, 不就攻伐, 約之則費賂而見欺, 攻之則勞師而詔寇. 其地不可耕而食也, 其民不可臣而畜也, 是以外而不內, 疏而不戚, 政教不及其人, 正朔不加其國, 來則懲而御之, 去則備而守之. 其慕義而貢獻, 則接之以禮讓, 羈縻不絶, 使曲在彼, 蓋聖王制御蠻夷之常道也."

하는데 이때에 전쟁 비용이 너무 많이 들기 때문에 이는 결국 '제하'의 재정적 압박으로 이어진다.

셋째, '사이'는 황제의 은택(恩澤)과 정교(政敎)로 교화할 수 있는 대상이 아니다. 즉 '사이'의 사람들은 탐욕스럽고 이익을 좋아하기 때문에 결코 그들을 인의로 순화시킬 수 없다. 따라서 '사이'를 바깥에 두고 '제하'의 안으로 들어오지 못하게 하면서 소원하게 하고 친근히 대하지 않는다.

넷째, '사이'의 땅은 '제하'의 경제에 어떠한 도움도 되지 못한다. 즉 '사이'의 땅은 사람이 살 수 없는 척박한 곳이기 때문에 이런 곳에서는 결코 어떠한 곡식도 생산할 수 없다. 따라서 '제하'는 '사이'와 약속할 필요도 없고, '사이'와 화친할 필요도 없으며 '사이'를 정벌할 필요도 없다.

다섯째, '제하'는 '사이'와 공식적인 외교 관계를 단절하되 비공식적인 외교 관계를 열어 둔다. 즉 '사이'가 '제하'에 나쁜 마음을 품지 않고 온다면 예(禮)로써 대접하고, 나쁜 마음을 품고 온다면 '기미부절'하여 그 모든 잘못은 '사이'에게 돌린다. 다시 말해 '사이'가 사신을 보내면 '제하'는 그들을 비공식적인 객례(客禮)로서 대우하고, 그들이 침략을 한다면 '제하'는 오직 방어만 할 뿐 그 땅을 정벌하지 않으며, 나아가 그들의 내정에도 전혀 간섭하지 않고 그대로 내버려 둔다.

정리하면, 반고의 '기미론'은 '제하'와 '사이'가 본성상 근본적 차이가 있다는 점을 부각하여 그 둘을 철저하게 인(人)과 비인(非人)으로 규정지었다. 이것은 바로 '제하'의 '사이'에 대한 직접적인 군사적 정복과 정치적 지배를 반대하고, 또한 지리·문화적으로 구별하는 다소 현실적이면서도 실리적인 대외 정책을 지향한 것이었다. 이후에 '기미론'은 한나라를 대표하는 '화이분별론'이 되었다.

결국 한나라의 통치 집단은 '기미론'으로 '제하'와 '사이'의 본성
이 근본적으로 다르다는 점을 강조하는 속에서 '사이' 민족을 적시(敵
視)하고 '사이' 문화를 천시(賤視)하는 공구로 사용된 '대한족주의'라
는 통치 이념을 만들어 냈다. 그리하여 그들은 그 위에서 한나라를 중
심으로 모든 주변 국가가 일정한 질서하에 결집되어 안정된 위계를
부여받는 형태의 강력하고도 거대한 통일 제국을 건설해 나갔던 것이
다.[40]

6. 간략한 평가

반고의 '기미론'은 한나라 초기의 '화친론'과 '정벌론'의 심각한 논쟁
에서 발생된 문제점들에 대한 비판적 대안으로 등장된 대외 정책의 이
념이었다. 즉 '기미론'은 '화친론'과 동일한 논리를 공유하면서도 '화
친론'을 비판하거나, '정벌론'과 동일한 논리를 공유하면서도 '정벌
론'을 비판하는 속에서 등장하였다. 물론 이것은 '화친론'과 마찬가지
로 '정벌론'의 주변국에 대한 무력적 정벌이나 정복을 반대하는 논리
를 세웠으나, 결코 '화친론'을 받아들인 것이 아니라 '정벌론'을 반대
하기 위한 논리였다. 또한 그것은 '정벌론'과 마찬가지로 '사이'의 본
성을 신뢰할 수 없다는 논리를 세웠으나 결코 '정벌론'을 받아들인 것
이 아니라 '화친론'을 반대하기 위한 논리였다.

앞서 보았듯이 '화친론'은 '사이'의 본성을 신뢰한다는 입장에서 적
극적으로 화친하자는 것이었고, '정벌론'은 결코 '사이'의 본성을 신

---

40   김한규, 같은 논문, 79쪽 참조.

뢰하지 않는다는 입장에서 적극적으로 정벌해야 한다는 것이었다. 그
런데 반고의 '기미론'은 그러한 '정벌론'의 논리를 따라가면서도 '사
이'가 한나라에 큰 화근이 될 수 있기 때문에 '사이'와 화친을 약속할
필요도 없고 정벌하여 신하로 둘 필요도 없다는 것이었다. 간단하게 말
해 '사이'와의 화친은 역사적 사례로 볼 때에 언젠가 그들이 반드시 약
속을 깨고 배신할 수 있기 때문에 무용하다는 것이었고, '사이'의 정벌
은 그들의 땅이 한나라에게 전혀 쓸모없는 공간 영역이기 때문에 정벌
이 무용하다는 것이었다. 따라서 반고의 관점은 '사이'를 신하로도 삼
지 않고 속국으로도 삼지 않으며, 한나라 밖에 그대로 내버려 두는 것
이 한나라에게 더 큰 이익이라는 것이었다.

  반고가 제출한 '기미론'을 대외 정책으로 표방한 한나라는 '제하'와
'사이'를 '인'(人)과 '비인'(非人)으로 철저하게 구별하여 '사이'를 한
나라의 공간 영역으로부터 분리함과 동시에 '사이'의 침략에 대비하여
'사이'에 대한 감시와 견제를 게을리하지 않았다. 이러한 한족(漢族)
중심의 문화적 규정은 결과적으로 '사이' 문화가 그들의 세계에 들어
오는 것을 철저하게 차단시켰고, 나아가 '사이'의 정체성까지도 소멸
시키는 심각한 결과를 가져왔다. 반면에 그것은 한나라를 중심으로 하
는 국제 정치적 지형도를 넓히는 계기가 되었고, 또한 그들 중심의 획
일적이면서도 일방적인 문화패권주의인 '대한족주의'를 확립하는 계
기가 되었던 것이다.

  그 결과 한나라는 '기미론'에 근거하여 '사이'의 침략이라는 외부
문제를 효과적으로 해결함과 동시에 한나라를 중심으로 '사이'에게 안
정된 위계질서를 부여하는 강력한 통일 제국을 건설해 나갈 수 있었다.
이후에 '기미론'은 '사이'에 대한 대외 정책을 결정하는 데에서 아주
중요한 이론적 근거가 되었다. 특히 이것은 당나라 시대에 이민족을 회

유하고 간접 통치를 하기 위한 하나의 중요한 정책으로 재등장되었다. 더 나아가 오늘날 중국이 국내외에서 실행하는 문화 정책의 기본 전략도 그러한 '기미부절'의 발전된 형태라고 할 수 있다.

지금까지 우리는 춘추 시대의 '존왕양이론', 공자의 '도덕교화론', 맹자의 '용하변이설', 반고의 '기미론'의 논의를 통해 '제하'와 '사이'를 철저하게 구분하는 '화이분별론'(華夷分別論)의 정형화 과정을 살펴보았다. 이 논의는 다음과 같이 간단하게 정리된다.

1.

춘추 패권 시대의 존왕양이론

중국 역사의 무대에서 '화이분별론'의 본격적인 등장을 알렸던 것은 바로 춘추 패권 시대의 회맹 질서에 입각한, 즉 "주(周)나라 왕실을 높이고 사이(四夷)를 배척한다"는 '존왕양이론'이었다. 이는 바로 천자국인 주나라를 중심으로 통일성을 유지하던 종법적 봉건 질서가 거의 다 무너져 내린 춘추 시대의 현실 상황에서 여러 제후국이 그들 간에 연합 동맹(회맹)을 맺고 그 분산된 힘을 하나로 결집하여 천하의 질서를 회복하자는 의도에서 출발한 하나의 정치 이념이었다.

　그러한 '존왕양이'의 기치 아래 결집한 여러 제후국은 주나라를 대신하여 '사이'의 침략을 막고 '제하'의 문화를 보호한다는 명목하에서 '제하'와 '사이'를 '생활 방식의 차이'(농업 생활을 기초로 하는 도시국가와 유목 생활을 기초로 하는 야만 국가)와 '정치 방식의 차이'(연합 동맹의 참여 여부), 즉 '예악 문화의 수용 여부'에 의거해 '안'과 '밖'으로 철저하게 구별하였다. 그리하여 그들은 어느 정도 '사이' 문화의 유입도 막을 수 있었고, '제하' 문화의 우월적 지위도 지켜 낼 수 있었다.

　그러나 '존왕양이론'은 그 안에 내포된 배타적 성격으로 인하여 문화 간의 상호 교류와 공동 발전을 철저하게 방해하거나 봉쇄하는 요인으로 작용하였다. 또한 그것은 '사이' 문화의 특수성과 다양성을 인정하지 않음으로 인하여 '사이' 문화를 '제하' 문화로부터 격리시키거나 '제하' 문화에 동화시키는 요인으로 작용하였다. 이로부터 '제하' 문화의 '사이' 문화에 대한 우월적 지위와 패권적 지배는 더욱더 견고해져 갔다. 결과적으로 이것은 사람들을 편협한 민족주의적 사고에 길들여지게 했던 동시에, 그러한 이념의 공고화를 위한 수단으로 전락시켰을 뿐이었다.

공자의 도덕교화론

공자는 춘추 시대 말기, 즉 주나라의 종법적 봉건 질서가 거의 다 무너져 내린 '천하무도'(天下無道)의 시대 상황을 종식시키고 사람이 사람답게 살아가는 세계를 실현하기 위해서 '제하'와 '사이'를 모두 포괄하는 하나의 보편적 도덕 원칙을 제출하였다. 이는 바로 '생명 근원으로서의 인성(人性)'을 의미하는 '인'(仁)이었다. 이 도덕 원칙이 '제하'와 '사이'에게 모두 동일하게 적용된다는 점에서 보면 그에게서 '제하'와 '사이'의 구별은 타고난 본성(혈통)에 의해서 결정되지 않음은 분명하다. 이렇게 본다면 그에게서 '제하'와 '사이'의 구별을 결정짓는 절대적 가치 기준도 없으며, 궁극적으로 그 둘을 구별하는 것도 무의미하다고도 할 수 있다.

단지 공자에게서 중요한 것은 '제하'가 '인'의 체현을 위한 문화적 토대를 가지고 있고, 반면에 '사이'가 그것을 가지고 있지 않다는 것뿐이었다. 여기서의 문화적 토대란 바로 예의도덕(사람의 지켜야 할 도리나 올바른 행위 규범)을 기초로 하는 '제하'의 문화를 의미한다. 즉 '제하'가 '사이'의 예(禮: 舊習)를 사용하면 '사이'이고, '사이'가 '제하'의 예의도덕을 사용하면 '제하'라는 것이다. 그의 관중에 대한 평가에서 보듯이 현실적으로 그는 '제하'의 문화가 '사이'의 무력에 의해 파괴되어 '사이'의 야만적인 문화로 변질되는 것을 아주 크게 우려하였다. 그가 제출한 해결책은 '제하' 문화(예의도덕)에 정통한 '군자의 도덕적 교화'로 '사이' 문화에 대한 근본적 변화를 시도하여 '사이'의 낙후된 문화를 '제하'의 발달된 문화로 바꾸는 것이었다.

공자의 그러한 문화에 대한 강조는 한편으로 '제하'와 '사이'의 배타적이고 적대적인 관계를 일소하여 그 둘의 구별을 결정짓는 실질적 경계를 제거했다는 긍정적 측면도 있지만, 다른 한편으로 '사이' 문화를 '제하' 문화에 흡수·융합·일체화하여 그 존재의 이유와 가치를 사라지게 했다는 부정적 측면도 있다. 따라서 그의 '제하'와 '사이'에 대한 관점은 자의든 타의든 간에 후대에 '문화'(예의도덕)라는 이름으로 '제하'와 '사이'의 이질성을 강조하거나 '제하'와 '사이'의 동질성[仁]

을 강조하는 속에서 '제하' 문화의 '사이' 문화에 대한 편입·흡수·동화·융합을 정당화하는 이론적 토대가 되었다고 할 수 있다.

맹자의 용하변이설

맹자는 '제하'든 '사이'든 사람들을 모두 포괄하는 보편적 도덕 원칙으로 누구나 태어나면서 가지고 있는 '선한 마음'[善心]을 제출하여 이것의 보존[存心]과 확충[擴而充之]을 사람됨의 최고 가치 근거로 삼았다. 그래서 이 도덕 원칙은 공자의 '인'(仁)처럼 '제하'든 '사이'든 간에 사람들에게 모두 동일하게 적용되는데, 이는 바로 그가 '제하'와 '사이'의 구별을 타고난 본성(혈통)으로 결정짓지 않았음을 의미한다. 이렇게 본다면 공자와 마찬가지로 맹자에게도 '제하'와 '사이'의 구별을 결정짓는 절대적 가치 기준이 없으며, 궁극적으로 그 둘을 구별하는 것 자체가 무의미하다고 할 수 있다.

　그런데 중요한 사실은 맹자가 '제하' 문화를 '선진 문화'로 규정하고 '사이' 문화를 '후진 문화'로 규정하는 속에서 오직 '제하' 문화만을 인정하고 '사이' 문화를 철저하게 배척하였다는 것이다. 왜냐하면 그에게서 '사이'는 사람의 보편적 가치를 이해할 수 있는 문화적 토대(주공과 공자의 도)를 구비하지 못하였기 때문이다. 그래서 그의 진량과 진승에 대한 평가에서 보듯이, 그에게서 '선한 마음'[善心]의 보존과 확장을 위한 문화적 토대를 가지고 있는가 없는가는 '제하'와 '사이'를 구별하는 아주 중요한 관건이었다. 즉 '제하'는 '주공과 공자의 도'를 가지고 있지만 '사이'는 그렇지 않다는 것이다.

　이렇듯이 맹자는 "제하의 선진 문화로 사이의 후진 문화를 변화시켜야 한다"는 '용하변이'를 주장하여 '주공과 공자의 도'를 '제하'와 '사이'의 구별을 결정짓는 표준으로 삼았다. 그 핵심은 '사이'가 '사이'의 후진 문화를 버리고 '주공과 공자의 도'를 받아들이면 '제하'이고, 반면에 '제하'가 '주공과 공자의 도'를 버리고 '사이'의 후진 문화를 받아들이면 '사이'라는 것이다. 따라서 '사이'는 반드시 '제하'의 선진 문화를 받아들여 '사이'의 후진 문화를 변화시킨 문화적 토대 위에서 비로소 사람의 보편적인 '선한 마음'을 보존·확충할 수 있고, 만약 그렇게 하지 않으면 사이는 결코 금수와 같은 삶에서 벗어날 수 없다는 것이다.

결국 맹자가 제출한 '용하변이'는 한편으로 '제하'와 '사이' 간의 종족적 경계와 민족적 경계를 허물어 그것에 따른 모든 편견을 일소하였다는 긍정적 측면도 있지만, 또 한편으로 '제하'와 '사이' 간의 문화적 경계를 두텁게 하여 '사이' 문화를 철저하게 '제하' 문화에 흡수·동화·융합하였다는 부정적 측면도 있다고 할 수 있다.

반고의 기미론

한나라의 '화이분별론'은 '화친론'과 '정벌론'의 논쟁을 시작으로 그 뒤에 '기미론'의 '화친론'과 '정벌론'에 대한 비판적 관점이 형성되면서 구체적인 모습이 드러났다. 이 중에서 '기미론'은 한나라를 대표하는 '화이분별론'이다. 이것은 '사이'를 철저하게 한나라의 국경선 밖에 격리하고 한족 중심의 강력한 통치 질서를 세우기 위한 목적에서 등장하였다. 그 핵심 내용은 반고가 강조한 '기미부절'(羈縻不絶)이다. 이것은 한나라가 현실적으로 '사이'를 철저하게 경계선 밖에 격리하면서도 그들에 대한 견제(통치)를 게을리하지 않는다는 것을 의미한다. 즉 '사이'가 그 틈을 노려 그 견제로부터 벗어나려고 하면, 비록 공식적인 외교 관계를 맺지는 않지만 비공식적인 외교를 통해서 그 관계를 끊지 않고 유지해 나간다는 것이다.

그래서 '기미론'은 한나라 이전보다 더 엄격한 '화이분별론'에 기초하였다. 왜냐하면 이것은 금수와 같은 '사이'의 본성을 결코 신뢰할 수 없다는 관점에서 '제하'와 '사이'의 관계를 '인'(人)과 '비인'(非人)의 관계로 규정하였기 때문이다. 이러한 규정 속에서 한나라는 '사이'가 한나라를 침략하는 적국이 되는 것도 원하지 않았고, '사이'가 한나라의 속국이 되는 것도 원하지 않았다. 한나라가 원했던 것은 '사이'의 침략이라는 외부 문제를 효과적으로 해결하기 위해 한나라를 중심으로 주변국에게 안정된 위계질서를 부여하는 강력한 통일 제국의 건설이었다. 결국 '기미론'은 무제(武帝)가 죽은 뒤에 한나라가 '사이'에 대한 대외 정책을 결정짓는 데에서 아주 중요한 이론적 근거가 되었다.

이상의 4단계는 각각 '제하'와 '사이'를 구별하는 관점에서 차이점이 있지만, 모두 '사이'의 문화 체계와 가치 체계를 인정하지 않는다는 공통점이 있다. 엄밀하게 말해, 춘추 시대의 '존왕양이론'과 한나라의 '기미론'은 '사이'의 본성에 대한 불신을 토대로 '제하' 문화와 '사이' 문화를 선진 문화와 후진 문화로 보는 이원적 구도로 만들어 '제하' 문화의 '사이' 문화에 대한 우월적 지위와 패권적 지배를 넓혔다는 것이다. 또한 공자의 '도덕교화론'과 맹자의 '용하변이설'은 '제하'와 '사이'의 본성에 대한 무한한 신뢰를 보였지만, '제하' 문화를 통해 '사이' 문화에 대한 근본적 변화를 시도하여 '사이' 문화를 '제하' 문화 공간에 편입하고 일체화하려는 '자문화중심주의'의 입장을 드러냈다는 것이다.

2.

그런데 중요한 것은 중국 역사에서 보면 과거 중국이 '사이'의 침략과 같은 외부적인 문제로 정치적 지도력에 위기가 닥치거나 종법 제도의 파괴와 같은 내부적인 문제로 사회 제반 분야에서 혼란에 치달았을 때, 어김없이 자신들의 문화를 이용하여 정치적 응집력을 강화하고 질서 안정을 위한다는 명분하에 '화이분별론'을 제출하였다는 것이다.

춘추 패권 시대에 제후국들은 '사이'의 빈번한 침략을 효과적으로 막아 내지 못하여 천하의 패권을 상실할 수도 있는 상황에서 '존왕양이'를 주창하여 제후국들 간에 연합 동맹(회맹)을 맺고, 그 분산된 힘을 하나로 결집하여 '사이'의 침략을 분쇄하였다. 또한 공자와 맹자 시대에 모든 사회 영역이 거의 초토화되어 이전의 찬란한 문화적 전통은 사라지고 '사이' 문화의 '제하' 문화에 대한 파괴를 목전에 둔 상황에서, 사람이면 누구나 태어나면서 가지고 있는 '인'(仁)이나 '선한 마음'[善心]을 '제하'와 '사이'를 모두 포괄하는 보편적 도덕 원칙으로 삼았다. 또한 한나라는 통일을 이루었으나 오랜 전쟁의 후유증과 그 틈을 노려 막강한 군사력으로 자국을 침략한 흉노의 문제를 해결하기 위한 목적에서 '기미부절'에 입각한 대외 정책을 확립하여 한족 중심의 민족주의 의식을 고취하였다.

이렇게 본다면 과거 중국의 '화이분별론'은 중국이 자신들의 국내외 문제의 해결을 위한 능력을 발휘하기 힘든 현실적 한계 상황을 '중국'이라는 제한된 공간 영역에서 '제하'와 '사이'를 구별하여, 오직 '제하' 문화만이 사람이 사람답게 살아가는 세상을 실현할 수 있고 그 공간 영역만이 천하의 질서를 실현할 수 있는 장소라고 자위하는 문화적 우월 의식의 정형화된 통치 이념일 뿐이었다고 할 수 있다.

지금 '패권주의'로 규정되고 있는 중국의 이원화된 정책도 그러한 '화이분별론'에 기초한 '중화주의'의 범주를 크게 벗어나지 않는 것으로 보인다. 중국은 '개혁·개방' 정책의 실시 이후에 발생한 부(富)의 편중화와 분배의 불균등화 등으로 나타난 인민들의 국가에 대한 강한 불신감 및 소수 민족들의 독립 분리와 자치 요구 등의 많은 문제를 자체적으로 해결하기가 어려웠다. 왜냐하면 필자가 볼 때에 그 현실적인 해결책은 아마도 두가지밖에 없었기 때문이 아닌가 한다. 하나는 물리적 힘(군사적)을 동원하여 제재하거나 제압하는 것인데, 이것은 오로지 국내외적으로 많은 비난의 대상이 될 뿐만이 아니라 중국의 국제적 입지를 더욱더 좁게 만드는 요인 중의 하나일 뿐이다.[1] 또 하나는 적극적으로 나서서 그러한 불신감을 해소해 주고, 그러한 자치 분리와 독립 요구를 모두 들어주는 것인데, 이것은 오로지 '중국식 사회주의 체제의 해체', 즉 '중국의 해체'를 의미할 뿐이다.

그래서 중국은 자신들의 체제를 유지하면서 그러한 문제를 해결할 수 있는 방법을 그들의 전통문화에서 찾았는데, 이는 과거의 '중화주의'를 현재에 맞게 새롭게 변용(變容)하는 것이었다. 그 결과가 바로 국내외적으로 많은 비판을 받고 있는 '유가민족주의'(중화민족주의)에 입각한 '신중화주의'이다. 이는 겉으로는 '화해세계'를 표방하지만, 안으로는 하나의 중화민족·하나의 중화세계를 표방한다. 설령 중국의 전통문화를 다원일체화의 구조로 설정하고 중국 내에 있는 다양한 문화의 고유한 특색을 인정한다고 하더라도, 이 구조는 어디까지나 중국의 전통문화에서 이탈하는 소수 민족들의 다양한 문화를 적당히 인정하면서 예기치 않은 문제가 발생할 때마다 하나의 중화민족을 내

---

1   이것은 중국의 티베트에 대한 공격으로 여지없이 깨졌다.(1장의 주 6을 참조할 것)

세워서 그 일체감을 상기시켜 주기 위한 자구책에 불과할 뿐이다.

중국은 자국의 사회주의 시장주의가 그 한계점을 드러내어 심각한 문제들을 발생함에도 자유주의 시장주의로 성급히 나아갈 수 없는 그들만의 복잡한 정치적 상황 아래에서, 각 문화들이 유가 문화 안에서 응집되고 일체화된 중국의 전통문화가 중국인들에게 단결과 통일을 향한 새로운 가치관과 세계관을 심어 줄 수 있다고 본다. 특히 『인민일보』의 「사설」(2009년 9월 30일)은 그러한 점을 잘 보여 준다. 즉 '국무원 제5차 전국 민족 단결과 진보 표창 대회'(國務院第五次全國民族團結進步表彰大會)의 소집을 축하하면서 '중국의 역사가 다원일체화된 중화민족을 형성하고 통일된 다민족의 위대한 조국을 건설해 온 역사' 임을 강조하고, '56개 민족의 대단결과 대통일' 을 촉진한 것이 그것이다.

중화 대지의 수천 년 동안의 파란만장한 역사와 중화민족의 수천 년 동안의 자각불식(自覺不息)의 분투(奮鬪)는 당대 중국인들에게 960만㎢의 국토와 부지런하고 용감하며 지혜로운 56개 민족, 그리고 역사가 오래되고 심오한 중화 문화를 남겨 주었다. 이는 중국 각 민족들이 공동으로 갖고 있는 소중한 재부(財富)로서 각 민족들은 모두 자기들의 공헌을 하고 있다. 드넓은 중국 국토는 각 민족이 공동으로 개척한 것이고, 유구하고 찬란한 중화 문화는 각 민족이 공동으로 발전시킨 것이며, 통일된 다민족 국가는 각 민족들이 공동으로 이루어 낸 것이다. 5천년의 중국 역사는 각 민족들이 탄생 · 발전 · 융합되고 합력(合力)하여 다원일체화(多元一體化)된 중화민족을 형성하고 통일된 다민족의 위대한 조국을 건설해 온 역사이다 … 역사와 현실은 우리에게 심각하게 명시한다. 단결과 통일은 각 민족 인민들의 복(福)이고, 분열과 동란은 각 민족 인민들의 화근이다. 우리의 이러한 통일된 다민족 국가에서 말하면 단결은 곧 생명이고, 단결이 곧 역량

이며, 단결은 곧 승리이다.[2]

그런 이유로 중국의 대단결과 대통일을 외치는 큰 목소리 안에서는 각 민족들마다 타고난 성격과 역사 환경의 다름을 고려하여 각 문화들을 이해해야 한다고 외치는 목소리들이 거의 들리지 않는다. 이것은 결과적으로 문화 간의 상호 교류와 공동 발전을 방해하는 요인으로 작용하고, 각 문화들의 특수성이 배제된 채, 오직 하나의 문화에 의해서 그 밖의 문화들을 흡수 · 동화시켜 버리는 결과를 가져올 뿐이다. 그래서 사람들은 편협한 자문화중심주의의 사고에서 길들여지고, 그러한 이념의 공고화를 위한 수단으로 전락하고 말 것이다. 이런 속에서는 문화와 문화 간의 수평적 교류가 없을 것이고, 하나의 문화가 다수의 문화를 지배하는 구조는 더욱 견고하게 할 것이다.

3.

문화가 고유한 환경에 대응하면서 얻게 되는 한 사회의 경험적 지식의 총체라면 어떠한 문화든지 간에 그것은 그 나름의 존재의 이유와 가치가 있다.[3] 그래서 문화의 이해에서 각각의 문화가 자라온 독특한 환경

---

2   『人民日報』, 「高擧各民族大團結的旗幟勝利前進」(社說), 2009. 9. 30.
3   사중명에 의하면 문화는 두 방면으로 나뉜다. 첫째는 외형적 · 제도적 방면이다. 이것은 사람 집단 내에 공존하는 개인들의 특수한 삶의 측면(특수성)을 가리키는데, 이는 한 집단의 사람이 공유하는 풍속 · 습관 · 신앙 · 가치 체계 · 언어 문자 · 태도 · 행위 모식 · 과학 · 예술 · 정치 등의 총체를 말한다. 둘째는 정신적 · 철학적 방면이다. 이것은 인류 공통의 보편적 문화 현상의 측면(보편성)을 가리키는데, 이는 정신 · 문화 방면의 심층 요소에 근거하여 규정되는 철학적 의미를 말한다.(謝仲明, 『유학과 현대세계』(김

과 역사·사회적 맥락을 받아들이는 것은 그 무엇보다도 중요할 것이다. 만약 그렇게 하지 않는다면 그 이해는 하나의 가치에 모든 가치가 굴복되고 흡수되는 절대적이고 획일적인 방향으로 흘러갈 수 있기 때문이다. 그리하여 우리가 올바른 문화 의식을 가지기 위해서는 반드시 다음의 세 가지를 경계해야 한다.

첫째는 자문화의 고유한 가치를 철저하게 배척하고 오직 타문화의 고유한 가치만을 최고의 가치로 받아들인다는 '문화사대주의'(cultural script, 문화종속주의)이다.

둘째는 타문화가 후진 문화이기 때문에 열등하고, 자문화가 선진 문화이기 때문에 우월하다는 '문화절대주의'(cultural absolutism, 자문화중심주의ethnocentrism)이다.

셋째는 도덕적으로 옳고 그름을 판단하는 보편적 도덕 원칙이 타문화에는 없고 오직 자문화에만 있다는 '문화보편주의'(cultural universalism)이다.

과거 중국의 '화이분별론'에 기초한 '중화주의'는 우리가 반드시 경계해야 하는 위의 세 가지 점을 역사의 무대에 등장시킨 주범이고, 오늘날에도 그것은 '유가민족주의'(중화민족주의)라는 모습으로 변형되어 그대로 답습되고 있다. 그리하여 그것은 우리가 타문화를 어떻게 이해할 것인가 하는 문제의식 속에서 앞에서 서술한 두 가지의 중요한 관점을 상기시켜 준다.

첫째는 각 민족의 상이함으로 나타나는 각 민족이 지닌 특수성과 차이성에 대한 인정이다. 즉 각 민족의 민족의식은 그들의 언어·종교·세계관·경제생활·생활양식 등에 의해 생겨났기 때문에 이것을 고려

기현 역, 서울: 서광사, 2006), 198쪽)

하여 각 민족이 지닌 고유한 특성을 인정해야 한다는 것이다. 만약 이렇게 하지 않는다면 민족 간의 관계는 더욱 배타적 관계로 나아갈 것이고, 나아가 민족과 민족 간의 수평적 상호 교류와 공동 발전은 결코 없을 것이다. 이것은 오로지 사람들을 편협한 민족주의적 사고에 길들여지게 하는 동시에 그러한 이념을 공고화하는 수단으로 전락시킬 뿐이다.

둘째는 각 문화의 상이함으로 해서 나타나는 각 문화가 지닌 특수성과 차이성에 대한 인정이다. 즉 각 민족의 문화 의식은 그들의 민족의식 위에서 형성된 것이기 때문에 이것을 고려하여 각 민족의 문화가 지닌 고유한 가치(문화 체계와 가치 체계)를 인정해야 한다는 것이다. 만약 이렇게 하지 않는다면 문화와 문화 간의 수평적 상호 교류와 공동 발전은 결코 없을 것이고, 나아가 문화와 문화 간의 배척과 종속은 더욱더 심해질 것이다.

이 둘에 근거하면 과거 중국의 '화이분별론'은 '사이'의 민족과 문화가 지닌 특수성과 차이성을 인정하지 않고, 즉 그것들이 고유한 가치를 지닌 것임을 받아들이지 않고, 그 둘의 관계를 '제하' 문화라는 이름하에 문명국과 야만국의 관계 내지 선진 문화와 후진 문화의 관계로 본 것은 결과적으로 '제하' 문화의 '사이' 문화에 대한 지배와 종속을 불러올 수밖에 없었다고 할 수 있다. 즉 이는 문화패권주의로 흘러갔다는 것이다.

그렇다면 우리는 어떻게 해야 하는가? 간단하게 말해, 지금 우리는 반드시 문화 간의 대립과 갈등을 조장하는 편협하고 획일적인 문화 이해에서 벗어나 각 문화의 고유한 가치들을 균형 있게 이해하고 상호 인정하며 상호 존중하는 다채롭고 개방적인 문화 이해가 필요하다. 왜냐하면 만약 우리의 문화 이해가 오직 문화의 우월성만을 내세우고 그것으로 다른 문화에 대한 지배와 종속을 끊임없이 종용하는 데에 집중된다면 문화와 문화 간의 충돌은 거의 불가피할 것이고, 이로부터 문화와 문화 간의 대립과 반목 또한 끊임없이 발생할 수 있기 때문이다. 이것을 사전에 방지하려면 앞서 보았듯이 우리는 반드시 어떤 한 문화에만 절대적(보편적) 가치가 있다는 생각을 버리고, 각 문화에도 그것이 지닌 고유한 가치가 있음을 인정하며, 이로부터 문화와 문화 간의 수평적 교류를 적극적으로 확대해 나가야 할 것이다.

그렇다면 그러한 확대를 위해서 우리에게 필요한 것은 '각각의 문화가 독특하고 고유한 특성을 가지고 있기 때문에 각각의 특수성을 인정해 주어야 하고 존중해 주어야 한다'는 문화상대주의(cultural relativism)적 관점인가? 물론 이것이 그 안에 "문화나 인종, 그리고 민족 간에 지적 능력이나 도덕적 차이의 본질적 차이가 없다는 관용적 평등주의적 시각과 이와 아울러 특정 문화와 인간의 인식과 가치는 보편적 절대적 기준에 의하여 판단될 수 없다는 다원주의적 시각을 함축하고 있다는 점에서 본다면"[4] 우리는 이것을 적극적으로 받아들여야 할 것이다.

하지만 문제는 문화상대주의가 여러 문화에 대해 열린 태도를 취하는 것처럼 보이지만 실제로 상이한 문화들 간의 소통과 상호 작용을 통해 서로를 인정하면서 새로운 문화로 발전한다는 것에 크게 주목하지 않는다는 것이다. 즉 문화에 대한 상호적 이해를 전제하지 않고 갈등을 피하려고만 한다는 것이다.[5] 특히 우리가 더 주목해야 할 것은 도덕상

---

4   유병기, 「문화상대주의와 반문화상대주의」(서울대학교 비교문화연구소, 『비교문화연구』 제1호, 1993), 33쪽. 문화상대주의는 크게 두 개의 서로 연관된 관점을 내포하고 있다는 것이다. 하나는 도덕상대주의로서 어떤 행위나 사상의 옳고 그름이나 좋고 나쁨은 특정 문화적 맥락에서 규정된 가치 체계에 따라 판단되어야 한다는 관점이다. 또 하나는 인식상대주의로서 인간의 세계관과 사물, 즉 인간이 자신을 둘러싼 제 현실을 분류하고 조직화하는 방식은 문화에 의해 조건 지워지며, 따라서 인간의 사고방식은 문화적 배경에 따라서 상대적으로 파악되어야 한다는 관점이다.(같은 곳, 33쪽)

대주의 관점이다. 왜냐하면 모든 행위와 관습을 옹호하고 모순된 가치를 모두 긍정한다면, 비록 그러한 관점은 도덕이나 윤리에 대한 가치 판단의 포기를 선언한 것이 아니라 보편성이 입증되지 않는 가치 기준에 의한 판단을 유보할 뿐이라고 하더라도 궁극적으로 그것은 비인간적 행태에 대해서 가치 판단을 유보할 수밖에 없기 때문이다.[6]

그렇다면 그러한 확대를 위해서 우리에게 필요한 것은 "사회를 구성하는 개인이나 집단의 독자적인 가치관·이념·목표 등을 인정하고 각각의 독립성과 자율성을 보장한다"는 문화다원주의(multiculturalism)의 관점인가? 만약 이 관점이 문화적 차이를 위계적으로 서열화하는 불평등적 다원주의나 불간섭 원칙이나 우리 보존의 관점과 결탁한 평등적 다원주의가 아니라면, 역으로 차이에 대한 인정을 토대로 상호 협력적 경험을 숙성시키는 충분한 시간과 함께 상호 간의 합리적 불일치를 새로운 문화 형성을 위한 힘으로 인정하는 데에서 출발하는 것이라면, 우리는 그것을 반드시 받아들여야 할 것이다. 왜냐하면 각 문화는 오직 각 문화가 지닌 특수성 속에서 고유한 가치를 지닌 것으로 이해되어야 하기 때문이다.[7]

5   박구용·정용환, 「이주민과 문화다원주의」(범한철학회, 『범한철학』 제46집, 2007), 153-154쪽 참조. 문화다원주의에 관한 자세한 것은 박이문의 「문화다원주의의 타당성과 그 한계」(철학문제연구소, 『철학과현실』 봄호 통권 52호, 2002)와 장은주의 「문화다원주의와 보편주의」(한국철학회, 『다원주의, 축복인가 재앙인가』, 서울: 철학과현실사, 2003)를 참조할 것.

6   유병기, 같은 글, 38-40쪽 참조.

7   박구용·정용환, 같은 글, 158-159쪽 참조.

참고 문헌

1. 원전류

楊伯峻 編著, 『春秋左傳注』(全四卷), 北京: 中華書局, 1993.

梅桐生, 『春秋公羊傳全釋』, 貴州: 貴州人民出版社, 1998.

徐元誥 撰, 『國語集解』, 北京: 中華書局, 2002.

成百曉, 『懸吐完譯 論語集註』, 서울: 傳統文化硏究會, 1995 再版.

劉寶楠, 『論語正義』(全二册), 十三經淸人注疏本, 北京: 中華書局, 1992.

程樹德, 『論語集釋(1)』, 北京: 中華書國, 1990.

班固, 『漢書』, 北京: 中華書局, 1992 7刷本.

司馬遷, 『史記』(全十册), 北京: 中華書局, 1994 2版 13刷本.

謝冰瑩 外, 『新譯四書讀本』, 臺北: 三民書局, 1988.

成百曉, 『懸吐完譯 孟子集註』 서울: 傳統文化硏究會, 1995 재판.

孫詒讓, 『墨子閒詁』, 新編諸子集成, 北京: 中華書局, 1986.

楊伯峻, 『論語譯注』, 北京: 中華書局, 1993.

楊伯峻, 『孟子譯注』, 北京: 中華書局, 1992 9刷本.

閻振益, 鐘夏 撰, 『新書校注』, 新編諸子集成, 北京: 中華書局, 2000.

王利器, 『呂氏春秋注疏』, 成都: 巴蜀書社, 2002.

王先謙,『荀子集解(全二册)』, 新編諸子集成, 北京: 中華書局, 1988.

王先愼,『韓非子集解』, 新編諸子集成, 北京: 中華書局, 1998.

照井全都,『論語解』,『日本名家: 四書註釋全書』, 東京: 東洋圖書刊行會, 昭和2
　　　年.

焦循,『孟子正義』, 十三經淸人注疏本, 北京: 中華書局, 1987.

韓愈,『韓昌黎全集』, 北京: 中華書局, 1991.

2. 사전류

『辭源』, 北京: 商務印書館, 1997.

『辭海』, 上海: 上海辭書, 2003.

『漢語大詞典』, 北京: 漢語大詞典出版社, 2001.

주비언 피터 랑,『전례사전』, 박요한 영식 역, 서울: 가톨릭출판사, 2015.

한국가톨릭대사전편찬위원회,『한국가톨릭대사전』, 서울: 한국교회사연구소,
　　　2006.

『브리태니커』

3. 연구서

金耀基,『從傳統到現代』, 臺北: 時報出版社, 1983.

金翰奎,『古代中國的世界秩序硏究』, 서울: 一潮閣, 1982.

김철운,『유가가 보는 평천하의 세계』, 서울: 철학과현실사, 2001.

_____,『공자와 유가』, 서울: 서광사, 2005.

김충열,『중국철학사』, 서울: 예문서원, 1994.

데이비드 샴보,『중국, 세계로 가다』, 박영준·홍순현 역, 서울: 아산정책연구
　　　원, 2014.

牟宗三,『중국철학특강』, 정인재 역, 서울: 螢雪出版社, 1985.

_____,『중국철학 강의』, 김병채 외 역, 서울: 예문서원, 2011.

문정인,『중국의 내일을 묻다』, 서울: 삼성경제연구소, 2010.

문정인 외,『동아시아의 전쟁과 평화』, 서울: 연세대학교 출판부, 2006.

傅樂成, 『中國通史』, 辛勝夏 역, 서울: 宇鍾社, 1981.

謝仲明, 『유학과 현대세계』, 김기현 역, 서울: 서광사, 2006.

徐復觀, 『中國思想史論集續篇』, 臺北: 時報文化出版事業有限公司, 1985 2刷本.

_____, 『中國人性論史(先秦篇)』, 臺北: 臺灣商務印書館, 1984 7版.

_____, 『學術與政治之間』, 臺北: 臺灣學生書局, 1985 臺再版.

蕭公權, 『中國政治思想史』, 최명·손문호 역, 서울: 서울대학교 출판부, 2004.

梁啓超, 『中國文化思想史』, 李民樹 역, 서울: 正音社, 1983.

五來欣造, 『儒敎の獨逸政治思想に及ばせぬ影響』, 東京: 早稻田大學校出版部, 昭
    和4年 再版.

王利器, 『呂氏春秋注疏』, 成都: 巴蜀書社, 2002.

柳詒徵, 『中國文化史』, 南京: 中山書局, 1932.

柳澤華, 『先秦政治思想史』, 天津: 南開大學出版社, 1991.

원용진, 『새로 쓴 대중문화의 패러다임』, 서울: 한나래, 2010.

윤휘탁, 『신중화주의』, 서울: 푸른역사, 2006.

李湘 外, 『儒敎中國』, 北京: 中國社會出版社, 2004.

任繼愈 主編, 『中國哲學發展史(先秦篇)』, 北京: 人民出版社, 1998 2刷本.

張其昀, 『中國哲學의 根源』, 중국문화연구소 역, 서울: 文潮社, 1984.

張代年, 『中國文化與中國哲學』, 北京: 東方出版社, 1986.

錢穆, 『國史大綱(全二冊)』, 臺北: 臺灣商務印書館, 1992 修訂 18刷本.

_____, 『中國文化史導論』, 車柱環 역, 서울: 乙酉文化社, 1984.

晁福林, 『覇權迭興』, 北京: 中華文庫, 1992.

趙靖 主編, 『中國經濟思想史(1)』, 北京: 北京大學出版社, 1991.

조지프 나이, 『소프트 파워』, 홍수원 역, 서울: 세종연구원, 2004.

周自强, 『中國古代思想史-先秦卷』, 廣西: 廣西人民出版社, 2006.

蔡仁厚, 『孔孟荀哲學』, 臺北: 臺灣學生書局, 1990 3刷本.

馮友蘭, 『中國哲學史』, 정인재 역, 서울: 螢雪出版社, 1987 10刷本.

夏曾佑, 『中國古代史』, 上海: 商務印書館, 1933.

4. 논문류

고성빈, 「'중국위협론'에 대한 비판적 사유: 허위의식의 그물」, 진보평론, 『진보
　　평론』 여름 44호, 2010.

금희연, 「중국위협론의 실체: 중국의 세계전략과 전방위외교정책」, 한양대학교
　　아태지역연구센타, 『중소연구』 제27권 4호, 2004.

김애경, 「중국의 화평굴기론 연구: 논쟁과 함의를 중심으로」, 한국국제정치학회,
　　『국제정치논총』 제45집 4호, 2005.

_____, 『중국의 부상과 소프트파워 전략: 대 아프리카 정책을 사례로』, 세종연
　　구소, 『국가전략』 제14권 제2호, 2008.

김철운, 「중국 華夷分別論의 정형화 과정과 그 비판적 고찰」, 한국양명학회, 『陽
　　明學』 제31호, 2012.

김충렬, 「中國〈天下思想〉의 哲學的 基調와 歷史傳統의 形成」, 尹乃鉉 外, 『中國
　　의 天下思想』, 서울: 民音社, 1988.

김한규, 「漢代의 天下思想과 〈羈縻之義〉」, 尹乃鉉 外, 『中國의 天下思想』, 서울:
　　民音社, 1988.

김희교, 「중국 애국주의의 실체: 신중화주의, 중화패권주의, 민족주의」, 역사비
　　평사, 『역사비평』 여름호 통권75호, 2006.

노병렬·천병돈, 「중국 외교정책의 사상적 근원: 韜光養晦와 和平崛起를 중심으
　　로」, 한국양명학회, 『양명학』 제27호, 2010.

박구용·정용환, 「이주민과 문화다원주의」, 범한철학회, 『범한철학』 제46집,
　　2007.

박병석, 「중국화평굴기론: 그 전개와 변형에 대한 담론 분석」, 현대중국학회,
　　『현대중국연구』 제10권 제2호, 2009.

_____, 「중국화평굴기론의 이론적 한계와 문제점」, 한국정치사상학회, 『정치사
　　상연구』 제15집 제2호, 2009.

費孝通, 「中華民族多元一體格局」, 『北京大學學報』(哲學社會科學版) 第4期,
　　1989.

呂文旭, 「儒學與中國的多元文化」, 『孔子與儒學研究』, 吉林: 吉林教育出版社,
　　1993.

郁有學,「從孔子的仁到孟子的仁政」,『孔孟荀比較硏究』, 山東: 山東大學出版社, 1989.

유병기,「문화상대주의와 반문화상대주의」, 서울대학교 비교문화연구소,『비교문화연구』제1호, 1993.

유희성,「중화주의는 과연 패권적인가?」, 사회와철학연구회,『사회와 철학』제11호, 2006.

尹乃鉉,「天下思想의 始原」, 尹乃鉉 外,『中國의 天下思想』, 서울: 民音社, 1988.

이종철,「중국의 소프트파워 강화 전략에 대한 一考察: 원조외교와 공자학원을 중심으로」, 국제지역연구학회,『국제지역학논총』제4권 제2호, 2011.

李澤厚,「關于儒家與現代新儒家」,『走我自己的路』, 北京: 三聯書店, 1986.

이홍규,「중국의 소프트 파워 평가에 대한 시론적 연구」, 중국학연구회,『중국학연구』제57집, 2011.

이홍종·공봉진,「中國 華夷思想에서 '華夷' 개념의 재해석」, 한국세계지역학회,『세계지역연구논총』통권 제15호, 2000.

鄭夏賢,「皇帝支配體制의 成立과 展開」, 서울대학교 동양과학연구회,『講座中國史 I』, 서울: 지식산업사, 1989.

중국인민대학 공자연구원,「『儒藏』편찬사업 계획서」, 홍원식 역, 예문동양사상연구원,『오늘의 동양사상』제8호, 2003.

홍원식,「『儒藏』편찬사업과 중국 문화패권주의」, 철학문화연구소,『철학과현실』봄호 통권 84호, 2010.

6. 신문류

『뉴스투데이』,「중국 소프트파워의 힘 '공자학원', 전 세계 490여 개 달해」(강병구 인턴기자), 2015. 7. 16.

『미래교육신문』, 이정선,「韜光養晦, 有所作爲」, 2011. 10. 26.

『서울경제신문』,「시진핑 미국 패권주의 연일 맹공」(김현수 특파원), 2014. 6. 29.

『서울신문』,「'유가 민족주의' 통치이념 부상」, 2005. 9. 30.

『국민일보』,「시진핑 소프트파워 강화에 1조 4100억 달러 쏟아부어」, 2015. 8. 6.

『시사중국』,「中공자학원 진면모? … 美서 하드파워 과시」(김영민 기자), 2011.

11. 4.

『연합뉴스』, 「"색안경 끼고 보면 안 된다" 시진핑, 첫날부터 美에 강공모드」, 2015. 9. 23.

_____, 「시진핑 국빈 방미 마무리 … 더 뜨거운 패권경쟁시대 예고」, 2015. 9. 29.

『人民日報』, 費孝通, 「多元一體 和而不同」, 海外版, 2005. 7. 8.

_____, 「高擧各民族大團結的旗幟勝利前進」(社說), 2009. 9. 30.

『채널A』, 「중국, '和平崛起' 원칙 바꿨다 … '韜光養晦'에서 '主動作爲'로」, 2013. 12. 2.

『한겨레』, 「시진핑 "중국이라는 사자 깨어났다"」(성연철 특파원), 2014. 3. 28.

찾아보기